존경 따위 넣어둬

존경 따위 넣어둬

2025년 11월 10일 초판 1쇄 펴냄

지은이 장정희
발행인 김산환
책임편집 윤소영
디자인 윤지영
펴낸곳 꿈의지도
출력 태산아이
인쇄 다라니
종이 월드페이퍼

주소 경기도 파주시 경의로 1100, 604호
전화 070-7535-9416
팩스 031-947-1530
홈페이지 blog.naver.com/mountainfire
출판등록 2009년 10월 12일 제82호

ISBN 979-11-6762-130-6 (03810)

• 이 책의 판권은 지은이와 꿈의지도에 있습니다.
• 지은이와 꿈의지도 허락 없이는 어떠한 형태로도 이 책의 전부, 또는 일부를 이용할 수 없습니다.
• 잘못된 책은 구입하신 곳에서 바꾸시면 됩니다.

존경 따위 넣어둬

장정희 지음

꿈의지도

Prologue

오늘도 교단에서 버티고 있을 선생님들께

이 책의 제목을 《존경 따위 넣어둬》라고 정했다.

과거에는 교사가 '존경받는 직업'이었다면, 지금의 교사들은 존경보다 버틸 힘을 필요로 한다. 하루에도 수십 번 퇴직을 떠올리는 그들이 또다시 교단으로 향하는 건, 서로의 고단함을 알아주는 마음, 지켜주고 응원해 주는 격려가 큰 힘을 주기 때문이다.

평생 문학소녀로 살고 싶었던 나는 대학을 졸업하자마자 곧 문학 선생이 되었다. 그러나 기쁨과 설렘으로 시작한 학교생활은 곧 반복되는 업무와 가사와 육아가 겹치면서 희미해져 갔다. 올곧은 인성과 따뜻한 감성을 위한 전인교육은 대학 입시의 전장(戰場)에서 사라진 지 오래였다. 학생과 교사, 관리자 모두 점수를 올리기 위해 서로를 매섭게 다그쳤다.

이른 아침부터 밤늦게까지 이어지는 과중한 업무는 나를 점점 소진시켰다. 의욕은 희미해지고 우울은 깊어졌다. 그런 나를 붙들어준 유일한 끈은 아이들이었지만, 나는 이미 눈조차 제대로 뜰 수 없을 만큼 지쳐있었다. 그러던 어느 해 겨울, 나는 뇌출혈로 쓰러지고 말았다. 출장길이었다.

눈을 뜨자 창밖에 소복이 눈이 내리고 있었다. 그러나 무탈한 몸을 확인하는 것보다 당장 마무리해야 할 생활기록부를 걱정했다. 죽음의 문턱까지 갔던 경험도 불안으로부터 나를 구해내지 못했다.

진정한 인생 2막은 수년 후 찾아왔다.

재정이 열악한 지방사립대에서 보직을 맡고 있던 남편에게 불행이 닥쳤고, 가정은 송두리째 흔들렸다. 남편 대신 가장이 된 나는 고꾸라질 듯한 몸을 곧추세워가며 수업을 하고 시험 문제를 만들고 야간자습을 감독했다. 학부모와 상담하고, 아이들의 질문에 꼼꼼히 답하고, 청소를 함께하며 웃고 수다를 떨었다. 그 순간만큼은 집안의 온갖 우환을 잊을 수 있었다. 아이들이 건네는 미소와 애정어린 쪽지는 나를 구원하는 천상의 손길이었다.

그때 나는 알았다. 나를 지켜주는 건 '아이들'과 '일'이라는 것을. 경제적으로, 정신적으로 나를 무너지지 않게 붙들어주는 힘이 바로 이곳에서 나온다는 것을. 비로소 아이들의 웃음과 눈물이 달리 보였다. 그들 역시 주어진 생에 경배하듯 견뎌내고 있음을 실감했다. 뇌수술을 받고도 깨닫지 못했던 뜨거운 감사의 기도를 나는 그제야 올릴 수 있었다.

지금 아이들이 아프다. 그 아이들 속에서 교사들도 아프다.
얼마 전 전국교직원노동조합 조사에 따르면, 많은 교사가 학생이나 학부모, 동료, 상사로부터 모욕적인 언행이나 폭행을 경험했다고 한다. 열 명 중 세 명이 치료를 받아야 할 만큼 심각한 정신적 위기에 놓인 것이다. 과중한 수업과 잡무, 학부모들과의 갈등, 교원평가와 성과급제 같은 제도, 동료 간 경쟁, 개인에게 떠넘겨진 스트레스까지 원인은 차고 넘친다.

점심시간, 식당 줄에 서 있노라면 교사의 지친 등허리에서 진한 소금기가 느껴진다. 소금 자루를 잔뜩 멘 낙타처럼, 고단한 노동에 진이 빠진 채로 하루하루 사막 같은 일상을 건너가는 것이다. 그럼에도 교사의 말 한마디는 아이의 인생을 고양하기도, 추락시키기도 한다. 그러기에 교사는 한순간도 허투루 살 수 없을 만큼 긴장된 삶을 살고 있는 것이다.

돌이켜보면 내 삶은 실수와 상처와 시행착오의 연속이었다. 내가 조금이나마 과거보다 나아졌다면, 그것은 과오가 나를 채찍질한 덕이다. 그러므로 이 글은 나의 과오를 잘 알고 있을 제자들과 동료들에게 바치는 고해성사이자, 오늘도 교실과 복도를 오가며 고군분투하는 선생님들께 건네는 연대의 손길이다.

언젠가 한겨울 시골 장터에서 촛불 하나를 넣은 깡통 위에 앉아 시린 엉덩이를 덥히던 노인을 본 적이 있다. 뭉클했다.
촛불 한 자루의 힘!
내 글이 혹한의 시간을 건너갈 누군가의 마음을 덥히는 작은 촛불이 될 수 있기를.

Contents

Prologue ——————————————— 006

1교시 _
한평생 교사

수업 목표 ; 나만의 숨구멍 찾기

교사로 산다는 것 ——————————— 018
학교는 꽃밭이자 텃밭 ————————— 031
피에타, 피에타 ——————————— 033
나는 오늘도 걷는다 ————————— 039
나를 나답게 만드는 힘, '꼴리는 대로 산다' ——— 046
그리운 '지금' ——————————— 052
내 생애 마지막 교실 수업 ———————— 055
살아남은 자의 슬픔 ————————— 058

2교시 _

다정한 마음으로

수업 목표 ; 가르치면서 배우기

꿈을 찾는 것이 '꿈'인 아이들	064
자퇴와 전학 사이	067
견딤 뒤에는 무엇이 남을까	075
내 슬픔을 꺼내는 시간	080
이 반지가 너를 지켜줄 거야	085
구슬이 바위에 떨어진들	090
왜 아이는 내게 세 번이나 물었을까	093
8박 9일의 이인삼각	098
용서받은 자의 슬픔	110
어느 날, 내게 도착한 편지	118
네가 선생님이어서 정말 좋아	126

3교시 _
다독다독 한 걸음

수업 목표 ; 세상을 환히 밝힐 꽃들에게

교실 풍경	134
차례차례 피는 꽃	144
쉬면 고인다	149
잠을 자야 꿈을 꾸지	153
재은이의 용기	158
이야기가 있는 시, 3분 스피치 (1)	163
울기 좋은 곳, 화장실	
이야기가 있는 시, 3분 스피치 (2)	167
사과나무에는 사과꽃이 핀다	
나를 키우는 '경청'의 힘	172
그 사랑이 너의 것이 되려면	177

4교시 _
'포기하지 않는다'는 말

수업 목표 ; 기꺼이 버티기 위하여

내가 가장 좋아하는 전라도 말, '포도시'	184
삶을 버텨내게 하는 것들	187

너에게서 향기가 난다	190
좋은 삶을 배우려면 좋은 삶을 맛봐야 한다	195
뿌리 하나 살아있다면	199
7등급도 교대 합격이라니	202
교사가 정치에 개입한다고?	206

5교시 _
교사와 작가 사이

수업 목표 ; 글쓰기에는 치유의 힘이 있어서

내 불행도 '재산'이 될 수 있다면 (1)	214
내 불행도 '재산'이 될 수 있다면 (2)	224
내 불행도 '재산'이 될 수 있다면 (3)	227
재능보다 '공감'	234
내면의 근육을 다지는 '독서'	239
열정이 재능이다	245
예비작가와 무명작가의 의기투합	251
지금 여기, 돋아나는 새싹들	258
내 가슴에 한 떨기 꽃으로 남아	261

6교시 _
나누는 즐거움

수업 목표 ; 작품에서 배우기

부모와 거리 두기 ——————————————— 268
소설 《벽장 속 남자와의 대화》, 이언 매큐언

나를 세상에 태어나게 한 부모님을 고소합니다 — 271
영화 〈가버나움〉, 나딘 라바키 감독

내 아이, 우리 아이들의 블랙홀 ——————— 276
드라마 〈소년의 시간〉, 필립 바란티니 감독

내 안의 자존과 품위, 손수건 ————————— 286
소설 《숨그네》, 헤르타 밀러

행복은 반복을 통한 나선형 구조 ——————— 292
영화 〈패터슨〉, 짐 자무시 감독

내 아이를 망치는 학부모 갑질 ———————— 295
사회비평 《괴물 부모의 탄생》, 김현수

빈곤의 대물림, 과연 벗어날 수 있을까? ———— 299
에세이 《가난한 아이들은 어떻게 어른이 되는가》, 강지나

깨진 그릇은 칼날이 된다 —————————— 303
에세이 《나는 가해자의 엄마입니다》, 수 클리볼드

살아서 이루는 일상의 평화 ——— 308
소설 《헤븐》, 가와카미 미에코

어린 장발장을 위하여 ——— 313
에세이 《아니야, 우리가 미안하다》, 천종호

우리의 청년 노동자들을 더 이상 죽이지 마라 ——— 316
영화 〈다음 소희〉, 정주리 감독

있는 그대로 사랑받을 권리 ——— 320
실화 소설 《소녀가 되어가는 시간》, 에이미 엘리스 넛

Epilogue ——— 324
나를 키운 시간들

1교시

한평생 교사

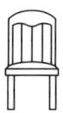

수업 목표 ;
나만의 숨구멍 찾기

; 교사로 산다는 것

하루하루 동동동

나는 아이를 안고 발을 동동거리고 있었다. 아이를 맡아주기로 한 보모가 나타나지 않았다. 기다리던 버스는 계속 내 곁을 지나쳐 갔다. 칭얼대던 아이가 버둥대며 울기 시작했다. 나는 초조하게 아이를 다독였다. 아이의 울음소리는 더 커졌고, 불안해진 나는 경황없이 아이를 둘러업고 뛰기 시작했다. 발목은 쇠사슬에 묶인 듯 떨어지질 않는데, 등에 업힌 아이의 팔이 내 목덜미를 붙들고 놓아주지 않았다. 캑캑거리며 돌아보니 아이는 간 곳 없고, 가방끈이 내 목을 바짝 조이고 있었다. 가방 안에는 두서없이 쑤셔 넣은 교과서와 참고서, 출석부가 쏟아질 것처럼 아가리를 벌리고 있었다. 나는 가방을 가슴팍에 끌어안고 뛰기 시작했다. 숨이 턱 끝까지 차올랐지만, 여전히 집

앞에서 한 발자국도 벗어나지 못한 채 조바심을 치고 있을 뿐이었다. 늦었어! 어떡해?

눈을 떴다. 매번 반복되는 꿈. 창밖은 아직도 캄캄한데 얼굴과 목덜미 언저리엔 식은땀이 흥건했다.

나는 '괜찮은 사람'이 되고 싶었다. 아이들에게는 사랑 가득한 엄마가 되고 싶었고, 남편에게는 지혜로운 아내가 되고 싶었다. 좋은 며느리, 착한 딸, 유능한 선생님, 이름을 가진 작가가 되고 싶었다. 그러느라 매 순간 조바심을 내며 살았지만, 내가 느낀 건 어느 것 하나 내세울 것이 없다는 자괴감뿐이었다. 조금도 행복하지 않았다. 자주 짜증이 났고, 매번 울었다. 쉽게 우울해졌고, 다 내던지고 싶었다. 하지만 내색할 수는 없었다. 마침내 가면을 쓰기 시작했다. 안 그런 척, 좋은 척, 괜찮은 척하며 살았다. 문제는 그런 내가 마음에 들지 않았다는 것.

세월이 흐르면서 모두에게 좋은 사람이 되고 싶다는 욕망은 차츰 가라앉았지만, 교사로서의 기대와 역할은 내가 지켜야 할 마지막 보루 같은 거였다. 하지만 소박한 뜻과는 다르게 성적 지상주의의 한복판인 인문계 고교에서 이른 아침부터 이어지는 자습과 정규수업, 방과 후 수업과 심야 자율학습까지 하루 열다섯 시간을 아이들과 버텨내는 일은 결코 쉬운 일이 아니었다. 일과를 끝내고 집으로 향할 때마다 내 몸은 간단없이 흔들렸다. 등허리에 널판을 멘 것처럼 뒤로 휘어졌다. 그때마다 견딜 수 없는 통증이 이어졌다.

4교시 수업을 마치고 급식실로 가 식판을 내려놓고 앉으면 숨부터 가다듬어야 했다. 대학수학능력 시험을 앞두고, 전국모의고사를 앞두고 집중하는 수업, 학교 간, 학급 간, 등급별 점수 경쟁에 목멘 인문고교 교사의 일상은 점수에 목멘 학생들과 다르지 않았다. 나는 명치를 누르며 긴 숨을 몰아쉰 다음 수저를 들어야 했다.

하루하루 내 머리는 '뜨겁게 달궈진 프라이팬'이었다. 짜장면을 만들기 위해 양파 볶아내고, 감자 볶아내고, 호박 볶아내고……. 이것저것 준비된 식재료처럼 몰아친 업무를 정신없이 수행하다 보면, 퇴근 시간이 되어도 몸을 일으킬 힘이 없어 한참을 앉아 있곤 했다. 집에 와서는 온 집안의 불을 다 끄고 어둠 속에 들어앉아 '달궈진 프라이팬'이 식기를 기다렸다.

숨구멍이 필요했다

문득 해녀의 물질이 떠올랐다. 물속 깊이 들어가서 해삼, 전복, 낙지, 멍게 등을 잡는 해녀. 그렇게 얻은 수확물은 그들 가족의 목숨줄이 된다. 해녀는 귀와 머리를 누르는 강력한 수압, 장시간 잠수라는 극한 노동을 온몸으로 버텨내다 마침내 물 밖으로 나와 오래 참았던 '숨비소리'를 내지른다. 생명을 건 처절한 전쟁터인 바닷속에서 몸이 파랗게 얼어붙을 때까지 참고 참았던 숨, 마침내 수면 위로 떠 올라 터트리고 몰아쉬는 숨비소리.

숨비소리가 필요한 건 해녀만이 아니었다. 심야 편의점에서 일하는 아르바이트생, 병동을 누비는 간호사, 하루치 품삯을 기대하는 일용직 노동자도 그랬다. 바닷속에서 숨을 참고 잠수하듯, 그들도 현실 깊숙이 잠수한 채 필사적으로 버티고 있었다. 그들에게도 숨구멍이 필요했다.

바다 한가운데 유일하게 몸을 부려놓고 쉴 수 있는 '테왁'이라는 한 뼘 공간, 거센 바람과 물결에 출렁이는, 의지할 것 없는 생의 망망대해에서 필사적으로 부여잡고 숨을 쉴 수 있는 테왁이 간절했다. 잠 못 이루는 깊은 밤 천정을 올려다보며, 캄캄한 바닷물 속에 속수무책 떠 있는 듯한 막막함을 어떻게도 견딜 재간이 없었다.

나는 그저 바람에 뒤척이는 나뭇잎의 속 그늘을 바라보며 앉아 있고 싶은데, 눈앞의 풍경과 머릿속의 생각들을 오래오래 되씹으며 느릿느릿 흘려보내고 싶은데, 몸과 의식을 다그치는 일상의 속도는 너무나 숨 가빴다.

안개처럼 몽실몽실 피어나는 그리움, 책을 덮고 음미하고 싶은 문장, 반추해 내고 싶은 오랜 기억이 많았다. 다시 돌아보고 싶은 희미한 풍경들을 가슴에 담아두고 싶은데 질주하는 자동차처럼 획획 지나쳐 가버렸다. 충분히 씹지 못한 생각들이 소화되지 못한 음식처럼 꿀떡꿀떡 넘어가고, 명치는 늘 무지근하고 머릿속은 채 정리되지 못한 것들로 가득 차 더부룩했다. 끝도 없이 몰아치는 일상은 시시포스의 바윗덩어리였다. 나는 바윗덩어리를 두 손으로 떠받든 채 속도를 따라잡기 위해 안간힘을 쓰고 있었다.

'관성'이라는 불청객

나는 어렸을 때부터 '머리가 영리하지 않으니 노력밖에 믿을 게 없다.'라고 생각했다. 느리고 더뎠지만, 하루 한 계단씩 밟아가며 조금씩 성장해 가는 내가 대견하고 좋았다.

하지만 못 견디는 것은 '지루함'이다. 성실도 관성으로 이어지면 불청객이 된다는 것을 증명하듯, 어제가 그제 같고, 오늘이 어제 같은 삶을 견딜 수 없었다. 그런 내가 이동과 전근이 거의 없는 사립학교 한 공간에서 사십여 년을 지냈다는 걸 누가 믿을 수 있을까.

매해 다른 아이들과 만나고, 다른 시간표를 받아들고, 교체된 학년 담임들과 새롭게 만났지만 익숙해지는 건 한순간이었다. 다른 학급 운영과 수업 방식으로 변화를 주려고 애쓴 것도 지루함 때문이었다. 하브루타[1]를 도입하고, 거꾸로 수업를 했다. 시 발표 수업, 문학 작품 토론 수업, 단편영화 감상과 토론, 글쓰기를 통한 모둠별 토론과 발표를 병행하기도 했다. 수행평가에는 구술평가를 준비하고 시도하는 과정에서 생기는 수많은 잔일에도 아이들의 전인적 성장을 지켜보는 재미가 컸다.

아이들이 참여하는, 생기 있고 살아 있는 수업을 만들고 싶었다. 혼자만 죽어라 떠드는 일방통행식 강의는 만족스럽지 않았다. 지루해하는 아이들의 눈빛을 못 견딘 탓이었다. 하지만 필사적인 안간힘에도 불구하고 관성의 힘은 이길 수 없었다. 쌓이고 쌓인 일상의 지루함과 권태, 과중한 일과가 보람과 흥미도 없이 이어졌다.

글쓰기는 나의 해방구

나는 스무 살에 겪은 5·18의 트라우마를 걷어내지 못한 채 십 년 넘게 암흑기를 헤맸다. 그렇게도 열망한 글쓰기는 삼십 대에 들어서야 시작할 수 있었다. 큰아이는 세 살이었고, 둘째는 임신한 상태였다. 열망으로 미칠 듯한 내게 글쓰기는 그야말로 신세계였다. 더 잘

---

1) 서로 짝지어 토론하는 유대인 전통의 학습 방식

쓰고 싶은 욕망만이 나를 가득 채웠다. 밤마다 재능 부족을 한탄하며 눈물로 잠들던 시절이었다. 곤하게 잠든 아이 옆에서 무언가를 쓰고 또 썼다. 늘 잠은 부족했지만, 글만 쓸 수 있다면 어떤 어려움도 감당할 수 있을 것 같았다. 피곤한 등마루를 다독이면서도 내 발길은 설렘으로 둥둥 떠다녔다.

특별활동 동아리 '문예반'을 만들었다. 글을 쓰고 싶은 아이들과 공통의 관심사를 나누고 싶었다. 글쓰기에 대한 내 열정을 이어가기 위한 이기적인 의도에도 불구하고, 기다렸다는 듯 글을 쓰고자 하는 아이들이 몰려들었다. 글쓰기 이론을 숙지하고 시와 소설을 필사하고, 창작한 작품을 합평하는 것만으로도 시간은 늘 부족했다. 그것은 내 공부이기도 했기에 각별한 시간이었다. 동아리 활동은 나를 위한 숨구멍이자 해방구인 셈이었다.

아이들이 쓴 글에는 애정으로 격려했다. 학교 부적응아들이 여럿 있었는데 내내 결석을 일삼다가도 동아리 시간에 맞춰 등교한 아이도 있었다. 나는 동아리 아이들을 제자가 아니라 글쓰기 도반이라고 생각했다. 아이들의 놀라운 발상과 아이디어, 표현은 나를 엄청난 힘으로 자극했다. 예비 작가들과의 동행이었기에 행복하기만 했다. 그런 충만감으로 문예반 운영은 퇴직 때까지 이어졌다. 나는 아이들에게서 즐거움과 보람을 얻었고, 열정 가득한 아이들은 존경으로 화답했다. 그렇게 만들어진 자존감은 힘겨운 학교생활을 버티는 커다란 힘이었다.

나만의 쉴 곳, 테왁

순회 근무를 자원했다. 평생 같은 학교에서 고인 물처럼 정체되고 있다는 생각을 지울 수 없었다. 첫 번째로 간 곳은 집 근처의 여자중학교였다. '교육 특구' 중심지인 그곳은 중학교인데도 고등학생들과 생활이 다르지 않았다. 학교와 학원만 쳇바퀴처럼 도는 어린 입시생들에 불과했다. 교사로 새로운 경험을 하고 싶다는 기대는 금세 무너졌다. 다시 자원했다.

두 번째는 도시의 반대편에 있는 남녀공학 사립고등학교였다. 기대감에 가득 찬 나는 그곳에 방을 얻고 주중 생활을 시작했다. 평생 여고에서만 근무하던 내게 남학생들의 발랄함, 귀여움, 듬직함이 싱그러웠다. 중학교에서 신설 고교로 전환 중인 그곳에서 나는 2학년 문학과 독서를 맡아 갖가지 수업 모형을 적용하며 신나게 수업하고 구술평가도 마쳤다. 방과후 수업에는 작가 지망생 남녀 아이들을 모아 글쓰기 교실을 열고 합평을 진행한 뒤 문집도 만들었다.

그러던 어느 날이었다. 후배 교사가 상담을 요청해 왔다. 우리는 수업이 빈 시간을 틈타 도서관 구석에 자리를 잡았다. 후배는 지쳐 있었다. 오랫동안 중학교에서 근무해 온 그에게 신설 고교로서 과도하게 부과되는 새로운 업무가 힘에 벅찬 듯했다. 교육청 실무자와 인근 학교에 수시로 자문을 구하는 상황에다, 늦게까지 이어지는 '야간

자습 감독'으로 인한 피로, 금방이라도 주저앉을 것만 같은 건강, 입시 전선에 접어든 자녀들의 교육 문제, 휴일이면 챙겨야 하는 친정과 시댁의 부모님 뒷바라지까지 겹쳐 심각하게 명퇴를 고려하고 있다는 이야기였다. 후배는 내가 뇌출혈을 경험하던 그때 내 나이에 들어서 있었다.

인간 만사가 그렇고 모든 직종이 그렇듯, 교사에게도 권태기가 온다. 후배 교사에게도 올 것이 온 것이다. 사람에 따라 시기가 다를 수 있다. 젊은 교사들의 높은 이직률을 생각하면 늦게 온 것일 수도 있지만, 언젠가는 찾아온다는 점에서는 다르지 않다. 자신만의 쉴 곳인 테왁에서 길고 긴 숨비소리를 내쉬어야 하는 때가 온 것이다.

나는 어차피 삶을 견디는 것, 버티는 것이라고 생각한다. 모든 스트레스가 나쁜 일에서만 생기는 게 아니다. 좋은 일에도 긴장을 일으킨다. 그러기에 우리의 일상은 크고 작은 스트레스로 가득 차 있다. 누구나 견디며 살아간다면, 억지로 버티느냐, 기꺼이 버티느냐의 차이만 있을 뿐이다. 그러니 이왕이면 기꺼이 버티며 살아가자는 거다.

숨구멍은 사람마다 다르다. 누군가에겐 피아노, 요리, 독서가 될 수도 있고, 누군가에겐 식구들 잠든 밤에 마시는 차 한 잔의 고요가 될 수도 있다. 중요한 건 그 시간이 우리를 숨 쉬게 한다는 사실이다. 내 경우는 '글쓰기'를 택한 것뿐이다.

교사와 작가 사이

하지만 갈등은 수시로 넘실거렸다. 글쓰기에 집중하기 위해 호시탐탐 퇴직을 엿보기 시작한 탓이었다. 십 년이 지나고 십오 년을 넘겨도 글쓰기에 만족스러운 성과를 내지 못한 나는 늘 재능 없음과 시간 부족을 한탄하며 시간을 보냈다. 지도와 훈시를 업으로 하는 '선생'이라는 직업도 나의 글쓰기를 방해한다고 생각했다. 교훈적이지 않고, 덜 성실하고, 조금은 덜 착한 문장을 쓰고 싶었다.

그러나 아무리 부정해도 선생이라는 살과 피는 문장 속 어딘가에서 자꾸만 모습을 드러냈다. 나는 피부를 벗겨내듯 선생의 틀을 벗고 싶었다. 새로운 나로 부활해 글쓰기에만 온전히 집중할 수 있다면 뭔가 이룰 수 있으리라 생각했다. 365일 사표를 가슴에 품고 살았다. 그런 탓인지 아이들이 예쁘게 느껴지지 않았다. 하루하루가 만족스럽지 않았다. 그러다 뇌출혈로 쓰러지고 만 것은 내 나이 마흔셋이었다.

중환자실과 수술실을 거쳐 입원실로 돌아오기까지의 순간들이 꿈처럼 멀었다. 하늘이 도우셨을까. 나는 무탈하게 일상에 복귀했다. 분명 천우신조였다. 그제야 내가 '교사'인 것을 하늘에 감사했다. '생활인'이라는 자각도 귀한 발견이었다. 출판사의 권유로 청소년 소설도 계약하게 됐다. 머리를 쥐어뜯으며 '괜찮은 글'을 쓰고 싶었던 나는, 비로소 '괜찮은 선생인가'를 반성하고 성찰하게 됐다. 그럴듯한 표현만으로는 좋은 글이 아니라고 생각했다. 먼저 좋은 선생이 되어야 했다. 아이러니하게도 글쓰기가 '좋은 교사가 되고 싶다.'라는 의지를 다지게 한 셈이었다. 아이들이 사랑스럽게 다가왔다. 작가와 교사의 삶이 서로를 떠받치며 나를 지켜준 든든한 버팀목이 되었다.

징검다리를 놓는 교사

나는 예비교사들이 현장실습을 나올 때마다 전공 이외의 취미활동을 살리면 좋겠다고 조언한다. 교사의 취미와 재능을 방과후 수업이나 동아리 활동으로 연계했을 때 아이들에게 풍성한 기회를 제공할 수 있기 때문이다. 수학교사가 연극반을 지도할 수 있는 것처럼, 전공과 상관이 없어도 좋다. 바이올린이나 기타, 풍물, 전통 악기, 요리, 바리스타, 종이접기, 도자기, 목공, 퀼트 등 교사의 모든 취미를 아이들과 나눌 수 있다. 교사가 가진 취미는 학생의 다양한 취향을 건드리며 재능을 끌어내는 징검다리 역할을 한다. 어떤 선생님을 만나느냐에 따라 아이들의 잠재적 가능성이 열리기 때문이다. 교사는 자신의 달란트로 아이들의 길을 열어주는 사람이다.

사람들은 내게 어떻게 고교 교사가 살인적인 업무 속에서 글까지 쓸 수 있었느냐를 묻는다. 여러 고충에 관해 묻지만, 나는 책을 읽거나 글 쓰는 시간이 있었기에 오히려 일상을 버텨올 수 있었다고 생각한다. 그 일이 내게 숨구멍이 되어주었다고 생각한다. 나만의 테왁을 가지고 있다는 든든함이 나를 지켰던 것이다.

힘든 일상일수록 처음에는 미미하게, 그러다 한 번 더, 또 한 번 더 해보는 것이다. 물론 시간이 필요하다. 그러니 욕심내지 말고 조금씩, 포기하지 않고 오랫동안 꾸준한 시간을 지나왔기에 미력하지만 지금의 내가 있는 것이다. 그런 시간이 나를 만든 것이다. 무엇보다 내가 넉넉해져야 자녀들에게도, 학생들에게도 너그러워진다. 그들은 내가 가진 생기와 에너지를 나누어 갖는다. 열심히 사는 나를 좋아한다. 나는 그렇게 좋은 사람이 되어가는 것이다. 그러니 우선 나를 다독이자.

이제 나는 더 이상 '누군가에게' 괜찮은 사람이 되고 싶다는 생각은 하지 않는다. 다만 나 자신이 '스스로' 괜찮은 사람이라 여길 수 있기를 바란다. 심각하게 명퇴를 고민하는 후배에게 내 이야기가 얼마나 도움이 되었을지는 모르겠다. 그저 자신의 숨구멍을 찾아내기를, 그리하여 자신만의 시간과 공간 안에서 깊은숨을 몰아쉴 수 있기를, 그렇게 고르고 고른 숨을 토해낸 후 설레는 마음으로 운동화 끈을 조일 수 있기를 바란다.

결국 나는 교사였기에 작가가 될 수 있었고, 작가로 살았기에 교사로 버틸 수 있었다. 내 삶은 언제나 '질풍노도'였고, 그 속에서도 나를 지켜준 건 '숨구멍'이었다. 당신은 지금 어디에 몸을 기대고 있는가. 당신이 만든 테왁에서 오늘도 고른 숨, 쉴 수 있기를.

; 학교는 꽃밭이자 텃밭

학교는 꽃밭이자 텃밭이다. 종류를 가릴 수 없는 갖가지 어린 생명들이 모여 자라고 꽃 피워내 열매를 맺는 곳이다. 농부는 아침마다 새벽이슬을 밟으며 텃밭으로 향한다. 농부의 아침 발길이 설레는 이유는 그 생명들이 농부의 발소리, 말소리를 듣고 자란다는 말을 믿기 때문이다.

오늘도 아이들은 어제와 다름없이 텃밭에 들어서고 있다. 등교하는 모습만으로 감동을 준다. 간밤에 무슨 일이 일어났든 또는 일어날 기미가 있었든 변함없이 얼굴을 내밀고 있기 때문이다. 아이들 중에는 간밤의 안녕을 지키기 위해 안간힘을 쓴 아이도 있었을 것이다. 농부는 이파리와 꽃에 하나하나 눈길을 맞추고, 말을 걸고, 줄기를 쓰다듬어 준다. 지금의 상태는 어떠한지 살핀다. 텃밭은 들판의 광활한 바람을 받는 야생의 밭이 아닌 만큼, 곁에 둔 농부의 섬세한 손길을 필요로 하는 곳이니까.

교실에 들어서 오른쪽 창문을 열면 운동장에서 뻥뻥 공차는 함성이 들려오고, 왼쪽 창으로는 연초록 편백 숲이 시야를 드리운다. 때론 부드러운 바람이 땀에 젖은 꽃과 이파리와 줄기를 어루만지고 간다. 자주 꽃들의 웃음소리가 따그르르 따그르르 교실 바닥을 구르지만, 때로는 텅 빈 운동장, 비 오는 숲처럼 처져 있기도 한다. 더위와 지루함, 우울과 피로에 널브러져 있기도 한다. 그때마다 농부는 지지대를 써가며 이들을 일으키려 안간힘을 쓴다. 물론 역부족일 때도 많다. 그럴 때는 절로 한숨이 나온다. 과도한 성장과 소득만이 살길이라며 적자생존, 각자도생을 부추기는 세상의 언어들이 이곳을 병들게 하기 때문이다.

명색이 꽃밭이고 텃밭이지만 자세히 보면 그 안에는 별의별 생명체들이 무질서하게 섞여 있다. 하지만 단연코 '잡초'는 없다. 인간은 소용에 따라 잡초와 약초를 구분하지만, 하늘의 시각으로 보면 자연의 품에 깃들어 사는 똑같은 생명체이기 때문이다. 학교 농부로서 고민해야 하는 일은 '잡초'라 불리는 생명들이 어떻게 제 빛깔과 성향을 살려 '약초'로 쓰이게 할지 궁구하는 일이다. 그렇게 학교 농부는 새벽이슬을 밟으며 설레는 마음으로 꽃밭이자 텃밭인 학교 교문을 들어선다.

; 피에타, 피에타

 울고 싶었다. 아니 울었다. 교장을 찾아가 담임을 그만두고 싶다고 말하다 나도 모르게 눈물을 흘리고 말았다. 갈수록 치열해지는 경쟁 속에서 상처받은 아이들끼리 내뱉는 말과 기상천외의 행동들, 이로 인한 갈등이 학교폭력위원회에 부쳐지고, 죽기 살기로 개입하는 학부모들 속에서 아무것도 할 수 없는 무력감까지······.
 나는 점점 지쳐가고 있었다. 동료들이 하나둘 '명퇴'라는 이름으로 교단을 떠나고 있었다. 그들을 부러운 눈으로 지켜보면서, '살아남은 자의 슬픔'을 곱씹어야 했다. 무거운 몸을 일으켜 집을 나서는 아침마다 발목은 쇳덩이를 매단 듯 무겁기만 했다.
 안타까운 얼굴로 나를 바라보던 교장은 1학기까지 잘 마무리하고 2학기 때 교체해 보자고 했다. 눈물로 하소연을 쏟아낸 뒤라 오히려 마음이 한결 차분해진 나는, 그래도 맡은 일이니 마지막까지는 최선을 다해보겠다는 말을 하고 일어섰다. 책임을 다하지 못하고 중도에 그만두는 무책임한 후회를 남기고 싶지 않았다.

반성하고 또 반성해도 여전히 견딜 수 없는 날이 이어졌다.
'선생이 못 견딜 때가 되면 방학을 하고, 부모가 못 견딜 때가 되면 개학을 한다.'라는 우스갯소리가 그때처럼 실감 난 적이 있을까. 여름방학이 아직 이십여 일도 넘게 남았는데, 모든 에너지가 소진되어 버린 느낌이었다. '피곤하다, 지쳤다, 쉬고 싶다.'를 입에 달고 살았다. 방과후 수업에다 야간 자율학습 감독까지 하는 날이면 녹초가 됐다. 여태까지 어떻게 버텼나 싶었다. 피로가 몇 달째 쌓여서 그럴까? 내 안의 우물물이 바짝 말라버린 느낌, 혀를 쭉 빼물고 더위에 지친 개처럼 헐떡이는 느낌이라면 지나칠까. 오랫동안 해왔던 일이고 새삼스러울 것도 없는 일에 굳이 엄살을 피우는 건 세월 앞에 장사 없다는 말의 방증일 테다.

날은 점점 더워졌다. 일요일 오후, 뙤약볕 속을 걷다가 성당 건물을 발견했다. 나도 모르게 발길이 성당 안으로 향했다. 서늘한 고요가 몸과 마음을 차분히 가라앉혔다. 숨을 크게 내쉬었다. 그러자 학년 초 어리바리한 고1 아이들에게 엄숙한 목소리로 나의 각오와 다짐을 천명했던 기억이 났다.

"여러분은 입시의 최전선인 고등학교에 들어와 적응하는 데 어려움이 많을 것입니다. 저는 그런 여러분들이 열심히 공부하고 즐겁고 보람 있게 학교생활을 누릴 수 있도록 도우려고 합니다. 집에는 보호자인 부모가 있듯이, 학교에서 보호자는 담임입니다. 그러니 저는 여러분이 어려움에 부닥칠 때 제일 먼저 달려가는 사람입니다."

한참을 앉아 있다가 성당을 나서는데 정원 한편에 세워진 피에타 상이 눈에 들어왔다. 그러자 찬물을 뒤집어쓴 듯 정신이 들었다. 아이들에게 학교의 보호자, '엄마'가 되겠다고 다짐해 놓고 지금껏 말로만 그랬구나 싶었다. 그동안 나는 판관(判官)의 눈으로, 꼰대 선생의 눈으로만 아이를 대하고 있었던 것은 아닌가. 아이의 마음을 움직이는 데는 실패한 교사로 말이다.

퇴근길에 집 근처 산책로를 걸으며 천천히, 크고 깊게 숨을 내쉬어보았다. 문득 어떤 책에선가 읽었던 구절이 새삼 가슴을 후볐다.

'힘은 사랑에서 나오고, 사랑을 잃은 분노는 힘이 없다.'

힘들 때마다 나는 자주 내 아이들을 어떻게 키웠던가를 돌아봤다. 교사이면서 학부모였던 그 시절의 내 모습을. 나는 아이가 학교에서 어떻게 지내는지 늘 궁금했다. 내가 아는 아이의 모습이 전부일까 생각했다. 그것은 교사인 내가 상담할 때 학부모들이 보인 태도 때문이었다. 믿기지 않는다는, 절대 그럴 리가 없다는, 자신의 아이가 얼마나 착한데 그러느냐는, 인정하기는커녕 직시하고 싶지 않은 학부모들의 맹신이 절벽처럼 느껴졌던 때가 많았다. 설사 나쁜 행동과 말을 했더라도 '나쁜 친구를 사귄' 탓으로 돌렸다. 그러니 자신의 아이는 항상 '피해자'라는 거였다.

나는 내 아이가 친구들 속에서 어떤 모습일지 궁금했다. 운동장에 모일 때 신발을 제대로 신지 못해 매번 늦는지, 수업 시간의 집중력은 어느 정도인지, 또래들과 사이좋게 지내는지, 친구들을 배려하는지, 인사는 잘하는지, 학교생활에 적극적으로 참여하는지, 불쑥불쑥 내뱉는 말투로 친구들과 갈등을 일으키지는 않는지 알고 싶었다. 나은 점을 격려하고 부족한 점은 보충하고 싶었다. 선생님에게서 아이에 대한 칭찬을 들은 날은 하늘이라도 날 것 같았다. 원만하고 따뜻하고 괜찮은 사람으로 키우고 싶었기에 아무리 바빠도 알림장을 꼼꼼히 살피고 매번 답장을 썼다. 학부모 상담 때는 빠지지 않고 참석하려 애썼다.

내 아이를 가장 객관적으로 판단할 수 있는 사람은 '교사'라고 생각했기 때문이었다. 부모는 가정에서만 보기 때문에 놓칠 수 있는 부분이 있을 것이다. 아이는 부모로부터 인정받고 싶은 마음에 밖에서 저지른 자신의 잘못이나 결점은 쉽게 드러내지 않는다. 반대로 가정에서 있었던 좋지 않은 일은 교사에게 말하고 싶어 하지 않는다는 것도 알았다. 그러니 교사와 부모는 아이의 반쪽씩만 아는 셈이었다. 부모로서 선생님의 도움이 절실한 이유였다. 선생님과 나는 가정과 학교에서의 아이 정보를 나누었다. 내 딸보다, 내 아들보다 나은 아이들이 학급의 절반이나 된다는 사실에 충격을 받고 겸손해진 것도 새로운 경험이었다.

예전에는 가정 방문이 있어서 교사는 학급 아이들의 집안 사정을 어느 정도 파악할 수 있었다. 하지만 개인정보 보호가 강화된 요즘은 아이가 말하지 않으면 가정의 내막을 절대 알 수 없는 상황이다. 부모가 어떻게 아이를 뒷바라지하는지, 아이의 불만과 결핍이 무엇인지 알 수 없다. 교사의 무지와 오해가 반이라면, 학부모도 마찬가지일 것이다.

교육이 아이와 학부모, 교사의 삼위일체로 이루어진다는 것은 더 이상 고리타분한 명제가 아니다. 물론 선생님 중에는 좋아하기도, 존경하기도 어려운 사람이 있을 것이다. 아이는 제 부모가 교사를 어떻게 생각하는지 귀신같이 알아차린다. 학부모가 교사를 낮게 평가하면 아이도 낮게 평가한다. 그런 교사에게 아이는 배울 것이 없다. 그저 학교에 머무는 시간이 고될 뿐이다. 내 아이를 위해서라도 교사를 비난하는 학부모의 태도는 바람직하지 않다.

기성세대들은 자신들이 다녔던 학교와 교사에 대한 경험과 기억에 머물러 있지 않은지, 언론의 선정적이고 폭력적인 기사로 학교 이미지를 일반화시키는 것은 아닌지 돌아봐야 한다. 학부모에겐 인권 감수성이 섬세하지 않았던 야만의 시대에 대한 상처가 남아 있을지도 모른다. 그렇다고 해서 그런 폭력적이고 권위적인 기억으로만 지금의 학교를 바라봐서도 안 된다. 중심을 잡아줘야 하는 건 언론도 마찬가지다.

지금 이 순간에도 학교 현장에는 부단히 연수하고, 치열하게 고민하고, 뜨거운 눈물을 쏟으며 분투하고 있는 선생님들이 대부분이라고 생각한다. 피에타처럼 아이를 껴안고 있을 선생님들, 그 안에서 피어나는 연민과 사랑이 우리 교육을 지탱하고 있다고 나는 믿는다.

; 나는 오늘도 걷는다

젖은 영혼을 치유하는 햇볕

일상이 지리멸렬해질 때 나는 무작정 집을 나선다. 지난해 2월은 물주머니가 터지듯 내 안에서 시도 때도 없이 울음이 터져 나오던 때였다. 어디론가 떠나지 않고는 배길 수 없었다. 그렇게 찾아간 곳이 영주 부석사였다. 나는 그곳에서 하릴없이 서성이며 오랫동안 걸어 다녔다. 바람 끝은 맵찼지만 하늘은 더없이 청명했다. 따뜻하게 내리쬐는 햇볕의 따뜻한 손길에 등마루를 내맡긴 채 무심히 앉아 있기도 했다. 그러는 동안 물기에 축축하게 젖은 내면이 고슬고슬하게 잘 말라가는 느낌을 받았다. 일조량 부족이 우울증을 유발한다는 사실을 관념으로 알고 있던 나는, 처음으로 햇볕이 슬픔에 젖은 영혼을 치유하는 힘이 있음을 깊이 체감했다.

그 후 나는 힘들고 어려운 일이 있을 때마다 매번 그때의 햇볕을 떠올리곤 한다. 번잡한 일상에 시도 때도 없이 찾아드는 우울과 스트레스를 노릇노릇하게 말려줄 햇볕은 수시로 필요했으니까.

해가 바뀌었다. 나는 어둡고 힘들게 버텨오던 오십 대의 터널을 지나 비로소 나이 예순에 접어들었다. 그사이 기쁨과 슬픔과 고통과 보람이 두루두루 다녀갔다. 삶은 공평한 것이어서 한 손으로 빼앗으면서도 다른 손에는 쥐여주는 게 있음을 알게 된 것도 세월이 주는 가르침이었다. 견딜 수 없는 마음으로 맞았던 과거에 비해, 앞으로의 나는 좀 더 가벼워지기를 소망한다. 이순의 나이에 걸맞게 불필요한 욕망을 털어 내고 하늘의 이치와 순리를 넉넉한 마음으로 받아들이고 싶다. 그런 내 예순의 시작을 햇볕 따뜻한 양명(陽明)한 땅에서 맞이하고 싶다는 마음을 어찌 나무랄 수 있을까.

소등(消燈)

내가 요즘 들어 버릇처럼 자주 하는 일은 불을 끄고 어둠 속에 들어앉아 있는 거다. 하루내 몸과 마음을 동동거리며 뛰어다니다 잠자리에 이르기 전이면 더욱 그렇다. 긴장으로 뭉쳐진 근육을 풀어주기 위해 몇 가지 스트레칭 동작이나 요가를 하다 깊은숨을 고르며 앉아 거실 창밖 어둠을 응시한다. 멀리 보이는 학교 운동장 주변의 검은 숲, 그 옆으로 실뱀처럼 이어진 통학로. 주위를 밝힌 가로등의 묽은 불빛을 응시하며 앉아 있으면, 요란하게 뛰던 심장 박동이 차분히 가라앉으며 메말라 있던 우물 속으로 맑은 샘물 흘러드는 소리가 들린다. 나는 내 안에서 얼마나 멀리 떠나 있었던 것일까.

책 하나를 세상에 내놓고 까닭 없이 서성거렸나 보다.

지금은 내 안의 어둠이 절실한 시간.

등불을 꺼야 할 때가 된 거다.

"세상은 문명으로 눈이 부시다. 그 속에서 눈멀어버린 우리가 길을 찾는 유일한 방법은 내 안의 등불을 끄는 일이다. 그래야만 밖이 보인다. 여행은 세상의 길을 찾기 위해 어둠 속으로 젖어 드는 일이다. 먼저 고요해지는 일이다."

— 장정희 《슬로시티를 가다》 중에서

시험 끝난 아이들에게 가끔은 이렇게 주절거리기도 한다.

"뭐하면서 시간을 보내니? 아무것도 안 한다고? 머릿속이 멍하다고? 그저 자고만 싶다고? 맞아, 그럴 때는 당연히 쉬어야지. 모든 에너지를 다 써버린 상황이잖아. 기쁜 마음으로 자. 내 몸이 원하는 일이니까. 그동안 나를 위해 무척 고생했으니까 이번에는 몸이 원하는 걸 들어줄 차례인 거지. 잘 자고 난 내 몸이 사랑스러울 거야. 그럴 때야 드디어 하고 싶은 일이 생각나거든.

나는 머릿속이 멍하고 아무것도 하고 싶은 것이 없을 때는 걷는 편이야. 1박 2일로 걷기도 하지. 하루 일곱 시간도 여덟 시간도 걸어. 물론 혼자 걷지. 구례, 고창, 순천, 해남, 순창, 광주 천변을 따라 영산강까지 가본 적도 있어.

걸을 때 무슨 생각을 하냐고? 소설가니까 작품 구상을 할 것 같지? 아무 생각도 안 해. 그저 다리 아프다, 발바닥 뜨겁다, 물집 잡혔다, 같은 것들만 생각하지. 사실 아무런 생각도 하지 않는 게 중요해. 평소 우리 머릿속은 항상 잡다한 생각으로 가득하니까. 발가락에 물집이 잡히고 절뚝이며 걷는 동안 내 안의 모든 에너지와 물기가 다 빠져나가는 게 중요해. 학대에 가까울 만큼 완전 연소를 시키는 거야. 집에 도착할 때는 쓰러질 정도가 되도록.

그런 시간을 보내고 나면 비로소 내 안에 새 물이 찰랑찰랑 차오르는 것을 느껴. 그 있잖아. 시골에 가면 볼 수 있는 우물, 거기에 비 오고, 바람 불면 먼지가 들어가서 물이 탁해질 때, 일 년에 한두 번 우물물을 퍼내고 청소를 하거든. 바닥까지 다 퍼내고 난 뒤 며칠 뚜껑을 덮어놓는데 나중에 열어보면 새 물이 가득 차 있거든. 그러면 다시 시작하는 거야. 너희들도 한번 해보지 않을래? 집 근처 공원이나 아니면 하굣길이라도."

게으른 자의 깨달음

바람처럼 떠돌았다. 빗속을 뚫고 찾아간 순창 강천사를 시작으로 양림동 펭귄 마을, 서산 국립생태원, 부안 내소사, 태안 안면도와 꽃지 해수욕장, 안면도 휴양림, 예산 수덕사까지 돌고 돌아 때 이른 휴가를 마무리하고 밥벌이의 대열에 다시 합류했다.

터질 듯한 열기를 감당하지 못해 정처 없이 시작한 혼자만의 방랑은 연수와 직장 친목 여행으로 이어졌고, 부모와 형제자매 가족을 대동한 휴가 행렬로 전환됐다.

그런데도 여행 내내 즐겁지 않았다. 내가 갈구하는 것은 이런 왁자한 여행이 아니라 깊은 내면의 고요에서 건져 올리는 '문장'이라고 생각했다. 문장은 나를 살찌우고, 기쁘게 하고, 다시 살아 있게 해줄 유일한 부표였으니까. 글을 쓰기 위해 걷고, 글을 쓰기 위해 이 길을 버티는 것. 아무도 모르게, 나만 아는, 나를 살리는 방법이었다. 제대로 된 문장만이 길고 긴 목마름을 해갈시켜 줄 것이다. 이 강박과도 같은 초조함은 여행이 끝날 때까지 나를 붙잡고 놓아주지 않았다.

다녀와서 그때 찍었던 사진들을 본다. 문득 코끝이 시큰해지는 통증. 함께 한 이들이야말로 나를 '한 송이 국화꽃을 피워낼 수 있도록' 숨죽이며 지켜봐 주는 우주가 아니었던가. 깨달음은 늘 이렇듯 한 박자 늦게 찾아온다.

내 안의 종교

걷다 보면 어느 순간 목적지가 무의미해진다. 발걸음은 도착이 아니라 지속을 위해 존재하는 것임을, 걷는 동안 비로소 깨닫는다. 되돌아보면 나는 길 위에서만큼은 나를 잘 돌보았다. 걷는다는 건 그저 앞을 보는 일이 아니라, 지금 이 자리에 내가 살아 있음을 확인하는 일이었다. 누군가 내게 왜 그렇게 지독하게 걷느냐고 물을 때가 있다. 그럴 때마다 나는 궁색한 '우물론'으로 변명하곤 했다.

"…… 내 안에 고인 찌꺼기를 마지막 한 방울까지 퍼내듯 밀어붙이다 보면 새 물처럼 고이는 맑은 정신이 있지 않을까 싶어서."

겸연쩍어서 그랬을 것이다. 하루에 오만 보를 걸었던 날에도 무슨 생각을 했느냐고 묻는다면, 아무런 생각도 하지 않는다고 답한다. 그저 다리가 아프다는 것뿐이라면 지나칠까. 아니면 한숨을 쉬듯 내 안의 뜨거운 기운을 쏟아내는 중이라고 할까.

몇 년 전, 구례 터미널에서 지리산 산수유마을 시목지까지 왕복하며 1박 2일로 걸은 적이 있었다. 발바닥에 주먹만큼이나 큰 물집이 부르트는 바람에 절뚝이며 걸어야 했던, 자학에 가까운 동선이었다. 간간이 지나치는 자동차들이 멈춰선 채 태워다 주겠다고 했지만, '반칙'을 범할 수 없다는 생각에 극구 사양했다. 그 이야기를 들은 직장 동료가 이렇게 말했다.

"선생님은 마치 자기 안에 종교를 가진 사람 같아요. 저는 힘들 때 교회에 가서 기도하며 마음을 가라앉히는데……. 선생님은 자신과 대결하시는 거잖아요."

나는 걷는 것에 큰 의미를 부여하지는 않는다. 생각 없이 걷는다. 아무리 걸어도 상황은 달라지지 않기 때문이다. 그저 머리 대신 몸으로 견뎌낼 뿐이다. 터질 것 같은 순간들이 두려워 집 밖으로 뛰쳐나오는 것이니까. 이런 식의 겁쟁이에게 감히 '내 안의 종교'라니, 가당키나 한가 말이다. 오늘 이 순간에도 걷는 것은 내가 여전히 흔들리고 있기 때문이다.

집으로 돌아와 꽉 죄었던 신발을 벗고 종아리를 주무른다. 다리는 무겁고 발가락의 물집은 터질 듯 부풀어 올랐지만, 심장은 걷기 전보다 한결 가볍다. 걸은 만큼 나를 비워냈고, 비워낸 만큼 또 다른 것을 채울 자리가 생겼다고 믿는다.

이제 다시 책상 앞에 앉을 것이다. 그렇게 또 아이들과 문장과 함께 하루를 살아낼 것이다. 걷기란 내게 그런 것이다. 떠나는 연습 같지만, 실은 견디고 머무는 법을 배우는 일. 오늘도 나는 내일을 살아내기 위해 걸었다.

; 나를 나답게 만드는 힘, '꼴리는 대로 산다'

　　벨기에서 태어나 미국에서 활동한 시인이자 역사학자인 마르그리트 유르스나르의 어머니는 그녀를 낳고 열흘 후에 죽었다. 지칠 줄 모르고 여행을 다니는 사람이었던 그녀의 아버지는 아내가 죽자 딸을 데리고 각지를 전전하며 키웠다. 아버지는 집 전 재산을 걸고 카지노에서 도박을 하곤 했는데, 그때마다 딸은 카지노 앞 벤치에 앉아 하염없이 아버지를 기다리곤 했다. 아버지는 카지노에 들어가기 전 늘 자신이 읽던 책을 딸에게 읽고 있으라며 건넸다. 유르스나르의 작가 생활은 그렇게 잉태되었다.

　　한 아이는 오일장 행상을 하는 부모가 항상 집을 비우는 탓에, 학교를 다녀오면 무료하기 이를 데 없어 옆집 고물상으로 놀러 갔다. 그곳은 여럿의 엿장수들을 고용해 엿을 만들어 파는 엿 공장이라 마당에는 그들이 엿과 바꿔온 재활용품과 폐지들이 어지럽게 널려 있었다. 아이는 산더미 같은 폐지 더미에서 읽을 만한 헌책들을 집으로 들고 와 밤새 읽기도 했다. 책 중에는 70년대 사회 풍속을 해친다 하여 금서(禁書)가 된 염재만의 소설《반노(反奴)》도 있었다. 어린아이의 머릿속은 성애 장면이 펼치는 페이지에서 사람들의 붉고 붉은 살들이 흐느적대는 통에 몹시 어지러웠다.

어떤 책은 앞뒤 표지가 찢겨 나간 탓에 제목을 알 수 없어 국어 선생님께 주인공 이름을 들먹이면서 여쭤보기도 했다. 하지만 선생님도 고개를 흔드는 바람에 오랫동안 미지의 작품으로 남았다가 후일에야 정체를 알게 되었는데 그 소설이《옥루몽》이다. 아이는 자라 《옥루몽》을 마음껏 감상하고 강의하는 국어 선생님이 되었고, 그 힘으로《옥루몽》의 사돈네 팔촌의, 이모의 외숙모 같은 역사소설《옥봉》을 쓴 소설가가 되었다.

도박하는 아버지를 기다리느라 아버지가 남기고 간 책을 읽으며 지루한 시간을 하염없이 견뎠을 어린아이를 생각하면 가슴이 짠해진다. 부모 없는 빈집의 무료함을 이기지 못한 아이가 옆집 고물상 폐지 더미를 뒤적이다 표지가 찢겨 나간 책에 코를 박고 읽는 모습에도 역시 가슴이 아린다.

하여, 막막한 백지를 앞에 두고 생각한다.

'나는 왜 쓰는 사람이 되었는가.'

이 생각은 어김없이 나를 이십 대 초반의 시절로 끌고 간다. 어디로 가야 할지, 누구를 만나야 할지, 시간은 왜 이리도 더디 가며, 왜 그렇게도 삶이 무료한 것인지 알 수 없던 그때. 너무도 막막해서, 텅 빈 마음으로 휘갈기던 일기장에는 '어떻게 살까.' '어떻게 살아야 잘 사는 것일까.' '나는 무엇을 할 수 있을까.' 같은 문장으로 가득했다. 그때의 나를 여기까지 끌고 온 힘은 무엇일까.

나는 첫 번째 청소년 소설《빡치GO 박차GO》의 첫 문장을 '꼴린 대로 산다'로 시작했다. 유치찬란한 청소년이라 한들 쉽게 현혹될 리 없는 문장이지만, '멋대로 살아도 좋다'는 뜻은 당연히 아니었을 터.

대금을 전공하는 예술고 2학년 남학생의 좌우명이기도 한 이 문장은 제멋대로 행동하는 안하무인의 주인공답게 허세와 과시로 잔뜩 치장되어 있다. 그럼에도 '꼴린 대로 산다'라는 말은 예술에 대한 지고지순한 애정과 진정성을 담아 '내 안의 부름에 따라 마음이 가는 대로 살되, 최선을 다하며 사는 것'이라고 스스로 규정했다. 나는 첫 문장이 주는 힘으로 마지막까지 소설을 쓸 수 있었다.

역사소설《옥봉》의 주인공도 마찬가지다. 조선 중기 실존 인물이기도 한 '이옥봉'은 아버지의 지극한 총애를 받으며 자랐고, 천성적으로 책 읽기를 좋아하고 시 짓기에 천부적 재능을 보였지만, 출생부터 어미의 얼굴을 보지 못한 유복자이자 서녀로 태어났다. 자의식 강한 이 여인은 자신의 이름을 '옥봉'이라 스스로 지어 불렀으며, 자신의 눈높이에 맞는 남자를 선택해 결혼했다. 이옥봉은 시를 쓰지 않기로 맹세했음에도 산지기의 무죄를 외면할 수 없어 탄원하는 시를 써주었고, 그 이유로 남편에게 쫓겨나 처절한 가난 속에서 비참하게 생을 마쳤다.

혹자는 이렇게 말할지도 모른다. '죽으면 다 썩어 없어질 몸, 죽어 영광을 보는 게 무슨 소용이냐.'고, '죽어서보다 사는 동안 행복하게 살고 싶다.'고 말이다. 물론이다. 여인도 죽어 영광을 보자고 생전의 고통을 감당한 것은 아닐 것이다. 게다가 남을 위해, 모두를 위해 고초를 겪은 것도 아니다. 오로지 자신의 진실한 목소리에 귀 기울였을 뿐이다. 가혹한 고통 속에서도 자신의 목소리를 외면하지 않고 살았기에 여인이 남긴 시가 후대 우리의 가슴을 울리고 있는 것이다.

물론 원하는 삶을 사는 데는 대가를 지불해야 한다. 더구나 인습에 맞선다는 것은 모든 에너지가 소진되는 과정의 연속이다. 견디기 어려운 탓에 대부분의 사람들은 포기하고 투항한다. '지는 것이 이기는 것'이라고 합리화하며 살아간다. 그럼에도 여전히 해소되지 않는 마음으로 상대를 원망한다. 세상을 탓하고 시대를 탓한다. 이처럼 맞서는 삶이 만만치 않은 것처럼, 내면의 소리 또한 외면하고 살기도 쉽지 않은 것이다.

여인이 다시 태어났다면 시를 안 썼을까. 소장도 안 써줬을까. 그래서 행복하게 살았을까? 물론 알 수 없다. 하나 분명한 것은 '자신의 끌림대로 했을 것'이라는 것이다. 운명은 이처럼 자신이 스스로 물길을 내가는 것이다. 거역할 수 없는 제 안의 목소리를 따라가는 것이다.

그렇다면 내게 글쓰기란 무엇이었던가.

십여 년 전 가정의 몰락을 겪으며 극심한 불안과 공포에 사로잡혔던 시절이 있었다. 내 고통이 나만의 고통이 아닌 부조리한 사회의 축소판임을 인식한 나는 이를 증언하리라는 신념으로 버텼다. 눈물이 널린 세상에서 이제야 '고통'을 입에 올릴 수 있는 작가로서의 자격이 생긴 듯한 확신도 큰 소득이었다.

청소년 소설을 쓰면서도 마찬가지였다. 집과 학교 일에 치여 몸과 마음의 과부하에 시달리느라 언제든 호시탐탐 그만둘 시기만 노리고 있던 내게 청소년 소설 쓰기는 교사로서의 정체성을 새롭게 다지는 계기가 되었다. 하루 대부분의 시간을 청소년들과 부대끼며 온전히 그들을 그들의 눈높이로 이해할 수 있을 때만이 청소년 소설 작가로서의 진정성도 얻게 되리라는 확신을 갖게 되었다. 교사와 작가라는 두 직업은 윈-윈하며 서로를 떠받치는 버팀목이 된 셈이다.

내가 좋아하는 일이라고는 겨우 학생들과 함께 지내는 일과 글

쓰는 일이다. 이 일에 오래 매달려 오늘의 내가 되었을 뿐이다. 두 가지가 나를 나답게 만들어주었다고 생각한다. '내 안의 목소리'를 따라 사는 것, 그것이야말로 '나답게 사는 일'이다. '꼴린 대로 산다'라는 말 속에는 '나답게 산다'라는 강력한 의지가 담겼다. 그게 바로 '꼴린 대로'가 가진 말의 힘이다.

; 그리운 '지금'

〈지금 알고 있는 것을 그때도 알았더라면〉이라는 시가 있다. 타고난 성정으로 후회보다는 대책 없는 낙관에 가닿길 좋아하는 나로서는 인정하고 싶지 않지만, 그런데도 어쩔 수 없이 늘 실감하는 말이다.

그날도 그랬다. 시험이 끝나고 이어진 체험 학습일이었다. 보통은 놀이 공원으로 가서 놀이기구와 함께 봄 경치를 즐긴 후 꽃그늘 속으로 들어가 준비해 간 김밥과 과일, 음료수를 홀짝이며 햇볕에 얼굴을 그을렸을 텐데, 그날은 바깥 활동 대신 요리학원에서 초코칩 쿠키를 만들고 오후에는 영화를 보는 것으로 하루를 보냈다.

출석 점검을 하기 위해 요리학원 입구에 모인 아이들은 학교 밖으로 나왔다는 자유로움에 들뜬 얼굴로 수다를 떨었다. 그들이 맘껏 내지르는 수다와 웃음소리로 거리에는 온통 꽃이 피고 노래로 가득 찼다. 아이들은 이곳저곳 포르르 앉았다 날아가는 새떼처럼 몰려다니며 휴대폰으로 사진을 찍어댔다. 귀가해서 보니 다리는 통통 부어 있고 목은 쉬어 제대로 말도 안 나올 만큼 고단한 하루였음을 증명하고도 남았다.

일찌감치 불을 끄고 자리에 누웠다. 몸은 물에 젖은 솜처럼 묵직한데도 이상하게 의식이 허공에 붕 떠 있는 것처럼 잠이 오지 않았다. 그래서 어둠 속에서 더듬더듬 휴대폰을 켜고 아이들이 보내준 사진을 보며 하루를 돌이켜보았다. 사진을 뒤적이다 혼자 웃기도 했는데 어느 순간 애틋하고도 서글픈 감정이 순식간에 온몸을 감싸버렸다.

특별할 것도 없는 거리에서, 그렇고 그런 간판을 흘깃거리며 지나가던 그곳이 앞으로는 아이들의 환한 미소와 수다를 떠올리지 않고서는 지나칠 수 없는 거리가 될 것이라는 생각 때문이었다. 그곳을 지날 때마다 환청처럼 내지르는 옥타브 높은 아이들의 목소리, 갖가지 자세를 취하며 웃어 젖히던 이들을 그리워하게 될 것이며, 한번 지나간 그 시간은 다시 돌아오지 않을 것임을 실감했다.

그러자 생각은 꼬리를 물고 이어져 점심시간마다 습관처럼 산책했던 학교의 잔디밭, 무심코 쓸고 만져왔던 교실들의 책상과 교무실의 책꽂이까지 모두 그리움의 대상이 될 것이라는 생각으로 치달았다. 언젠가는 추억들이 스며든 공간을 남겨둔 채 나는 사라질 것이라는 생각은 가슴에 서늘한 바람을 몰고 왔다.

믿기 어려울지 모르지만 나는 사립학교에서 평생을 지내오는 동안 가슴 속 사직서를 한 번도 내려놓지 못했다. 일 년만, 일 년만 더 견뎌보자는 일념으로 퇴직을 유보해온 결과로 사십여 년의 세월을 지나 무사히 정년까지 이르게 됐으니, 그 세월과 인내가 내게는 거의 기적에 가깝다.

지나온 시간에 비해 내게 남은 날들이 턱없이 짧다고 생각하자 더욱 애틋해져서 나머지 사진들을 찬찬히 들여다보게 됐다. 머지않아 그리운 순간들이 될 게 분명한 사진들이었다. 훗날 초코칩 쿠키를 집어들 때마다 아이들의 수다와 함께 노릇하고 달콤하게 익어갔던 쿠키 향을 떠올리게 될 것이다. 밀가루가 묻은 소맷부리를 걷어줄 때마다 아이들이 합창하듯 내지르던 애교 섞인 목소리가 귓전에 내려앉을 것이다. 자신이 만든 쿠키를 자랑하기 위해 경쟁하듯 내 손에 쥐여주던 아이들 덕분에 가방이 불룩해져 버렸던 추억까지 말이다.

내일이면 그리워질 순간들을 나는 지금 지나고 있는 거다.
그리운 '지금'을.

; 내 생애 마지막 교실 수업

퇴직 날이 되었다. 마지막 수업을 하러 가는 길이었다. 복도를 걸어 교실 문 앞에 도착한 나는 가만히 서서 심호흡을 했다. 가슴 안에 서늘한 바람이 불었다. 그런데 웬일일까. 사위가 조용했다. 교실에 불도 꺼져 있었다. 잘못 찾아왔나 싶어 학급 표찰을 올려다봤다. 다행히 틀리지는 않았다. 살며시 문을 열었다. 어둠 속에 엎드려 있던 아이들이 내가 들어서자마자 몸을 일으켜 휴대폰을 추켜들고 노래를 부르기 시작했다. 휴대폰에서 뻗어 나간 빛살이 무지개 형상으로 퍼져 나갔다. 015B의 〈이젠 안녕〉이었다. 이제는 우리가 서로 떠나가야 할 시간…….

나도 모르게 눈시울이 뜨거워졌다. 시선을 교실 뒤편으로 돌렸다. 학급 시간표와 체육대회 응원 상장, 특별구역 청소 분장, 이름표가 붙은 개인 사물함, 청소 도구함, 냉장고가 눈에 들어왔다. 이 모든 사물들, 아니 무엇보다 이 아이들을 다시 볼 수 없겠구나 싶으니 눈물이 흘러내릴 것만 같아 돌아섰다. 칠판에는 아이들이 써놓은 사랑의 고백들이 현란한 모양과 색깔을 입은 채 화려한 꽃밭처럼 펼쳐져 있었다.

이윽고 노래가 끝났다. 아이들은 정성 들여 써 놓은 롤링 페이퍼와 꽃다발, 불이 켜진 케이크를 들고 조심조심 교탁 앞으로 나왔다. 한 아이가 '선생님'과 '작가님'이라고 새긴 트로피를 건네주었다. 2관왕 달성이라고 하면서.

우리는 활짝 웃는 얼굴로 단체 사진을 찍었다. 책상과 의자가 우르르 소리를 내며 뒤로 밀려났다. 앞서거니 뒤서거니 고개를 내민 채 손가락으로 하트를 만들고, 옆 친구와 팔을 겹쳐 물결무늬의 하트를 만들기도 했다. "선생님께 모아주자!"라는 말이 떨어지면서 아이들은 활짝 편 두 손바닥을 나를 향해 추켜올렸다. 웃음과 함성이 교실에 가득 찼다. 내가 선 이 자리, 바로 여기가 천국인 듯싶었다. 사진을 찍고 나자 제각기 편지를 든 아이들이 다가와 건네주고는 울음을 터트렸다. 당황한 나는 품에 안긴 아이의 등을 토닥여줄 뿐이었다.

분위기가 정돈되기를 기다린 나는 한결 차분해진 어조로 말했다. 코맹맹이 목소리에 물기가 배어있었다.

"자, 이제 수업을 해볼까? 지난 시간에 조별 연기가 덜 끝난 거 있지? 아직 발표하지 못한 세 개 모둠 말이야."

수업을 재개하자는 내 말에 아이들은 실망을 내비쳤지만 이미 준비가 된 상태라 어려움 없이 진행되었다.

우리는 소설《두근두근 내 인생》을 시나리오로 각색한 교과 단원을 공부했고, 교과 내용을 패러디해 시나리오로 리메이크한 다음, 배역에 맞게 연기하는 활동을 했다. 우리가 일상에서 장애인과 마주쳤을 때의 부정적인 상황을 극복하고 더불어 살아가기 위한 주제로 만든 상황극이었다. 아이들은 대본에 따라 각자 배역을 정하고 실감 나게 연기를 실행했다. 의자를 휠체어 삼아 끌거나, 안경에 종이를 붙여 시각장애인을 연출하며 지팡이로 더듬기도 했다. 박장대소하다가도, 탄식하다가도, 응원하듯 소리를 높이다가도 마지막에는 힘껏 손뼉을 쳤다. 그렇게 세 모둠의 발표가 끝났다.

그러자 기다렸다는 듯 끝종이 울렸다. 내 생애 마지막 수업은 이렇게 끝난 거였다. 안녕~ 내가 손을 흔들며 돌아서자 아이들이 소리쳤다.

"이따 퇴임식 때 봬요!"

; 살아남은 자의 슬픔

　점심시간, 드디어 퇴임식이 열렸다. '8월 퇴직'의 주인공은 나 혼자였다. 2학기가 막 시작된 상황이라 전학년 아이들의 환송을 받을 수 있었던 것은 축복이었다. 내가 담임을 했던 아이들, 문예반 아이들의 송별사를 듣고, 졸업생들, 동료들, 반마다 아이들이 준비한 선물과 케이크, 편지를 받았다. 마지막 순서로 내가 밤새워 준비한 퇴임사를 읽었다.
　"〈살아남은 자의 슬픔〉이라는 시가 있습니다. 독일의 시인이자 극작가인 브레히트가 쓴 시죠. 제가 대학교 입학하자마자 일어난 5·18 항쟁 때부터 가장 많이 들었던 시이기도 합니다. '살아남은 자의 슬픔'이라니……. 지금까지는 저도 여러분처럼 그 자리에 앉아 먼저 떠나시는 선생님들을 보며 '살아남은 자의 슬픔'을 느끼곤 했습니다. 그런데 오늘은 제가 '떠나는 자의 슬픔'을 말하게 되네요."

정년이라니, 도무지 믿기지 않는 일이었다. 초임으로 들어온 지가 엊그제 같은데, 어느덧 햇수로 꽉 찬 사십 년이 되었다. 내 삶의 대부분을 교사로 살아온 것이다. 젊은 시절부터 늘 가슴에 사직서를 품고 살아온 나로서도 이렇게 오래 일할 줄은 몰랐다. 세상 모든 일이 그렇듯, 정년퇴직이 어찌 마음대로 될 일이던가. 오늘이 있기까지 나를 둘러싼 모든 것들의 숨죽인 인내와 기다림, 격려와 응원, 안녕이 있었기에 가능했던 거다.

지나가는 자동차에도, 바람에도, 꽃과 나무에도 감사했다. 하지만 무엇보다 가장 고마운 대상은 역시 아이들이었다. 몸과 마음이 널브러질 때마다 내게 항상 밝은 얼굴과 따뜻한 말로 응원해 준 아이들이 없었다면 어찌 오늘의 내가 가능했을까.

동료들에게도 감사했다. 전근이라곤 없는 사립학교에서 사십 년을 함께 보내며 인연을 짓는 동안, 한결같은 마음으로 부족한 나를 기다려주고 도와준 그들의 도움이 컸다. 정성 들여 준비한 음식으로 맛있는 외식을 제공해 준 급식실 선생님들께도, 해마다 똑같은 질문을 해도 귀찮은 표정 없이 지원해 준 행정실 선생님들께도, 아침마다 웃으며 맞아주신 교장 선생님과 지킴이 선생님, 그리고 인쇄실 선생님, 특히 내 책 출간을 누구보다 기뻐하며 나만의 코너를 만들어 아이들에게 홍보해 준 사서 선생님께도, 몸이 힘들 때마다 찾았던 보건실 선생님의 따뜻한 염려에도 고마움을 전했다.

"점심시간마다 식당에서 선생님들 등 뒤에 붙어 차례를 기다리고 있노라면, 저는 문득 그들의 지친 등허리에 사막의 뜨거운 뙤약볕 속을 힘겹게 건너온 낙타의 무겁고 짜디짠 소금 짐이 얹혀 있다는 생각에 울컥해지곤 했습니다. 제가 그랬듯 하루하루 고된 일정을 묵묵히 감내하시는 선생님들의 노고를 어찌 잊을 수 있겠습니까?"

숙제와 시험, 공부에 찌들어 표정이 어두운 아이들, 꿈도 없이 엎드려 자는 아이들을 볼 때도 마음이 아팠다. 어깨를 두드려주는 것 말고는 할 수 있는 게 많지 않아 자주 절망스러웠다. 언젠가부터는 교사의 직분이 무겁게 느껴지기도 했다. 무심코 던진 교사의 한마디가 아이의 인생을 바꿀 수 있을 만큼 큰 힘을 가졌음을 부정할 수 없었다. 내가 이들에게 저질렀던 잘못도 적지 않을 것이다. 엄혹한 시절에는 교도관처럼 살기도 했으니까. 때로는 과도한 열정으로, 때로는 미숙함으로, 때로는 시행착오로 아이들에게 준 상처도 있었을 것이다.

"그러나 어제의 강물은 이미 흘러가 버렸습니다. 졸업생이 된 아이들은 세상 어딘가로 깃털처럼 흩어져 버렸기에, 저는 사과할 대상을 잃어버린 채 때늦은 후회를 하고 있는 것입니다."

동료들에게도 사과했다. 오랜 세월 동고동락해 오는 동안 겪었던 말할 수 없는 고통과 아픔에 대하여, 그때마다 온 마음으로 함께 하지 못했음을 뒤늦게 사과했다. 그러한 까닭에 국가가 정년 교사에게 주는 훈장을 받을 염치가 없어 사양하게 된 배경을 설명했다.

"어쨌든 세월은 흐르고 인간은 그 세월 앞에 속수무책일 뿐이지요. 장강의 뒤 물결이 앞 물결을 치듯, 이제 제 의자를 비워줘야 할 때가 된 것입니다. 그리하여 저는 오늘 초등학교에 입학한 지 오십오년 만에 졸업장을 받고 '학교'라는 울타리를 넘어 사회로 첫발을 내딛습니다. 지금까지 그렇게 살아왔듯, 앞으로 저는 제게 주어진 하루하루에 경배를 바치듯 최선을 다하며 살아가고자 합니다. '오늘이 제게 남은 생애 중 가장 젊은 날'이라는 다짐으로 살겠습니다. 비록 제 몸은 떠나지만 마음은 오래오래 이곳에 머물고 있을 것입니다."

퇴임식을 마치고 교문을 나섰다. 돌아서 마주 선 학교 건물, 그 안에서 겪어냈던 온갖 감정의 소용돌이가 하룻밤 꿈처럼 느껴졌다. 지금도 저 안에서 육체와 정신의 소진을 겪어내고 있을 후배들을 생각했다. 나야말로 '지독히도 운 좋게 빠져나가는 사람'이라는 생각마저 들었다. 이들을 어떻게 응원할 수 있을까. 그것이야말로 평생 몸담갔던 학교를 떠나는 자의 책무인 것을.

2교시

다정한 마음으로

수업 목표 ;
가르치면서 배우기

; 꿈을 찾는 것이 '꿈'인 아이들

아이들에게 '꿈이 뭐니?' 하고 물으면 오히려 그들이 되묻는다.
"꿈이 뭐예요?"

어른들은 공부나 시험에 대비해 많은 양의 지식을 아이들의 머릿속에 욱여넣기 바쁘다. 정작 자신의 아이가 무엇을 좋아하는지, 무엇을 잘하는지 알아보고 생각해 볼 기회를 주지 않는다. 그러면서도 '왜 꿈이 없냐?'라고 다그친다. 그것은 어른들의 명백한 직무유기다.
아이들의 눈꺼풀이 내려앉고, 눈빛이 어두운 것은 가슴에 반짝이는 '별'이 없기 때문이다. 꿈이 없어 내면이 캄캄한 것이다. 어쩌다 이렇게 되어버렸을까. 그것은 아이들이 '꼴리는 대로' 자신의 길을 찾아가는 게 아니라, 어른들의 불안과 욕망을 아이들에게 주입하여 자신의 꿈으로 받아들이도록 강요하는 탓에 스스로 내면을 들여다볼 기회를 빼앗겨버린 탓이다.

　나는 사람이면 누구나 제각각의 재능(씨앗)을 가지고 태어난다고 생각한다. 하지만 씨앗은 땅속에 묻힌 채로 태어나기에 흔들어 깨우지 않으면 안 된다. 깨우지 않으면 죽을 때까지 땅속에 머물러 있다가 육체와 함께 스러지고 만다.
　교육은 잠들어 있는 씨앗을 흔들어 깨워 싹을 틔우는 과정이다. 지식을 우격다짐으로 '집어넣는' 게 아니라 잠재된 씨앗을 발견해 '꺼내주는' 것. 그렇게 깨어난 씨앗이 마침내 싹을 틔우고 꽃을 피워 열매를 맺을 수 있도록 물을 주고 벌레를 잡아주어야 온전한 인간으로 성장하는 것이다.
　교육은 아이들에게 자신이 타고난 유전적 속성을 맘껏 내부에서 뽑아내 발휘하도록 도와야 한다. 배롱나무는 배롱나무로 자라나 꽃피울 수 있도록, 편백나무는 편백나무로, 소나무는 소나무로, 채송화는 채송화로, 국화는 국화로 피어나도록 도와야 하는 것이다. 아이들 스스로 타고난 재능에 맞춰 자신만의 색깔과 빛으로 세상에 등불을 매달 때 비로소 행복해지는 것이다.

　아이들의 잠들어 있는 다양한 유전적 재능을 깨우기 위해서는 교사 자신이 가진 재능에도 관심을 기울여야 한다. 교사는 자신의 관심과 노력으로만 아이들을 건드리고 깨울 수 있다. 교사는 아이들 앞에

선 또 하나의 '우주'이기도 하기 때문이다.

'어? 그거 재미있겠는데?'

이것은 아이들의 내면에 든 씨앗이 꿈틀하며 반응한 결과다. 그럴 때 교사는 낚싯대를 낚아채 올리듯 놓치지 않고 아이가 가진 재능에 경이로운 눈빛으로 반응해 주어야 한다. 이것저것 온갖 것을 섭렵해 자신의 길을 선택한 뒤에는 물과 햇볕과 바람을 쬐어주고 양분을 준 뒤 기다려 주는 노력도 필요하다. 그래야 아이가 꽃을 피워올릴 수 있게 된다. 자신이 선택한 재능에 지치지 않는 노력이 더해질 때 농익은 열매가 열릴 것이다.

이제 더 이상 교육은 살인적인 양의 지식 주입을 그만두어야 한다. 대신 재미있을 것 같은, 질 좋은 경험을 할 수 있도록 많은 '기회'를 제공해야 한다. 그래야 아이들의 내면에 잠들어 있는 씨앗(재능)을 흔들어 깨울 수 있다. 그것만이 '교육'이라는 이름으로 행할 수 있는 어른들의 역할이다.

세상이 아름다운 것은 온갖 꽃과 나무들이 함께 어우러져 있기 때문이다. 제아무리 화려한 꽃이라도 혼자서는 빛나지 않는다.

; 자퇴와 전학 사이

"무슨 이런 ×같은 학교가 다 있어?"

누군가 욕지기를 쏟아냈다. 순간 모두의 시선이 소리 나는 쪽으로 확 쏠렸다. 하필이면 입학 첫날이었다. 첫날부터 곧바로 시작된 야간 자율학습은 입학식을 치르느라 하루내 긴장해 있던 신입생들의 눈꺼풀을 찍어누르기에 충분했다. 문제는 그 시간 이사장님이 관리자들을 대동한 채 교실을 순회하며 신입생들을 만나고 있었다는 거다.

사람 좋은 미소를 짓고 있던 이사장님이 씩씩거리고 있던 아이를 향해 조용히 다가갔다.

"아니, 무슨 일로 이렇게 속이 상했을까?"

그러자 아이가 기다렸다는 듯 말을 쏟아내기 시작했다.

"학교 배정을 받은 날로부터 단 하루도 쉰 적이 없어요. 과목마다 산더미 같은 숙제에 오리엔테이션 이틀, 두 번이나 이어진 배치 고사 때문에 미치는 줄 알았다고요! 그런데 이게 뭐예요? 입학 첫날부터 야자는 그렇다 쳐요! 과목마다 참고서 준비를 오늘 공지해 놓고서 내일부터 바로 수업에 활용한다는 건 무슨 경우에요? 야자 끝나면 문구점, 서점 문 다 닫아요. 살 수도 없다고요! 아침에는 늦을까 봐 잠도 못 깨고 뛰어올 텐데 내일부터 바로 수업에 들어간다면 언제 어디서 책을 사라는 거예요?"

당황한 이사장님, 여전히 미소를 잃지 않은 얼굴로 주위를 돌아보았다. 아이 말이 맞느냐고, 진짜 그러냐고 묻는 얼굴이었다. 관리자들은 어쩔 줄 모르는 얼굴로 '아, 아……' 하면서 말을 더듬었다. 이사장님은 그들에게 서두르지 말고 여유를 주라고 지시했다.

"걱정하지 말고 천천히 준비해요. 처음부터 이렇게 힘들면 안 되지요."

시내 명문 여고로 소문난 우리 학교는 입학과 동시에 죽음을 각오해야 한다는 소문이 자자했다. 그만큼 학부모들의 열화와 성원도 대단했다. 삼 년간 죽었다, 생각하고 학교 체제에 따르다 보면 결과는 좋을 것이므로, 아이들 또한 자의 반 타의 반 스파르타식 방침에 따라가는 식이었다.

이사장님 일행이 떠나고 나자 아이들은 담임인 내 눈치를 보며 힐끔거렸다. 하지만 정작 당사자는 고개를 외로 꼰 채 누구와도 눈을 마주치지 않았다. 나는 번호를 통해 아이의 이름을 확인했다.
'신소미'
낯익다는 생각이 들었다. 나는 머릿속을 더듬다가 문득 신입생 과제물 중 하나였던 독후감 부문에 대상 수상자로 선정된 아이의 이름이라는 것을 깨달았다. 아이는 신입생 필독서 독후감 쓰기에 탁월한 감상문을 제출했던 것이다. 소미는 중학생 티를 벗지 못한 아이들 속에서 발군의 내면을 가진 아이였다.

월요일 아침, 정신없이 출근을 서두르고 있는데 소미에게서 전화가 왔다. 소미는 울부짖다시피 말을 쏟아냈다.
"선생님, 학교 가려고 집을 나왔는데 도저히 못가겠어요. 지옥으로 들어가는 것 같아요."
소미는 연신 울음을 삼켰다. 일요일 오후부터 시작된 우울증이 자해 충동으로까지 이어진다고 했다. 겨우겨우 참고 있지만, 자신이 무슨 일을 저지를지 모르겠다는 거였다.
"소미야, 정 그러면 학교 안 나와도 괜찮아. 오늘 하루는 편히 쉬렴."
"네, 선생님. 엄마 출근하고 나면 다시 집으로 갈게요."
"그래, 꼭 집으로 가야 해. 다른 곳에 가려면 목적지는 알려주고."
소미는 힘없이 전화를 끊었다. 어른들 앞에서 독기를 쏟아내긴 했지만, 자신의 예의 없었던 행동에 미안해할 줄 아는 아이였다. 그동안 지각도 결석도 없었다. 청소도 숙제도 열심히 했고 자습도 빠짐없이 잘 견뎌냈다. 소미는 첫날의 호된 이미지를 없애려고 필사적으로 노력했다.

소미가 좋아하는 것은 책 읽기와 만화 그리기였다. 그러고도 시간이 남으면 아무 데나 쏘다니는 게 취미라고 했다. 공부만으로 성공을 결정짓는 사회에 갖는 반감이 툭툭 내뱉는 말투에서 여실히 묻어났다.

나는 소미와 대화하는 게 즐거웠다. 소미 또한 그런 자신을 이해하고 지지하는 내게 전폭적인 신뢰를 보였다. 꽉 짜인 학교생활에 숨막혀 하면서도 담임인 내가 실망하지 않도록 안간힘을 다해 노력하는 아이였다. 그런데도 소미의 얼굴은 점점 어두워져 갔다. 옆에서 소미를 지켜보는 나도 숨이 찼다.

어느 날이었다.

소미가 나를 찾아와 자퇴하겠다고 했다. 나는 마침내 올 것이 왔다고 생각했다. 지금껏 소미에게 학교는 무엇이었을까. 누군가에게는 '울타리'가 되어주었을 테지만, 소미에게는 '감옥'처럼 느껴졌을지도 몰랐다. 물론 소미만 그런 것은 아니다. 학교를 견디는 많은 아이들이 '울타리'와 '감옥' 사이에서 감정의 시소를 탄다. 그러기에 아이들이 자퇴하겠다고 하면 잘 살펴야 한다. 목적도 계획도 없이 학교생활을 못 견디어 도망가겠다고 하는 경우라면 말려야 한다. 스스로 버틸 힘이 생길 때까지 보호가 필요하다는 생각 때문이다.

하지만 어느 정도 자신의 힘을 구축한 아이라면 의견을 존중해주었다. 시행착오를 거치더라도 학교 밖 체험은 아이를 더욱 단단하게 만들어줄 수 있으리라 생각하기 때문이다. 학교가 아이의 날개를 꺾는 감옥이 돼서는 안 된다.

소미는 또래들보다 생각하는 힘, 내면의 근육이 강한 아이였다. 학교 밖에서 지내는 시간이 절대 헛되지 않으리라 믿었고, 그를 토대로 자신의 미래를 만들어갈 힘을 축적할 것이라고 느꼈다.

소미가 자퇴하고 싶은 이유는 내신비율이나 성적 때문이 아니었다. 만족할 때까지 원 없이 그림을 그려보고 싶어서라고 했다. 그런 다음에 미래를 생각해 보겠다는 거였다. 타인의 시선이나 평가에 상관없이 자신이 좋아하는 일을 하며 사는 게 꿈이라고 했다. 그렇게 살다 보면 분명 자신의 길이 열릴 것이라고 확신했다. 불안해하던 부모님이 소미의 확신에 마음을 움직였다. 자퇴 결정이 났다.

나는 자퇴 처리를 모두 마친 다음, 교실에 들어가기 전 소미와 약속을 했다.

"학교를 떠나서도 잘할 수 있지?"

"그럼요."

"부탁 하나 해도 돼?"

"뭔데요?"

"네가 자퇴한다고 하면 아이들 마음이 흔들릴 텐데……. 어떡하지?"

"걱정하지 마세요. 전학 간다고 할게요."

"어디로?"

"애니메이션 고등학교로요."

"애니메이션고?"

"네, 제가 가고 싶었던 학교라 잘 알아요."

"그럼 왜 안 갔는데?"

"너무 멀어서요, 저 혼자 거기까지 가서 살 형편이 못돼 포기했거든요."

아이들은 자신이 좋아하는 길을 찾아 떠나는 소미에게 부러움과 동경의 시선을 듬뿍 담아 응원을 해주었다. 그렇게 소미는 학교를 떠났다.

수학여행을 갔다. 소미의 빈자리가 느껴졌다. 일과를 마치고 숙소에 들어간 나는 쉬는 틈을 타 소미에게 전화했다.

"그림 잘 돼 가니?"

"그럼요, 날마다 신물 나게 그림 그리고 사는걸요. 얼마나 재밌다고요."

"흥! '날 버리고 가신 임은 십 리도 못가서 발병 난다.'라는 말, 알지?"

"안 갔어요. 저는 언제까지나 샘 옆에 있는걸요."

"나는 너를 버리고 제주도 왔는데? 아이들이랑? 수학여행이야."

나는 약이라도 올릴 생각으로 천천히, 또박또박 말해 주었다.

"흥~ 퍽도 재미있으시겠네요."

"그래, 너 없으니 깨가 쏟아진다. 그러게 나가길 왜 나가?"

"제 이름은 자, 유, 인, 그 자체라고요. 공부하다가 그림 그리다가 산책하다가 맘 내키면 여행도 하고요. 샘도 제가 부러우시죠?"

"흥, 부럽긴 뭐가 부러워. 하나도 안 부러워."

"말씀은 그렇게 하시겠죠."

"네 그림 볼 수 있어? 잘하고 있나 보게."

"헐!"

"숙제 검사할 테니까 나한테 보내."

우리는 그렇게 농담하듯 통화를 했다. 소미는 한 작품씩 완성할 때마다 내게 보내 주었다. 소미의 분방한 상상력이 날로 넓어지고 있었다. 소미는 자퇴했다고 해서 나와 끈이 떨어진 게 아니었다. 나는 여전히 소미의 담임인 양 굴었고, 소미 또한 정기적으로 내게 그림을 보내 숙제 검사를 받았다. 그럴 때마다 나는 그림에 문외한이면서도 전문가나 되는 양 잔뜩 무게 잡아 평을 한 뒤 찬사를 듬뿍 얹어 보내곤 했다.

그렇게 일 년을 보낸 겨울 어느 날, 소미가 말했다.

"샘, 저 다시 고등학교에 가려고 해요."

"왜?"

"울타리가 필요해요. 광야의 들풀로 살기 지쳤어요. 우리나라가 학연, 지연, 학벌 사회잖아요."

"오호! 네가 필요하다면 가야지."

소미는 원하던 대로 일 년을 실컷 논 뒤 시내 고등학교에 입학했다. 여태껏 품 안에 끼고 있던 자식이 떠난 듯 허전했다. 소미는 새로 시작한 학교에서 열심히 생활하는 듯했다. 자퇴도 전학도 아닌 상태로 내게 머물던 소미가 자신의 힘으로 날갯짓을 시작한 것이다. 소미는 그곳에서 야자도 할 것이고 수학여행도 갈 것이다. 때로는 방황도 있으리라. 하지만 적지 않은 내공이 생겼을 테니 걱정 없다.

; 견딤 뒤에는 무엇이 남을까

　다들 믿기지 않겠지만, 대학 수학능력시험이 70여 일 남은 상황이라면 고3 아이들 중에는 그저 출석 일수를 채우기 위해 학교에 나와 속수무책으로 하루를 견디는 아이들이 있다. 1, 2학년 같으면 검정고시를 핑계로 자퇴라도 하겠지만, 어찌어찌하다 3학년이 됐으니 졸업은 해야 하지 않겠냐는 생각으로 자의 반 타의 반 견디는 것이다. 고졸자도 아닌 상태로는 사회에 나가 할 수 있는 일이 많지 않다는 것을 알기 때문이다.

　아이가 학교에 다니기 싫은 이유는 하늘의 별만큼이나 다양할 것이다. 공부가 싫든, 가정의 문제든, 성적 위주의 학교 시스템에 대한 저항이든, 그 모든 것들의 총합이든 말이다. 꿈도 없고 희망도 없이 속수무책으로 견디는 아이들을 볼 때 자식을 키워본 엄마이자 선생으로서 안타깝기 그지없다.

미지도 그런 아이들 중 하나였다. 1교시 이전에는 학교에 와본 적 없고, 내키는 대로 3교시든 4교시든 대중없이 교실로 들어왔다. 수업 시간에는 내내 엎드려 있거나 휴대폰을 들여다보며 시간 때우기 일 쑤였고, 어찌어찌 견디다 정규 수업을 끝내면 방과후 수업이나 야간 자습을 하는 아이들을 남기고 곧바로 학교를 빠져나갔다.

물론 내 수업 시간에도 그랬다. 숙제 검사를 할 때마다 걸렸다. 하지만 본인은 그게 뭐 대수냐는 듯 당연하게 여기니, 나도 그러려니 하는 정도가 됐다. 학년 초만 해도 나는 아이를 수업에 동참시키기 위해 가끔은 교재의 예문을 읽어달라는 주문도 해봤지만 그때뿐이었다. 이후로는 그냥 아이를 조용히 지켜보았을 뿐 딱히 나무라지는 않았다.

점심시간이었다. 곧 5교시 자습 시간이 시작될 즈음에 화장실을 향하고 있는 아이와 복도에서 우연히 마주쳤다.

"미지야!"

아이는 자기 이름이 불리는 게 뜻밖이라는 듯 나를 돌아보았다. 아무도 자기에게 관심을 가질 리가 없으리라고 생각했을 테니 당연한 반응이었다.

"어디 가니?"

"양치하러요."

나는 아이의 손을 가만히 잡으며 물었다.

"요즘 어떻게 지내니? 학교에 있는 게 힘들지?"

순간 아이의 눈동자가 흔들렸다. 나는 그 순간을 놓칠세라 곧바로 말을 이었다.

"집에 가서는 뭐해?"

아이는 당혹스러운 눈으로 겨우 대답했다.

"아무것도 안 해요……."

나는 고개를 끄덕이며 아이를 향해 슬며시 미소 지었다.

"너를 보면서 참 대단하다고 생각했어. 힘들 텐데 잘 버텨주는 걸 보면 고맙기도 하구 말이야."

그러자 아이가 풋, 소리를 내며 웃었다.

"그래도 선생님 수업은 들어요."

"진짜?"

이번에는 내가 속으로 웃었다.

"다른 수업은 안 듣지만, 선생님이 수업 시간에 해주신 이야기는 집에 가서 엄마랑 이야기해요. 엄마가 좋아하시더라고요."

'어쭈! 이 녀석 봐라, 자는 척하면서도 다 듣고 있었단 말이지.'

나는 내친김에 용기를 내어 진작부터 아이에게 해주고 싶었던 이야기를 꺼냈다.

"있잖아. 난 네가 학교에 있는 동안 조금이라도 덜 힘들었으면 좋겠어. 내가 어떻게 너를 도울 수 있을까?"

아이가 놀란 듯 두 눈을 동그랗게 떴다.

"난 네가 숙제 안 해도, 내 수업 안 들어도 괜찮아. 다만 그 시간을 힘들게 견디지 않았으면 좋겠어……."

아이는 내가 무슨 말을 하는지 모르겠다는 듯 얼굴에 당황하는 표정이 역력했다.

"수업 시간에 봐도 좋을 괜찮은 책이나 영화 같은 거 추천해 주고 싶은데……. 어때?"

아이는 내 말이 끝나기를 기다릴 수 없다는 듯 곧바로 대답했다.

"좋아요!"

아이의 얼굴이 발갛게 상기되었다. 내가 추천하는 것이면 어떤 것이든 상관없다는 얼굴이었다.

"추천해 주시면 책은 학교에서 보고, 영화는 집에 가서 볼게요."

"좋아! 그러면 내일 목록을 적어올게."

아이는 밝은 얼굴로 인사하며 돌아섰다. 화장실을 향해 뛰어가는 아이의 등이 나비처럼 팔랑거렸다.

아이의 뒷모습을 멀거니 바라보는 내 가슴에도 물결이 일었다. 아이가 고마웠다. 어쩌면 나는 아이가 아무것도 하고 싶지 않다고 말할까 봐 두려웠는지도 모른다. 아이는 지금껏 자신의 손에 쥐여줄 책과 영화의 목록보다 자신의 얼굴을 들여다봐 주는 눈빛 하나를 더 기다려왔던 것은 아니었을까.

이제 영화와 책 목록을 작성할 차례다. 내일은 목록과 함께 내가 쓴 책에 서명해서 선물해 줘야지. 청소년 소설이니 재미있게 읽을 수 있을 거야. '아무리 빡친 세상이라지만, 한번 박차고 나아가 보자!'라는 말은 차마 못 하겠지만 말이다.

　어쩌면 아이는 내 책을 볼 때마다 속수무책으로 견디고 있던 고3 때의 여름을 떠올리게 될지도 모른다. 아니 기억하지 못한들 어떠랴. 우리가 나누었던 눈빛만으로 충분히 따뜻했음을.

; 내 슬픔을 꺼내는 시간

모의고사가 끝났다. 잠시 헐거워진 틈을 타 모처럼 '쓰기' 수업을 진행해 보기로 했다. 익명의 글쓰기를 시도하는 것이다. 나는 칠판에 제목을 커다랗게 써 놓았다.

'내 슬픔도 대우받을 자격이 있다.'

나는 제목의 의미를 아이들에게 설명하기 시작했다.
"기쁨은 동네방네 자랑해서 타인의 칭찬과 격려를 받지만, 슬픔이나 고통은 가슴 속에 꾹꾹 눌러두고 살기 일쑤지? 기쁨은 내가 잘해서 얻은 결과라고 생각하기에 칭찬받음이 마땅하지만, 슬픔은 내가 잘못해서, 못나서, 무능해서 받은 성적표라고 생각하기에 깊이 감추는 거지."

하지만 어디 그런가?

등급을 매기는 구도에서는 누구 하나는 꼴찌가 될 수밖에 없다. 아무리 열심히 노력해도 꼴찌는 노력을 인정받기 어렵다. 학점과 아르바이트와 자격증과 어학 공부에 죽을 둥 살 둥 매달려도 모두가 목표를 달성할 수는 없다. 부족한 일자리로 인해 취업하지 못한 청년들에게 '노력 부족'이라고 할 것인가. 자영업도 마찬가지다. 퇴직금으로 차린 동네 슈퍼마켓에 온 가족이 밤잠 안 자고 매달려도 대기업의 골목 상권 잠식으로 무너지는 경우도 허다하다. 개인의 노력 부족으로 망한다고 보기 어렵다는 이야기다.

우리가 느끼는 고통은 개인의 잘못이라기보다 시스템의 문제 또는 모순된 사회 구조에서 만들어지는 경우가 대부분이다. 그러기에 슬픔은 나만의 슬픔이 아니라 우리들의 슬픔이 된다. 우리가 서로의 슬픔을 공유하고 손을 맞잡아야 하는 이유다.

아이들이 쓰기에 돌입하기 전에 마중물 삼아 내 이야기부터 꺼냈다. 학교 문턱이라곤 초등학교 졸업이 전부였고, 평생 시골 장터를 전전하며 살았던 부모님. 먹고 사느라 바빴던 부모님의 부재로 인해 삼시 세끼 외로움에 밥 말아 먹어야 했던 어린 시절의 이야기, 성격 차이로 인한 부모 불화, 그런데도 어찌어찌 밥술을 뜨게 되자 세상을 떠나고 만 아버지의 이야기로 넘어가다 보면 아이들의 눈빛이 점점 깊어졌다.

"오늘은 꾹꾹 묻어둔 너희들의 슬픔을 꺼내 보는 거야. 힘들게 견디느라 얼마나 외로웠느냐고 말을 붙여주고 쓰다듬어 주는 거야. 그동안 애썼다고 따뜻하게 어루만져 주는 거야."

이윽고 아이들은 고개를 숙인 채 자신만의 이야기를 써 내려가기 시작했다. 그러는 동안 교실은 심해의 바닷속처럼 고요해졌다.

마침내 아이들은 그동안 어떻게 견디며 살아올 수 있었는지, 그 많은 것들을 어떻게 감추며 살고 있는지 가늠할 수 없는 슬픔과 고통을 쏟아냈다. 세상 모든 불행의 총체, 크고 작게 압축된 불행의 눈빛들이 앞뒤 자리에 앉아 멀거니 아이들을 건너다보고 있었던 것이다.

어린 나이에 겪은 부모의 죽음과 이혼으로 인한 한부모 가정의 애환, 성격 차이, 돈 문제, 가정 폭력, 배우자의 외도 등 갖가지 문제에서 시작된 부모 불화에서 아이들이 얼마나 커다랗게 상처를 받고 있는지, 소심하거나 원만하지 못한 친구 문제로 얻은 왕따의 가슴앓이, 성적을 강요하는 부모의 정서적 학대, 공부와 성격으로 형제간을 차별하는 부모의 언어폭력, 누구에게도 이해받지 못한 성적 취향의 문제에 이르기까지 고통의 스펙트럼은 넓고도 깊었다.

하지만 내 가슴을 가장 먹먹하게 만든 것은 '차마 꺼내지 못한 슬픔'이었다. '치유를 위한 글쓰기'의 효능을 믿는 나로서는 아이들이 자신의 슬픔을 꺼내 놓을 수만 있다면 그때부터 치유는 시작된다고 믿었다. 그런데도 이야기를 꺼내는 자체만으로도 고통이 되는 슬픔의 크기와 깊이를 내 어찌 가늠할 수 있으랴.

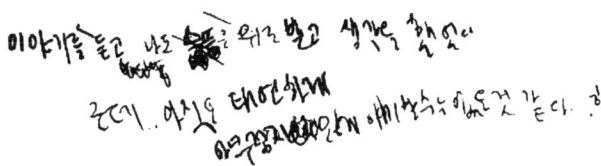

"이야기를 듣고 나도 슬픔을 위로받고 (싶다는) 생각을 했었다.
근데 아직은 태연하게 아무렇지 않게 이야기할 수는 없을 것 같다."

다음 시간, 교실에 들어간 나는 수업을 시작하기 전 무겁게 입을 열었다.

"얘들아. 너희들의 슬픔은 너희들 잘못이 아니야. 그러니 자책할 것도 부끄러워할 것도 없어. 저마다 드러내지 못할 뿐 우리가 모두 느끼는 슬픔인 거야. 고통은 누구에게든 예외 없이 찾아온다는 걸 알기 때문이지. 다만 사람마다 찾아오는 시기가 다를 뿐이야. 그러니 오늘 내가 울고 있을 때 누군가는 내 앞에서 웃는 것이고, 내가 웃고 있을 때 또 누군가는 내 곁에서 울고 있겠지.

다들 잘사는 것 같은데 왜 나만 슬플까 생각하면 살기 싫어지잖아. 하지만 모두에게 찾아오는 슬픔의 평등을 생각하면 조금은 견뎌낼 만하지 않겠니? 내가 너희들의 슬픔에 동참할 수 있는 일이 뭘까 생각해 봤어. 나를 빌려줄게, 언제든지 데려다 써먹으렴. 너무나 답답해 이야기를 털어놓고 싶을 때, 제삼자의 조언이 필요할 때 언제든지 찾아오렴.

얼굴을 드러내기 힘들면 편지를 써도 돼. 답장해 줄게. 나를 찾아오지 않더라도 마찬가지야. 기쁨이 영원하지 않듯, 내 슬픔도 언젠가는 지나간다는 것을 기억해. 슬픔으로 인해 세상 보는 눈이 훨씬 넓고 깊어지고, 타인을 이해하고 공감하고 연민하는 힘도 갖게 된다는 걸 기억하렴. 그 슬픔의 힘이 우리에게 값진 자산이 되어주리라는 것을."

; 이 반지가 너를 지켜줄 거야

 2월의 어느 일요일 오후, 모처럼 여유를 부려볼까 싶어 책을 뒤적이고 있는데, 휴대폰으로 문자가 들어왔다. 은미였다. 새 학년 반 편성이 끝났느냐고 물었다. 다음 주면 신학년 개학이라 곧바로 고3 교실로 진급하는 까닭에 개학 전에 모든 작업을 마무리해야 하는 상황이었다.

 ✉ 글쎄, 아마 끝나지 않았을까. 내일 학교에 가서 알아봐 줄게. 무슨 고민 있니?

 은미의 침묵이 무겁게 느껴진 까닭이었다. 이제 와서 변경하기는 쉽지 않겠지만, 그래도 까닭을 들어볼 필요가 있겠다 싶었다. 은미의 문자는 다시 오지 않았다. 차라리 전화로 물어볼까 생각했지만 은미가 먼저 이야기를 꺼낼 때까지 기다려보기로 했다.

 대체로 새 학년 반 편성을 할 때는 피하고 싶은 친구가 있는지 살핀다. 학생이나 학부모님 요청을 최대한 반영하는 것이다. 오직 입시에만 매진해야 할 시기에 친구 관계로 힘든 시간을 보내게 될까 우려하기 때문이다. 성적만으로도 고민이 크기 때문에 친구 문제로 에너지를 빼앗길 수 없다는 고민도 만만찮다. 어려운 시간을 견디는 데는 친구가 큰 힘이 되기도 하지만, 관계가 원활하지 않을 때는 입시를 망치게 할 수도 있다.

은미에게서 다시 문자가 왔다.

✉ 그 친구가 괜찮은 아이인데 제가 좀 적응을 못 해서…….

단도직입적으로 말하지는 못하지만 같은 반이 될까 봐 걱정되는 친구가 있다는 이야기였다. 은미는 자신이 지목한 친구가 선생님의 편견을 살까 봐, 아니면 자신이 친구를 지목했다는 사실이 알려지게 될까 봐 두려웠는지도 몰랐다.

나는 문자로는 불안한 마음을 다독여주기 부족하겠다 싶어 전화를 했다. 은미의 목소리에 긴장한 빛이 역력했다.

"걱정 있니? 말해 봐. 해결할 수 있으면 좋지."

은미는 한참이나 망설이더니 마지못해 친구 이름을 댔다. 나는 깜짝 놀랐다. 은미가 지목한 친구는 지은이였다. 나뿐만 아니라 학급 아이들 모두 인정할 만큼 둘은 단짝이었기 때문이다. 항상 붙어 다니는 동안 마음고생이 많았던 것일까. 드러내지 않고 혼자 감당하느라 얼마나 힘들었을까. 은미는 절교를 선언할 용기 대신 다른 반이 됨으로써 자연스럽게 멀어지고 싶은 듯했다.

"그렇다고 걔가 문제가 있다는 건 아니에요. 하지만 이제 고3이잖아요?"

뭐라고 말해 줘야 하나. 마땅히 대답할 말이 떠오르지 않았다.

"알았다. 내일 알아보고 말해 줄게."

다음날이었다. 이번에는 지은이가 나를 찾아왔다. 역시 은미와의 관계가 불편해서인가 보다 싶었다. 하지만 지은이는 다른 아이의 이름을 거론하며 같은 반이 안 되도록 해달라고 했다. 아, 얽히고설킨 관계의 인드라망[2]! 아이들은 그 안에서 허우적거리고 있었던 거다. 지은이는 금방이라도 울음을 터트릴 것 같은 얼굴로 손을 내저었다.

"심각한 건 아니구요, 고3을 앞두다 보니 예민해져서……."

지금 교실에는 겨울방학 중인데도 아이들이 학교에 나와 자율학습을 하고 있다. 온갖 고민을 감춘 아이들의 등허리가 고단해 보인다. 몇몇은 엎드려 휴식을 취하고 있다. 엎드린 아이들의 등허리가 힘겹게 사막 위를 걷는 낙타 등을 닮았다. 앞쪽 칠판에 커다란 숫자가 쓰여 있다.

D - 282일!

기어이 그날이 왔다. 내일은 수능 시험일.

하루내 바빴다. 우리 학교가 시험장으로 선정됐기 때문이다. 당

---

[2] 한 존재의 변화가 전체에 영향을 미친다는 불교 철학. 우주의 상호연결성과 상호의존성을 설명하는 비유적 개념

일 수험장에서 덜덜 떨어본 경험이 있는 선배들이기에 교사들은 각자 맡은 업무분장표대로 세심한 부분까지 신경을 쓰느라 잠시도 긴장을 놓지 못했다. 수험표를 받은 아이들은 초조한 얼굴로 자신에게 배정된 시험장을 둘러보기 위해 일찌감치 학교를 빠져나갔다. 나는 교실마다 돌아다니며 빠진 게 없나 마지막 점검을 하느라 종종거렸다.

그때 복도를 서성이고 있던 한 아이와 마주쳤다. 은미였다. 은미는 나를 보자마자 다가왔다. 3학년으로 올려보낸 뒤 자주 얼굴을 보지 못했던 은미의 얼굴이 시험을 앞두고 긴장으로 빳빳하게 굳어 있었다. 은미가 덥석 내 손을 잡았다.

"손이 따뜻하네요."

은미가 말했다. 불안과 초조로 금방이라도 터질 듯한 은미의 얼굴이 안쓰러웠다. 나는 은미의 차가운 손을 가만히 감쌌다. 은미가 내 손을 내려다보며 물었다.

"이건 무슨 반지에요?"

은미의 목소리가 떨렸다.

"여행 가서 산 거야."

"예뻐요."

나는 반지를 빼서 은미의 손가락에 끼워주었다. 반지는 은미의 손가락에 잘 맞았다.

"묵주 반지 같아요."

반지가 끼워진 자신의 손가락을 내려다보며 은미가 말했다.

"이 반지 끼고 가서 시험 보렴."

은미는 놀란 눈동자로 나를 쳐다보았다.

"반지가 너를 지켜줄 거야."

나는 불안하게 흔들리는 눈동자를 보면서 은미를 힘껏 안아주었다. 품에서 떨어져 나간 은미가 기어이 눈물을 훔쳐냈다.

"너무 걱정하지 마. 잘될 거야."

은미가 고개를 끄덕였다.

"그 반지에 요정이 있거든."

은미가 웃었다. 뒤돌아서서 멀어지는 은미의 등이 애잔했다.

; 구슬이 바위에 떨어진들

지난여름, 지인에게서 팔찌 하나를 선물로 받았다. 인도 여행을 다녀오면서 사 온 거였다. 팔찌는 유행을 탈 것도 없는 인디언풍이었는데 내가 좋아하는 스타일이라 냉큼 받아 들었다.

여름 내내 기분 좋게 끼고 다녔는데 그러다 그만 큰 탈이 나고 말았다. 수업 중에 습관처럼 만지작거리다가 뚝, 줄이 끊어져 버린 거였다. 순식간에 구슬이 좌르르 소리를 내며 바닥으로 쏟아졌다. 수업에 몰두해 있던 아이들이 깜짝 놀란 얼굴로 고개를 쳐들었다.

나는 딴짓하다 걸린 아이처럼 당황스러워 어쩔 줄을 몰랐다. 별일 아니라며 손사래를 치고는 보이는 대로 교탁 아래에 흩어져 있던 구슬을 황급히 주워 휴지통에 갖다 버리고는 아무렇지 않은 척 곧바로 수업을 이어갔다. 속으론 무척 아까웠지만 내색할 상황이 아니라고 생각했다.

다음 날 아침, 1교시 수업을 마치고 교무실로 돌아오니 대학입시 수시지원 원서에 첨부할 자기소개서를 봐 달라며 학생 두 명이 나를 기다리고 있었다. 그들의 글을 읽으며 피드백을 하고 있는데, 뒤쪽에서 미적미적 망설이는 듯한 인기척이 느껴졌다. 현정이었다.

"나한테 볼일 있는 거니?"

현정이가 고개를 끄덕였다. 뒤쪽으로 손을 감추고 있어 이 아이 역시 자기소개서를 들고 찾아왔으려니 싶었다. 나는 하던 이야기가 금방 끝날 것 같지 않아 다음 쉬는 시간에 다시 오면 어떠냐고 현정에게 말했다. 그러자 현정이가 수줍은 듯 주뼛주뼛 다가서더니 내 손에 봉투 하나를 쥐여주며 속삭였다.

"조금 있다가 꺼내 보셔요."

현정이는 말을 끝내자마자 도망치듯 교무실을 빠져나갔다.

곧바로 시작종이 울려 다시 수업에 들어가는 바람에 봉투는 오전을 다 보내고 나서야 열어 볼 수 있었다. 거기에는 간단한 메모와 함께 비닐 포장을 한 팔찌가 들어 있었다.

"샘, 어제 수업 시간에 팔찌 끊어졌잖아요? 의자 밑에 구슬이 몇 개 남아 있길래 그걸 주워서 다시 만들었어요. 어때요? 맘에 드셔요? 맘에 안 들어도 든다고 말씀해 주셔야 해요. 히힛♥"

수능 65일을 앞둔 늦은 밤.

아이는 야간자습을 끝내고 집으로 가다가 가게 문을 닫으려는 문방구에 들어가 색실을 고른다. 초록과 검정 구슬에 어떤 색이 어울릴까 곰곰이 생각하던 아이는 마침내 맞춤한 색실을 골라 든다. 아이의 눈가에 이는 작은 물결. 발그레하게 물드는 뺨.

아이는 세수를 마치자마자 책상 앞에 앉는다. 색깔을 맞춰 배합한 색실에 구슬을 꿰어 가닥가닥 엮어가기 시작한다. 마침내 끝을 가지런히 잘라 마무리한 아이는 책상에 엎드려 편지를 쓴다.

'샘, 수능 끝나면 꼭 찾아갈게요!'

'구슬이 서 말이라도 꿰어야 보배'라는 말이 있다. 구슬을 보배로 만드는 것은, 바닥에 흩어진 구슬 몇 개를 소중히 갈무리해 다시 끈으로 꿰어내는 아이의 마음이 아닐까.

세상을 살아가는 동안 우리의 마음은 종종 세파에 부딪혀 산산조각 날 것이다. 관계도 마찬가지다. 아프고 다친 마음 조각을 하나하나 꿰어 끈으로 이어주는 사람이 곁에 있다면, 그나마 살아갈 용기를 얻게 될 테니 말이다.

너에게 배운다.
쉽게 버렸던 부끄러운 내가.

; 왜 아이는 내게 세 번이나 물었을까

"혼자라고 느껴질 때가 많아요. 어떻게 하면 좋을까요?"
"작가님은 외로울 때 어떻게 하시나요?"
"혼자 있을 때는 뭘 하며 시간을 보내시나요?"

어느 고등학교에서 있었던 '작가와의 대화' 행사장에서였다. 강연이 끝나고 질문이 이어졌다. 그러자 기다렸다는 듯 사내아이가 손을 번쩍 들었다. 하지만 나는 아이의 말을 제대로 알아듣지 못했다. 말의 모서리가 흐릿하고 더듬기까지 했기 때문이었다. 귀를 쫑긋 세워야 했다. 다른 아이들은 연거푸 질문을 독점하는 아이가 못마땅한지 연신 눈살을 찌푸렸다.

아이의 연이은 질문을 듣는 동안, 나는 아이가 내게 '묻는' 게 아니라고 느꼈다. 지금 외롭다고, 몹시 힘들다고, 그러니 누구라도 자신의 손을 잡아주었으면 좋겠다고 소리치고 있는 것 같았다. 어쩌면 아이는 부족한 자신의 인지 능력이나 언어 표현으로 왕따를 느끼고 있는지도 몰랐다. 아니면 친구들에게 말 한마디 건네기조차 힘든 자신의 소심한 성격을 어찌해야 할 줄 몰라 헐떡이고 있는지도 모른다. 그의 용기 있는 질문은 더 이상 도망갈 수 없는 막다른 지점에 이르렀다는 선언 같기도 했다.

당황스러웠다. 어떻게 대답해야 좋을지 생각나지 않았다. 나는 대답을 고르는 척 유리창 쪽으로 시선을 돌렸다. 정규 수업을 끝내고 학생들이 얼추 빠져나간 늦봄의 교정은 적요하기 이를 데 없었다. 운동장을 둘러싼 통학로 주변으로 빙 둘러선 느티나무 새이파리들이 바람에 살랑살랑 몸을 뒤척이고 있었다. 마침내 숨을 가다듬은 나는 아이들을 향해 천천히 입을 열었다.

"여러분, 밥 짓는 걸 본 적이 있나요? 센불을 가하다가 솥에서 밥물이 끓어오르면 일단 불을 줄이거나 꺼두죠? 그런 뒤에도 한동안 밥을 푸지 않고 놔두는 이유가 뭘까요?"

아이들이 대답했다.

"뜸 들이기 위해서요."

"맞아요, 뜸을 들이기 위해서죠. 아무리 바빠도 설익은 밥을 먹을 수는 없으니까요.

마찬가지예요. 우리의 내면에도 뜸 들이는 시간이 필요해요. 혼자만의 고요함 속에서 사람들과 지내는 동안 부풀어 올랐던 온갖 감정들을 가라앉히고 차분히 들여다보는 시간 말이에요. 고독은 이처럼 우리에게 삶을 돌아보고 성찰하게 만들어주는 시간이죠. 그러니 여러분, 혼자 있는 시간을 두려워하지 말아요. 고독은 우리를 안으로 익어가게 해 주는, 내적으로 성숙하게 만들어주는 시간이니까요."

혼자 있는 시간이면 마음이 고즈넉해지면서 마른 우물 바닥에 청량한 샘물이 고이는 느낌이다. 그 느낌을 사랑하는 나는, 외로워하는 아이들에게 이렇게 말하곤 했다. 외로움을 두려워하지 말라고, 모든 예술은 혼자 있는 시간에 만들어진 것이라고, 지금 어딘가에서 누군가는 외로움을 견디며 글을 쓰고, 그림을 그리고, 악보에 음표를 찍고 있을 것이라고 말이다.

예술의 순간은 요란하지 않다. 요란한 것들 속에는 예술이 깃들지 못한다. 이미 유명해진 것들은 시장 바닥 같아서 예술은 사라지고 없다. 앞으로 우리를 위로할 예술은 지금 이 순간에도 서늘한 그늘, 깊은 어둠과 지루한 침묵을 견디며 글을 쓰고, 그림을 그리고, 음표를 찍어내고 있는 무명의 그들에게서 탄생할 것이다.

"그림을 그리거나, 글을 쓰거나, 조각을 하거나, 그릇을 굽는 시간들, 자신이 내는 소리에 귀를 기울여가며 연주하는 사람들 모두 혼자만의 시간, 자신만의 시간을 가졌기 때문에 가능했어요. 고독의 산물이었던 거죠. 고독은 창조적인 에너지를 퍼 올리는 우물이니까요.

하지만 여러분의 나이엔 혼자만의 시간이 너무 많은 것은 좋지 않다고 생각해요. 마음에 맞는 사람과 함께하는 시간이 꼭 필요해요. 기다리기만 해서는 안 돼요. 먼저 손을 뻗거나 다가가려고 노력해야 해요. 그렇지 않으면 외로움에서 벗어날 수 없어요. 혼자라고 느낄 때 내게 다가와 이름을 불러주는 친구가 큰 힘이 되는 것처럼, 나도 다가가 친구의 이름을 불러주는 데서 우정이 시작되는 거예요."

횡설수설 두서없이 뇌까리고 있는 동안, 등줄기에서 쉴 새 없이 땀이 흘러내렸다. 누가 선생 아니랄까 봐 이런 교과서 같은 이야기나 주워섬기고 있다고 타박하는 듯했다. 답답했다. 좀 더 설득력 있고 신선한 대답을 하고 싶었으나 능력 밖인 것을 어쩌나……

이야기를 마친 나는 길게 한숨을 쉬었다. 그 뒤로도 이런저런 질문이 더 이어졌지만 어떤 내용이었는지 하나도 기억나지 않았다. 다만 그 아이가 내 이야기를 어떻게 받아들였을까 생각하고 있을 뿐이었다.

몇 개의 질의응답이 끝난 뒤 사인회가 이어졌다. 아이들은 신나는 얼굴로 자신의 장래 희망에 응원을 담은 사인을 책에 받아 갔다. 이윽고 그 아이가 내 앞에 섰다. 반가운 마음에 나도 모르게 내 몸이 와락 앞으로 기울어졌다.

"대답이 네 마음에 들었는지 모르겠구나."

아이는 대답 대신 힘차게 고개를 끄덕였다.

"넌 장래에 뭐가 되고 싶니?"

"악기 연주자요!"

"어떤 악기? 피아노?"

"뭐든 좋아요! 저는 이 책의 주인공처럼 연주하는 사람이 될래요. 꼭이요!"

나는 아이의 이름과 함께 그의 꿈을 적어넣었다.

'악기 연주자의 꿈, 꼭 이루기를^^'

아이는 책을 품에 안고 환한 얼굴로 발을 구르듯 뒤로 물러났다.

요즘은 부쩍 그 아이가 어떻게 지내고 있는지 궁금하다. 꿈을 향해 한 발 한 발 다가가고 있는 것일까. 혼자 있는 시간을 견뎌낼 수만 있다면, 아이는 제 꿈을 이뤄낼 수 있을 것이다.

; 8박 9일의 이인삼각

　미지는 19세 청소년. 세 차례 재범에 따른 재판을 받고 그룹홈인 청소년 회복센터에서 지내고 있다. 평범하지 않은 가족사, 학교 자퇴, 알코올 중독, 자해, 문신으로 덮인 팔뚝……. 위기 청소년이 대부분 그렇듯 안타깝고 불행한 환경을 가진 아이다. 나는 이 아이와 8박 9일 동안 제주도 도보여행을 다녀왔다. '소년범의 대부' 또는 '호통 판사'로 잘 알려진 부산지법 천종호 판사님이 설립한 청소년 회복센터 지원단체인 '만사소년'에서 주관하고 후원해 준 덕분이었다.
　'이인삼각'은 위기 청소년의 치유와 회복을 위해 마련된 멘토, 멘티 일대일 도보여행이다. 두 사람이 각자의 다리 중 한쪽을 서로 끈으로 묶고 달려가는 것처럼, 성인 멘토와 위기 청소년 멘티가 함께 마음의 다리를 묶고 한마음이 되어 실행하는 여행이다. 멘토와 멘티 단 두 명이 8박 9일간 하루에 여섯 시간 이상 15~20km를 걷는 도보

여행 방식. 함께 걷고 함께 생활하고 함께 이야기하며 한계와 소통을 경험하는 여행이다. 넓은 세상을 보고 자신을 돌아보는 시간도 가진다. 또한 비행의 습관이나 피해의 경험에서 벗어나 평범하지만, 행복한 삶을 살아가는 데 좋은 자양분이 되고, 인생의 큰 장애물을 넘어설 힘을 얻는 시간을 갖는 게 목표다.

　출발하는 날과 시간이 하필이면 딸아이가 첫아이를 출산하기 위해 산부인과에서 진통 중일 때였다. 불안과 긴장으로 어쩔 줄 모르던 나는 건강한 손녀를 출산했다는 전화를 받고서야 마음을 다독일 수 있었다. 그날은 '첫 손녀'와 '미지'라는 두 세계를 한꺼번에 만난 셈이니 더욱 각별했다.
　검정고시 준비 중이라는 미지는 내가 국어 선생님이라는 말을 듣고 배낭에 국어 참고서를 잔뜩 넣어왔다. 그러잖아도 국어 때문에 걱정이 많은데 잘 됐다며 무척 좋아했단다. 제주도 여행이 처음이라는 미지는 처음 타본다는 비행기에 한껏 들떴다. 때는 2월 초순, 겨울 맹추위가 가시지 않아 몹시 추운 날이었다.

　길가에 노랗게 핀 유채꽃, 협재 해수욕장, 에메랄드빛 바다, 하얀 파도, 거친 바람이 우리의 제주 입도를 열렬히 환영했다. 월령 선인장 군락지, 저지오름 전망대, 환상숲을 거쳐 가는 동안 스마트폰 앱을 유용하게 활용했다. 하루하루 루트를 짜임새 있게 설계할 수 있었던 것은 앱 작동 능력이 뛰어난 미지 덕분이었다. 영수증을 챙기는 일도 정확히 완수해 냈다. 피로에 지친 내가 택시를 타자고 해도 미지는 제일 힘들 때 타게 아껴둬야 한다며 단호히 거절하는 아이였다.

부사관학교에 가고 싶은 꿈, 장례지도사의 꿈을 가진 미지. 배낭이 무거운데도 책은 절대 버릴 수 없다는, 안쓰럽고 기특한 아이. 미지는 하루 20km를 넘게 걸은 몸으로도 자기 전 한 시간 정도는 국어 공부를 하는 데 할애했다.

미지는 풍차가 놓인 신창 해안도로를 걸으며 오징어를 씹고, 재잘재잘 이야기를 늘어놓았다. 배낭이 무겁네, 다리가 아프네, 어리광을 부리기도 했다. 곧 나자빠져 배낭 위로 널브러지다 겨우 몸을 일으켜 당산봉과 수월봉 정상에 올랐고, 나는 그런 미지를 '딸기 빙수'로 유혹해 하루 일정을 마감하기도 했다. 내 발가락에는 물집이 잡혔고, 미지 발목은 파스로 도배되었다. 마지막까지 잘 버틸 수 있을지 걱정이 됐지만, 엄살을 부리면서도 굳세게 따라붙는 미지를 믿기로 했다. 지금껏 한 번도 걸어볼 생각을 해본 적이 없다는 미지는 엄마 돈으로 걸핏하면 택시를 타고 다녔던 자신을 반성한다고 했다. 이제는 버스 정류장에 앉을 자리가 있는 것만으로도 감사해하는 자신을 보며 놀란다고 했다.

지루해서 그랬을까, 다리 아픈 것을 잊으려고 그랬을까. 내 곁으로 바짝 쫓아온 미지가 지금까지 살아온 자신의 이야기를 들려줬다. 일찌감치 시작한 음주가 알코올 중독으로 이어졌다. 중학생 때는 술에 취한 상태로 등교해 선생님과 친구들에게 행패를 부리기도 했다. 알코올 중독 치료를 받기 위해 입원도 했다. 스포츠토토에 미쳐 살던 시절도 있었다. 토토로 돈을 벌어 명품 가방과 옷을 사고 용돈으로 썼다. 토토에서 돈을 잃으면 가지고 있던 명품 가방과 옷을 되팔아 용돈을 충당했다. 미지는 술을 마실 때마다 자해를 일삼았다. 자해 흉터를 감추기 위해 양팔 전체에 문신을 했는데 지금은 문신 때문에 취업하지 못할까 봐 걱정된다고 했다. 지우고 싶다고 했다. "많지 않은 나이인데도 참 많은 경험을 했죠?"라며 회한에 찬 눈으로 나를 바라보기도 했다.

버라이어티한 삶을 살아온 미지에 비하면 나야말로 세상 물정 모르는 백면서생에 지나지 않았다. 학교와 집과 도서관을 쳇바퀴 돌듯 반복하며 살았을 뿐인 내가 미지의 멘토가 되는 게 맞나 싶기도 했다. 마땅한 대답을 떠올리지 못한 나는 미지에게 '지랄 총량의 법칙'을 꺼냈다. '인간에게는 평생 하게 될 지랄이 있는데 어린 나이에 못 하면 나이 들어서도 꼭 하고 넘어가는 법'이라고 했더니, 미지는 '자신은 일찌감치 별짓을 다 해봤으니 이제는 그럴 일 없을 것'이라며 입술에 바짝 힘을 줬다.

한라산에 올랐다. 눈 쌓인 산길은 이미 빙판으로 얼어붙어 있었다. 눈 속의 한라산 등반은 고행의 연속이었다. 미지는 힘들게 따라오면서도 멈추지는 않았다. 해발 1,600m를 지나 윗세오름을 향해 끙끙대며 올라갔다. 눈 덮인 산이 히말라야 설산처럼 아름다웠지만, 헉헉거리며 올라온 미지는 눈밭에 누워버렸다. '왜 어른들이 세상에서 공부가 제일 쉽다고 하는지 알겠다.'며 다시 이 길을 걸으라면 차라리 날을 새며 공부하겠다고 했다.

나도 미지 옆으로 나란히 누웠다. 멍하니 하늘을 바라보던 미지가 문득 내게 물었다.

"쌤, 새로운 삶을 위해서 과거 인연을 끊으면 많이 외로울까요?"

잠시 할 말을 잃고 있던 내가 겨우 입을 열었다.

"새로운 삶은 또 다른 인연을 데려오기도 하니까 걱정 안 해도 될 거야. 네가 만들고 있는 지금 이 시간이 그 시작이니까."

미지가 한참 동안 생각에 잠겨 있더니 끙, 소리를 내며 몸을 일으켰다. "제가 쌤께 별의별 속 이야기 다 했죠? 친구에게 일 년 동안 말한 것보다 더 많이 털어놨네요."라며 웃었다. 한라산 등반의 고행보다 미지의 새로운 삶에 대한 질문이 더 묵직하게 남은 하루였다. 미지는 어쩌면 한라산보다 더 가파른 삶을 넘어, 스스로를 이끌어가는 법을 배우고 있었는지도 모른다.

강정마을에 도착했다. 절뚝절뚝 걷는 미지가 애처로웠다. 힘겹게 걸음을 옮겨 법환포구에 이르렀지만, 발목이 아픈 미지 때문에 포구에 내려서지는 못했다. 우리는 다음 일정을 포기하고 서귀포 시내에 있는 병원을 찾아갔다. 미지는 부어오른 발목에 물리치료와 충격파 치료를 받고 5일간의 약을 처방받았다. 약을 먹고 통증이 가라앉은 미지는 길가에 핀 민들레 홀씨를 꺾어 들더니 "빨리 집에 가고 싶어요."라며 소원을 빌었다.

절뚝이며 걷는 미지에겐 500m 남은 숙소까지 걷는 일도 고역인 듯했다. 하지만 미지는 평소 같으면 50m도 힘들어 걸어가기 싫었는데 이제 500m 정도는 '다 왔네.'라는 생각이 든다고 했다. 1km에도 곧장 택시를 탔는데, 2km 넘는 거리에도 '조금만 더 가면 되겠네.'라고 생각하게 된 자신이 신통하다고 했다. 버스 정류장에 의자가 있는 것만으로도 감사하게 될 줄은 몰랐단다. 미지는 작은 것 하나에도 감사하는 아이로 변하고 있었다.

성산포에 도착해서는 비 예보에 대한 걱정과 불면이 겹쳐 잠을 설쳤다. 다음 날 일출 구경이 예정된 탓이었다. 새벽에 밖으로 나가 보니 금방이라도 비가 쏟아질 듯 하늘에 먹구름이 가득했다. 미지는 아무리 깨워도 일어나지 못했다. 아픈 발목 탓에 일출봉에 오르는 것은 무리겠다 싶어 미지에게 이불을 덮어주고 혼자 숙소를 나섰다. 미지가 일어날 때까지 기다리기 무료했고, 짜인 일정을 지키고 싶은 마음도 있었다.

일출봉을 향해 걸어가는데 갑자기 불안감이 엄습했다. 미지를 혼자 뒤도 괜찮을까. 내가 없는 동안 미지가 사라져 버리면 어떡하지? 싶어서였다. 지금껏 맘대로 세상을 떠돌았던 미지에게는 내 발목과 함께 묶인 끈 때문에 부자유할 터였다. 나는 미친 생각이라며 고개를 흔들었다. 물론 불온한 상상일 수도 있었다. 괜한 노파심으로 미지를 의심하는 걸지도 몰랐다.

하지만 미지가 도망치는 일이 일어나지 않는다고 누가 장담할 수 있단 말인가? 미지는 거친 경험을 가진 아이였다. 도박을 하고, 자해를 하고, 알코올 중독으로 정신병원에 입원한 전력을 가진 아이, 노래방으로 불러낸 친구를 때려 특수상해로 재판에 회부된 아이였다.

미지는 한때 뉴스로 도배됐던 자신의 폭행 기사를 찾아서 보여주지 않았던가. 내가 본 천사 같은 모습은 한 단면일 뿐이었다. 내가 얼마나 미지를 안다고 할 수 있을까. 이곳은 섬이기에 신분 확인 없이 빠져나가기는 쉽지 않겠지만, 숨어버리자고 작정한다면 불가능한 일도 아닐 것이다. 재판 중인 아이의 안전을 멘토인 내가 끝까지 책임져야 한다는 강박증이 내 목을 조여오는 것 같았다.

나는 초조한 마음으로 뛰다시피 걸었다. 계단을 오르는데 숨이 헉헉거리고 목이 찢어질 것 같았다. 날이 흐려서 일출은 보지 못했다. 내 마음처럼 잿빛 바다가 펼쳐져 있을 뿐이었다. 멘토의 역할을 다하지 못하고 있다는 자책만 바닷물처럼 출렁였다. 서둘러 계단을 내려왔다. 달리기 시작했다. 돌담에 핀 노란 유채꽃 사이를 정신없이 뛰었다.

빠개질 듯한 가슴을 누르며 숙소에 들어섰다. 그러자 마당에서 강아지와 장난치며 해맑게 웃고 있던 미지가 나를 보더니 벌떡 몸을 일으켰다. 다정하게 팔짱을 끼며 함께 못 가서 미안하다고 애교를 부렸다. 나는 그제야 배시시 웃을 수 있었다. 미지는 내가 이런 턱도 안 되는 상상을 했다는 것을 알까? 알았다면 자신을 믿지 않은 내게 실망하고 화를 낼지도 몰랐다.

우도로 가는 배를 탔다. 배를 처음 타본다는 미지는 마냥 신이 났다. 비행기도 처음, 배도 처음, 제주도 여행도 처음이라는 미지. 미지에게는 모든 게 처음인 셈이었다. 이렇듯 미지가 모든 삶을 새롭게 시작할 수 있다면 얼마나 좋을까. 통통거리는 스크루 물줄기를 뒤로 한 채 뱃전에 선 미지가 손을 펴들자 갈매기들이 앞다투어 몰려왔다. 미지의 환한 웃음소리가 바다 멀리멀리 퍼져나갔다. 우도 해변에 도착한 우리는 바위에 앉아 옥빛으로 출렁이는 바다를 오래오래 바라보았다.

우도를 나와 다랑쉬오름으로 접어들었다. 발목이 여전히 좋지 않은 미지는 또다시 지쳐가고 있었다. "선생님은 공부하는 거, 걷는 거 말고는 할 줄 아는 게 없잖아요!"라며 짜증을 내기도 했다. 머릿속이 망치로 얻어맞은 듯 멍해졌다. 급소를 찔린 느낌이었다.
나는 말없이 미지의 배낭을 내 등에 둘러맸다. 가슴팍에는 내 배낭을 껴안고 뒤뚱뒤뚱 걷는 모습이 배불뚝이 펭귄과 다르지 않아 보일 거였다. 한참 후 나를 쫓아온 미지가 쑥스러운 듯 제 배낭을 가져갔다. 다랑쉬오름 정상까지는 급경사의 연속이었다. 미지는 입술을 악물고 기다시피 경사를 올랐다. 하산하던 사람들이 무거운 배낭(국어 참고서가 몽땅 들어 있는)을 지고 힘겹게 한 발 한 발 옮기는 미지를 칭찬하고 격려했다.

숙소에 도착했다. 단독주택 가정집이었다. 젊은 남자가 혼자 있다가 건넌방을 우리에게 내준 뒤 안방으로 들어갔다. 투숙객은 우리 말고는 없었다. 거실은 TV뿐만 아니라 영화를 볼 수 있도록 커다란 스크린까지 갖추고 있었다. 세수를 마칠 때까지 미지가 방으로 돌아오지 않았다. 불안한 생각이 들어 거실로 나가봤다. 미지는 주인 남자와 나란히 앉아 영화를 보려던 참이었다. 이를 어쩌나. 단둘이 남은 이들을 두고 나 혼자 방에서 쉬어도 되나 싶었다.

나는 미지에게 방으로 들어가자고 했다. 미지가 화를 냈다. TV도 못 보게 하더니 영화마저 못 보게 하는 이유가 뭐냐고 대들었다. 내가 우물거리며 궁색한 변명을 하자 미지는 터질 듯한 얼굴로 방으로 쌩 들어가 버렸다. 미지는 창문을 열어놓고 솟구치는 열을 식혔다. 나는 추위에 떨다가 미지가 잠들었다 싶으면 다가가 조용히 창문을 닫았다. 그러면 귀신같이 깨어난 미지가 다시 창문을 열었다. 닫으면 열고, 열면 닫는 실랑이가 밤새 계속되었다. 춥고 긴 2월의 겨울밤이었다.

    날이 밝았다. 걷기 일정의 마지막 날이었다. 천년의 숲 비자림을 거쳐 만장굴까지 가는 동안 우리는 한마디도 나누지 않았다. 미지는 발이 아파 운동화 대신 슬리퍼를 신고 캄캄한 동굴을 더듬더듬 걸었다. 나는 계속 미지의 눈치만 봤다. 다시 월정리 해수욕장에 도착했다. 우리는 백사장 안쪽에 마련된 벤치에 떨어져 앉은 채 오랫동안 바다만 바라보았다. 파도 소리에 넋을 놓고 한참을 앉아 있던 미지가 불현듯 내게 다가와 팔짱을 끼었다.
    "선생님 우리 사진 찍어요. 오늘이 마지막 날이잖아요."
    미지의 애교에 나는 배시시 웃고 말았다. 바람도 잔잔하고 따뜻하게 느껴졌다. 제주 시내 숙소에 도착했다. 마지막 밤이 기다리고 있었다.

    저녁거리를 마련하기 위해 동문 수산시장으로 갔다. 회를 사 와서 먹자는 미지의 의견 때문이었다. 다시 말괄량이가 된 미지는 말끝마다 '마지막 날'이라며 아쉬워했다. 자신이 커서도 여전히 이 행사가 계속된다면 자신도 꼭 멘토로 참여해 보고 싶다고 했다. 힘들게 소년기를 지나고 있는 아이들을 누구보다 이해해 줄 자신이 있다고, 그들에게 힘이 되어주고 싶다고 했다.

미지는 검정고시, 대학입시, 결혼한 사람을 고를 때 등 인생의 갈림길에서 꼭 내게 연락하겠다고 했다. 미지는 "한 번 멘토는 영원한 멘토이니 그리 알라."며 웃는 얼굴로 협박했다. 숙소로 돌아와서는 씻고 나오는 내게 동문시장에서 산 선물과 편지를 주었다. 자신과 헤어지고 난 뒤 읽으라고 했다.

"눈물 흘리시면 안 돼요".

미지는 마지막 밤이라 아쉬워 잠이 안 올 것 같다며 한참 수다를 떨다가 늦게야 잠이 들었다.

우리는 부산에서 헤어졌다. 나를 얼싸안고 "또 만나요."를 연발하던 미지는 끝내 눈물을 글썽였다. 나는 버스에 타자마자 편지를 꺼내 읽었다.

선생님을 만난 지 엊그제 같은데 벌써 마지막 날이 다가왔네요 사실 저는 처음 이 프로그램에 참가할 때는 그냥 놀다 오면 되겠지, 하는 생각이었어요 근데 생각과 달리 너무 힘들어 여기 온 걸 후회한 적도 많았어요 하지만 다시 생각해 보면 이것도 다 추억으로 남을 테고, 선생님 같은 좋은 분을 만나 참 다행이라는 생각이 들어요 선생님은 모르시겠지만 전 선생님에게 제 얘기를 하는 게 후련하고 좋았어요 우린 아마 일 년 친구만큼 서로에 대한 정보를 아는 듯해요ㅎㅎ

우리의 이인삼각은 이제 막을 내렸지만, 선생님과 저의 관계는 이제 시작이니 너무 아쉬워하지만은 않을래요. 검정고시 준비로 메말랐던 저의 마음에 이 여행은 소나기가 되어준 거 같아요. 비록 집에 가고 싶다고 노래를 불렀지만 힘들어서 그런 거지 선생님과의 시간은 행복했어요. 이제 전 제자리로 돌아가 목표도 이루고 꼭 나중에 제주도로 또 놀러 올 거예요! 태연하게 아무렇지 않은 척하려고 했더니만 정이 많이 들어 슬프네요. 하지만 전 이겨낼 수 있을 거예요.

여행은 끝났지만, 우리는 여전히 서로의 마음속을 걷고 있나 보다. 제주에서 나눈 수많은 대화와 걸음들이 미지의 마음속 어딘가에서 살아 움직이고 있으리라. 멘토의 책임을 지나치게 의식하느라 한계를 드러낸 나보다 훨씬 어른스러웠던 미지는 일정 내내 힘들어하면서도 잘해 보려고 노력하는 모습이 역력했다.

; 용서받은 자의 슬픔

원격으로 청소년 인권연수를 받았다. 업무에 바빠 쫓기듯 연수를 받을 때는 채워야 할 의무 시간으로만 여겨 귀찮았는데 기말 성적처리까지 끝내고 차분히 듣다 보니 연수 내용이 머리에 쏙쏙 들어왔다. 내가 얼마나 청소년 인권에 대해 무지했는지, 또 얕고 가벼웠는지 절절히 반성하게 됐다. 떠올리고 싶지 않은 부끄러운 기억 때문이었다. 오래전, 야만의 시절에 야만인으로 살았던 선생의 고해성사 하나.

반 아이가 교무실로 나를 찾아왔다. 그날은 마침 교문 지도에 적발된 아이들이 많아 신경이 곤두서 있던 참이었다. 목걸이와 반지, 귀걸이 등의 압수물이 복장 불량, 치마 길이, 파마, 머리염색에 적발된 아이들의 명단과 함께 책상 위에 놓여 있었다. 그날그날의 지도 상황은 점검표에 표시되어 교장에게 보고될 터였다. 학급별 비교를 통해 학생 지도의 가늠자로 삼는 용의 지도는 매번 담임의 신경을 거스르는 골칫거리였다. 용의 지도에서 시작된 담임의 학급 장악력은 지각 결석이나 성적, 학습 분위기에 대한 평가로 이어졌다. 문제가 생기면 어떤 식으로든 책임을 물으니 담임은 아이들을 강압적으로 단속할 수밖에 없는 상황이었다. 그 시절의 담임은 교도관과 다르지 않았다.

아이는 내게 '예전에 압수당한 적이 있던 목걸이를 돌려 달라.'고 했다. 그러잖아도 그날 적발된 아이들이 적지 않아 씩씩거리고 있던 판이라 나는 아이가 말하는 내용에 주의를 기울이지 못했다. 그저 아이의 쌍꺼풀 테이프가 거슬려 그런 상태로는 돌려줄 수 없으니 떼고 오라고 했다. 아이는 화가 난 듯 휙 돌아섰다.

예체능 지망생으로 정규 수업만 마치고 곧바로 시내 학원으로 직행하는 생활을 반복하고 있던 아이였다. 학교 공부도, 실기도 열심히 하는 모습이 참 보기 좋았다. 하지만 자유로운 예술적 취향만큼이나 학교 규칙에 얽매이지 않으려는 분방함 때문에 용의 지도에 자주 적발되어 학생부장과 마찰을 일으키곤 했다.

다음 날 아이가 다시 왔다. 내가 학년 말에 돌려준다고 했기에 지금껏 기다린 거라고 했다.

"목걸이?"

나는 고개를 갸웃하며 머릿속을 더듬었다. 압수한 기억은 나는데 오래전 일이라 어떻게 처리했는지 생각나지 않았다.

"그때 바로 돌려주지 않았니?"

아이가 펄쩍 뛰었다.

"절대로, 절대로 안 받았어요!"

"그래? 그러면 어딘가에 있겠지."

나는 흔연스럽게 서랍을 열었다. 그러나 서랍의 구석구석을 다 뒤적여도 목걸이는 보이지 않았다. 수업 시간에 압수당하거나 등하교 학생부 단속에 적발돼 인계된 물건들은 대부분 보관이 쉽지 않아 잔소리 몇 마디 한 뒤 곧장 돌려주기 때문에 내게 돌려주지 않은 무언가가 있으리라고는 미처 생각지 못했다. 나는 기억에 착오가 생긴 모양이니 서로 잘 찾아보자며 아이를 돌려보냈다.

이틀 뒤 아이가 다시 왔다. 아무리 찾아봐도 자신에겐 없는 것 같다고 했다. 그제야 사태의 심각성을 파악한 내가 서랍을 몽땅 뒤집었다. 그런 나를 한심하게 바라보고 있던 아이가 날 선 목소리로 내뱉었다.

"그런 거 뺏으면 안 되는 거 아니에요?"

순간 열이 확 달아올랐다.

"난 돌려주었다고 생각하는데 너는 안 받았다고만 우기면 어떡하니?"

"정말! 정말! 안 받았단 말이에요!"

아이는 발갛게 달아오른 얼굴로 소리쳤다. 귀신이 곡할 노릇이었다.

"그럼 며칠만 더 찾아보자. 못 찾으면 내가 변상해 줄게."

아이는 마지못한 얼굴로 돌아갔다. 실 모양의 가는 줄 목걸이니 변상하자면 십만 원이면 충분할 것 같았다. 그 정도라면 못 할 게 뭔가. 어떤 식으로든 얼른 마무리 짓고 싶었다.

다음 날 아이가 다시 왔다.

"어제 학교 앞 금은방을 지나다가 제 것과 비슷한 거 있어서 물어봤어요. 요즘은 금값이 비싸져서 줄값은 삼십만 원이고 고리 값은 이십만 원 정도 한대요."

나는 깜짝 놀라 아이를 쳐다보았다.

"선생님께서 변상하겠다고 하셨잖아요? 그리고 이런 거 학생들에게 뺏으면 안 되는 거 아니에요?"

"내가 학년 초부터 학교에 가지고 다니면 안 되는 물건들에 대해 몇 번을 이야기했니?"

아이는 대답을 하지 못했다.

"하지 말라는 거 안 했으면 이런 일도 생기지 않았을 것 아니냐. 게다가 처음도 아니잖니? 한 번 압수했다가 돌려줬으면 됐지 몇 번이나 학생부에 압수당하면 나더러 어떡하라는 거니?"

"엄마가 엄마반지를 녹여서 해준 거예요. 세상에 똑같은 건 없는 목걸이라고요!"

아이는 울음 섞인 목소리로 소리쳤다.

아무리 금값이 비싸도 그렇지! 오십만 원이 말이 되나. 수업에 들어가서도 마음이 좀처럼 진정되지 않아 말이 자꾸 헛바퀴를 돌았다. 목걸이가 어디선가 꼭 발견될 것만 같았다. 어디서 발견이 되든 우리는 상처 입게 될 것이다. 변상한다고 해도 껄끄러운 마음이 사라지지 않는다면 나는 아이를 잃어버리게 되는 것은 아닐까. 아이도 나와 똑같은 감정의 격랑을 헤집고 있을까? 나보다 더? 내 잘못으로? 일 년 동안 이런저런 일을 겪으면서도 나름대로 잘 지내왔다고 생각했는데, 이런 불미스러운 일로 좋은 기억이 다 사라지게 되다니.

아이의 엄마와 통화를 했다.

"아이고, 놔둬 버리세요. 제가 그 고집을 어떻게 하질 못하겠어요. 제 말도 안 듣네요. 그렇게 말려도 귀에 구멍을 몇 개나 뚫어 쌌는지 미치겠어요. 제가 요즘 급한 일이 있어 신경 쓰느라 다 끝난 일인 줄 알았는데, 선생님 전화를 받으니 제가 다 미안하네요. 제가 선생님께 돈을 받은 것처럼 할 테니 걱정하지 마세요. 그 돈으로 대학 갈 때 다시 멋지게 해준다고 할게요."

전화를 끊고도 여전히 마음이 불편했다. 교실에서 만난 아이는 줄곧 나를 피하는 것 같았다. 엄마와 어떤 이야기를 했을까.

아이를 다시 만났다. 나는 또다시 사과와 함께 변상을 약속했다. 승복하기 어려웠지만 선생인 입장에서 내가 책임져야 한다고 생각했다. 하지만 이해하지 못하면서 무조건 져주어야 한다는 마음이었기에 진심 어린 사과가 아니라는 생각도 들었다. 이런 식이라면 변상을 하고도 끝내 가벼워지지 못할 것이다.

왜 이렇게 잘못을 인정하기가 힘든 것일까. 그동안 선생인 나는 속으로는 수긍하지 못하면서 불이익을 우려해 겉으로만 고개를 숙이는 학부모와 아이들에게 얼마나 익숙해져 있었던 것일까. 그게 뭐라고, 아이가 목걸이를 걸고 다니면 뭐가 어떻다고, 규정보다 머리가 길고 치마 길이가 길면 세상이 뒤집히는 것도 아닌데 그게 뭐라고, 나는 감정적 폭력에다 자존심을 걸고 왜 이처럼 싸우고 있나.

나는 아이가 원한 만큼의 액수를 담아 봉투를 마련했다. 어쨌든 돈보다 귀한 무엇인가를 잃어버리고 싶지 않았다. 학년이 거의 끝나가고 있었다.

며칠 뒤였다. 아이가 나를 찾아왔다. 표정은 밝았다.
"선생님!"
아이는 환하게 웃으며 인사하더니 뒤에 감추고 있던 편지와 음료수를 내놨다. 나는 가방에 든 봉투를 떠올리며 더듬더듬 입을 열었다.
"그동안 미안했다. 너를 속상하게 해서."
아이가 겸연쩍은 듯이 웃으며 중얼거렸다.
"아니에요. 오히려 제가 더 죄송했어요."

나는 고개를 끄덕이며 가방에서 봉투를 꺼내기 위해 몸을 수그렸다. 그러자 아이의 말이 등 너머로 따라붙었다.

"선생님, 편지는 제가 가고 난 다음에 읽어보세요."

아이는 도망치듯 교무실을 빠져나갔다. 미처 봉투를 건넬 겨를도 없었다. 나는 아이의 뒷모습을 멍하니 쳐다보고 있다가 편지를 펼쳐 읽기 시작했다.

쌤,

제 목걸이 때문에 버릇없이 굴어서 죄송해요 일 년 동안 제 기억 속 쌤은 너무 좋으신 분이었는데, 이런 일로 불편해져서 저도 마음에 걸리네요 정말 죄송해요.

쌤! 솔직히 제 목걸이를 찾으러 갔을 때, 압수물 보관 상태와 쌤 말씀에 상처를 받기는 했어요 그 목걸이는 저한테 특별한 거였거든요 어린아이에서 여자가 됐다는 증표였어요 저한테는. 칠 년 동안 한 번도 제 목에서 풀어놓은 적 없었거든요 하지만 목걸이만큼이나 쌤도 저한테는 소중한 분인데, 이런 일로 멀어지는 건 옳지 않은 일이라 생각해요 그러니까 쌤께서도 더 이상 마음 불편하게 생각하지 마세요 저도 좋은 기억만 가지고 3학년으로 올라갈게요

힘들었을 때 용기 북돋아 주신 거 정말 감사해요 저도 3학년 올라가서 공

부도, 실기도 열심히 해서 좋은 대학에 가고 제가 하고 싶은 일 해서 꼭 성공할 거예요. 쌤도 좋은 책 많이 쓰셔서 아주 유명한 작가가 되셔야 해요. 대학 가서도 쌤 책 나오면 꼬박꼬박 읽고 친구들한테 자랑할 거예요. 내가 제일 좋아하는 쌤이고 작가라고요.

그렇다, 나는 아이에게 진 게 아니었다. 용서를 받은 거였다. 용서받는 마음이 그렇게나 아픈 줄 그때 처음 알았다.

; 어느 날, 내게 도착한 편지

　　소년원 친구와 편지를 나누고 있다. 멘토가 되어 한 달에 한 번 쓰는 편지이니 얼마나 도움이 되겠나 싶기도 하지만, 한 번이라도 다 읽어주는 마음으로 정성껏 쓴다. 그렇게 편지를 주고받다가 아이가 출소하게 되면 그 길로 끊기고 다른 멘티와 이어진다. 그사이 정들기도 해서 출소했다는 소식을 받으면 반가우면서도 이별의 아쉬움이 생긴다.
　　편지를 쓸 때 내가 가장 마음을 쓰는 건 고루한 어른처럼 잔소리를 늘어놓지 않는 거다. 문제는 그게 생각보다 쉽지 않다는 사실. 역시 선생 기질은 숨길 수가 없나 보다. 잔뜩 흐린 오후, 책상의 불빛 속으로 다가앉아 아이의 편지를 다시 읽는다.

　　두 번째로 보내는 편지네요 벌써 4월 중순이고요 시간이 느리게 지나가는 것 같아도 생각보다는 빨리 지나가고 있는 것 같아요. 저는 이 답답함 속에서 빨리 빠져나가고 싶은 마음이지만 그래도 저의 태도와 성격을 바꿔야 해서 참고 지내고 있어요.

첫 편지에서 선생님의 소개를 들어보니까 유명한 사람인 것 같아요. 천종호 판사님까지 아시다니 놀라워요. 저는 이번 달에 '벌점 과다자'라서 간식도 못 먹고 낮잠도 못 자요……ㅎ

저는 네 살 차이 나는 스물네살 오빠가 있어요. 저는 새엄마, 아빠, 오빠, 할머니랑 같이 살아요. 근데 저는 새엄마랑 알고 지낸 지가 일 년밖에 안 돼서 사이가 그렇게 좋진 않아요. 저는 아빠랑 여기서 한 달에 한 번씩 전화하는 덕분에 사이가 점점 좋아지는 것 같아요.

제가 이제 저녁밥 먹으러 가야 해서 이만 글 줄일게요. 다음 편지에서 만나요.

―

보내준 편지, 잘 받았단다. 혜리(가명)가 그곳에 있는 게 많이 답답한 모양이구나. 게다가 '벌점 과다자'여서 낮잠도 못 자고 간식도 못 먹는다니 마음이 아파서 어쩌냐. 설마 지금까지 이어지고 있는 건 아니겠지?ㅎ

천종호 판사님과 안다고 해서 내가 유명한 사람인 것은 아니란다. 판사님이 워낙 좋은 일을 하시는 분이어서 내가 일방적으로 팬을 자처한 거지. 그분의 책《아니야, 우리가 미안하다》를 읽으면서 공감한 게 많았거든.

나도 고등학교에 있었기 때문에 아이들의 어려움을 짐작하는 편이라 더욱 실감이 났단다. 너도 기회가 닿으면 그 책을 읽어보면 어떨까? 우리가 책을 많이 읽으면 좋겠다고 하는 것은 세상의 다양한 사람들의 삶을 들여다볼 수 있기 때문이라고 생각해. 내가 보고, 듣고, 생각한 것보다 세상은 훨씬 복잡하고 다양한 경우의 수로 이루어진다는 것을 알게 되니까 말이야.

'내가 누군가를 미워하는 것은 그를 제대로 알려고 하지 않았기 때문이다.'라는 말이 있어. 처지를 바꿔 생각해 보면 이해가 될 거야. 아빠도 아빠의 자리에서, 오빠도, 새엄마도, 할머니도, 제각각 최선을 다하고 있다고 생각하거든. 어딘가 아쉽고 불만스러운 점도 있겠지만, 그것은 어디까지나 나의 바람(욕심)으로 생각하니까 그런 것일지도 몰라.

다음 달에는 '벌점 과다자'에서 벗어나 낮잠도 자고, 맛있는 간식도 많이 먹길 기대할게. 여긴 어제 오늘 내내 흐리고 비가 온단다. 하지만 곧 또 맑아지겠지. 인생이 그런 것처럼.

항상 맑거나 항상 흐릴 수 없다는 것을 아는 게 때로는 큰 힘이 되더라.

―

편지 잘 받았어요

저, 이제 '벌점 과다자'가 아니에요ㅎ

천종호 판사님께서 지으신 책 읽어 봤어요 저도 읽고 많은 공감을 했어요

그리고 아빠와 새엄마랑 사이가 엄청 나빴는데, 여기에서 한 달에 한 번씩 전화하는 덕분에 사이가 좋아졌어요 그래서 요즘 행복해요

고민이 있어요 저는 쉽게 살이 찌는 체질이라서 많이 먹으면 빨리 살이 쪄요 여기서 먹는 간식도 밥도 맛있어서 큰일이에요ㅎ

그리고 '푸르미'라는 것이 있어요 라디오에 사연을 적어서 보내면 자기가 듣고 싶은 노래를 들을 수 있는데 저는 매번 적어서 보내는데 뽑히지 않아서 너무 속상해요ㅠㅠ

저는 노래 부르는 것, 듣는 것을 엄청 좋아해요. 스트레스받을 때 이걸로 풀고 힐링해요 선생님도 노래 좋아하시나요?

아무튼 제 이야기 읽어주셔서 감사해요 다음 편지에서 만나요~

―

이제는 '벌점 과다자'가 아니라니 잘 됐구나. 무언가 제약을 받는다는 건 참 불편하지? 그래도 우리가 규칙을 지키려고 하는 건 여럿이 함께 살아가는 세상이기 때문이야. 혼자 산다면 필요 없겠지만 두 명 이상만 돼도 규칙은 존재하기 마련이거든. 규칙을 지키는 건 다른 사람에 대한 존중이기도 해. 그래서 스스로 '자제'하고 '절제'할 줄 아는 힘도 필요한 거지.

아빠와 새엄마의 사이가 좋아졌다니 다행이야. 그분들도 지금까지는 하

루하루 삶이 팍팍해서 마음의 여유가 없었을지도 몰라. 네가 한 달에 한 번씩 꼬박꼬박 아빠와 통화하면서 아빠의 마음을 알아주니 아빠도 기분 좋으셔서 새엄마에게 너그러워지신 것 아닐까? 그러고 보니 혜리가 집안 평화의 기둥이구나.

아빠도 가장이니까 어떻게든 가정을 잘 이끌어가고 싶으셨을 거야. 그게 맘대로 안 되니 짜증도 내고, 화를 내셨던 거고 새엄마도 잘 해보고 싶으셨을 테고 말이야. 중요한 것은 그 마음을 알아봐 주는 거지. 이제 혜리도 적지 않은 나이가 되었으니 두 분의 마음을 헤아려주면 좋겠다. 부모도 완벽한 존재가 아니거든. 어른도 서툴고 어리석을 때가 많으니까.

혜리가 살이 찔까 봐 걱정인 거니? 물론 답은 있지. 많이 먹고 많이 움직이는 것!(헐~ 그렇게 당연한 말을!) 그래도 살이 찌는 것보다 더 중요한 것은 건강한 거야. 나도 너만 할 때는 무조건 살찌는 것만 걱정해서 굶고 그랬는데, 지금은 많이 먹고, 많이 움직이려고 노력하는 편이야.

몸의 건강은 자신감(의욕)으로 이어지는 일이라 매우 중요하거든. 네가 생활하는 그곳에서 줄넘기라도 하루 몇백 개씩 할 수 있다면 좋을 텐데. 가능하다면 그 소식 전해 줄래? 기대할게.

—

오늘 여기는 비가 내리고 있어요 습기도 차고 해서 답답하고 더워요 장마가 시작되려는 것 같아요 저는 비 오는 날을 진짜 싫어해요 선생님은 비 오는 것 어떻게 생각하시나요?

　삼사 년 전에 청소년 회복시설에 6개월 동안 있었어요 거기서 가족같이 따뜻하게 대해 주고 여행도 많이 가고 해서 진짜 너무 행복했어요 그때로 다시 돌아가고 싶어요

　수요일, 목요일에는 체육 시간이 있어요 제가 한 달 전에 다리를 다쳐서 반깁스 푼 지 얼마 안 되어 체육을 못 하고 있어요 한 가지 더 있어요 요즘 검정고시 공부하고 있어요 검정고시 때문에도 체육을 하지 못해서 속상해요

　어느덧 여기에 온 지도 4개월이 됐어요 시간이 안 가고 있는 것 같은데, 이렇게 지나서 신기하고 좋아요 요즘은 집에 너무 가고 싶어요 저는 ○○에 살아서 아빠와 할머니, 엄마가 너무 멀어서 오지 못해요.ㅜㅜ 할머니랑 며칠 전에 전화했는데 저를 많이 보고 싶어 해서 너무 미안했어요 얼른 집으로 갈 수 있는 날이 빨리 다가왔으면 좋겠어요 아직도 일 년이라는 시간이 남았어요 그 시간들도 빠르게 지나갔으면 좋겠어요

　또 다음 편지에서 만나요~

　제 이야기 읽어주셔서 감사해요

―

그동안 너의 편지를 기다리고 있었나 보다. 도착하는 순간 얼마나 반갑던지.

거긴 비가 오고 있다지? 여긴 날마다 무더위가 계속되고 있단다. 장마가 끝난 것 같아. 다른 해보다 일찍 끝났다니 비를 좋아하지 않는 너로선 참 다행이구나.

내게 비 좋아하냐고 물었지? 당연히 좋아하지. 왜 그런지는 모르지만, 비가 오면 마음이 차분해지더라. 잊었던 사람들의 안부가 떠오르고, 오래전의 추억도 새록새록 생각나면서 마음이 풍요로워지거든. 그보다 비를 좋아하는 이유는 비닐우산 위로 톡, 톡, 소리를 내며 떨어지는 빗방울 때문인 것 같아. 고개를 쳐들면 떨어지는 모습도 볼 수 있고 말이야. 그래서 장마를 지루하고 힘들게 보내지 않으려고 일찌감치 예쁘고 투명한 비닐우산을 준비해 둔단다.

학교에서도 그랬어. 수업하다가도 비가 오면 나도 모르게 창밖으로 시선을 돌리게 되더라. 아이들이 '비 오는 거 싫어요.'라고 하면 나는 웃으면서 '얘들아, 그러지 마. 비를 좋아하는 사람은 세상이 사막이라는 걸 아는 사람이래.'라고 대답하지. 그러면 아이들은 '역시 문학 선생님!'이라면서 웃곤 했어.ㅎ

깁스 푼 발목은 좀 괜찮아졌니? 어쩌다가 그런 거야?ㅠㅠ 하긴, 학교에서도 건듯하면 발목 접질린 아이들 목발이나 반깁스한 거 많이 봤어. 조심해야지. 문제는 네가 좋아하는 체육 활동을 제대로 못 하다 보니 살찔까 봐 걱정도 되고, 검정고시 준비도 해야 하는 상황이니 마음이 정말 안 좋겠구나. 게다가 좋아하지도 않는 비가 계속 오고 있고, 집에 갈 날이 앞으로도 일 년이

나 남았고, 좋아하는 할머니도 못 만나고, 집이 멀어서 가족들이 면회 오기도 힘든 상황이니 혜리가 얼마나 답답할까…….ㅠㅠ

    혜리야, 온 마음으로 검정고시 준비를 하고, 책을 읽을 수 있다면 답답함을 잊는 데 도움이 될 거라고 생각해. 집중할 거리가 있으니까. 어차피 일 년을 지내야 하는데 답답하다고만 생각하면 오히려 힘들 거야. 마음을 가라앉히고 차분히 공부하면서 책을 읽는 데 시간을 보내다 보면 일 년은 금세 지나가 버릴걸? ㅎ

; 네가 선생님이어서 정말 좋아

    삼 년 차 초등학교 교사인 제자가 '스승의 날'이라고 찾아왔다. 학교생활 내내 성실했고 솔선수범했던 제자는 자기 공부에 바쁘다는 시험 기간에도 아이들에게 친절한 설명을 아끼지 않았기에 모두 좋아했다. 하지만 제자는 자신이 착한 일을 한다는 생각도 없이 뒤로 물러나 조용히 생활했다.

    그 제자가 1학년 때였다. 나는 수업 시간에 표준발음법을 설명한 뒤, 조별 탐구 활동을 통해 음운변동이 일어난 단어를 찾고 규칙에 맞게 발표하도록 했다. 그날은 제자가 속한 모둠이 발표하는 시간이었는데, 지난 시간에 결석해 교사의 설명도, 조별 탐구에도 참여하지 못한 친구가 있었다. 제자는 난감해하는 친구에게 슬그머니 다가가더니 귓속말로 속삭였다.

    "네가 설명할 수 있는 단어를 먼저 골라. 어려운 건 우리가 할게."

순간, 가슴이 환해지는 느낌이었다. 제자의 마음이 꽃처럼 예뻤다.

그런 제자가 교사가 되어 내 눈앞에 와 있으니 어찌 기쁘지 않겠는가. 하지만 오늘은 어쩐 일인지 제자의 표정이 밝지 않았다. 발령을 받아 뛸 듯이 기뻐하던 모습이 선연한데, 방학을 꽉 채울 만큼 연수를 받고, 교육 관련 도서를 읽고, 수업 모형을 설계하고 수업 준비를 위해 밤늦게까지 골몰하는 방법으로는 해결할 수 없는 일이었던 것일까.

아이들을 감당하기 어렵다고 했다. 규칙을 지키기는커녕 말과 행동이 엇나가기 일쑤고, 걸핏하면 민원을 제기하는 학부모까지 합세하는 터라 하루하루 살얼음 딛듯 살아간다고 했다. 문제 아이에 적절히 대처하지 못하는 자신이 실망스럽다고 했다. 교직에 대한 회의까지 인다고 했다. 학교를 그만두는 동료들의 마음을 알겠다며 겨우겨우 말을 잇는 제자의 볼에 눈물이 뚝뚝 흘러내렸다.

마음이 아팠다. 어찌해야 하나. 제자가 감정을 추스르기를 기다리던 나는 조심스럽게 입을 열었다.

"배고프지 않니? 우리 밥 먹으러 가자. 내가 맛있는 거 사줄게."

뱃구레가 든든하면 세상이 녹녹해 뵈지 않을까 싶었다. 나는 제자의 손을 이끌고 거리로 나섰다. 여기저기 벚꽃들이 폭죽처럼 팡팡 터지던 봄날 저녁이었다. 춥지도 덥지도 않은 바람이 부드럽게 볼을 스쳐 갔다. 우리는 공원을 건너 샐러드와 스파게티, 피자와 와인이

유명한 맛집을 찾아 들어갔다. 이른 시간이라 그런지 실내는 한적했다. 우리는 넓은 창이 드리워진 구석진 곳에 자리를 잡았다.

"너한테 꼭 밥 한번 사주고 싶었어. 내게 선생의 보람과 즐거움을 느끼게 해줘서."

제자는 눈을 휘둥그레 뜨며 쑥스러워했다. 우리는 와인을 홀짝이며 스파게티와 피자, 샐러드 맛을 음미하는 데 열중했다.

"학급에 예쁜 아이들 있지? 말해 줘."

"예쁜 아이들이야 많죠. 꼭 예쁜 말이나 행동을 해서가 아니라 그냥 보고만 있어도 예뻐요. 선생님도 아시잖아요. 초등학교 3학년 아이들 얼굴이 얼마나 귀여운지. 말할 때나 밥 먹을 때 가만히 보고 있으면 뺨의 솜털이 보송보송 날리는 게 보여요."

"특별히 더 예쁜 애도 있어? 어떤 애야?"

"인사 잘하고, 잘 웃고, 수업 시간에 충실하고, 규칙 잘 지키고, 옷차림도 단정하고……."

"너 같은 아이들?"

"제가 그랬나요?"

"물론이지."

수다를 떨며 먹다 보니 얼추 배가 찬 모양이다. 제자가 포크를 내려놓았다.

"학급 아이들이 모두 몇 명이야?"

"스물두 명이에요."

"그중에 예쁜 아이들이 더 많아? 말 안 듣는 아이들이 더 많아?"

"예쁜 아이들이 훨씬 많죠."

"근데 넌 몇 명 아이들 때문에 속상해하면서 학교도 그만둘 생각을 했던 거야?"

제자가 동그란 눈으로 나를 바라보더니 이내 미소를 머금었다.

"선생님도 그런 마음으로 지금까지 버텨오신 거죠? 예쁜 아이들 보면서."

나는 슬그머니 웃었다.

"우리 학교 다닐 때 생각하면 선생님들 속 썩이는 애들 진짜 많았던 것 같아요. 죽자고 말 안 듣는 애들, 대드는 애들도 한둘이 아니었잖아요."

제자의 표정이 한결 누그러졌다. 부드러운 표정에 미소가 돌았다.

"얼마나 힘드셨을까 싶어요. 그런데도 아무렇지 않은 얼굴로 교실에 들어오셔서는 열심히 수업하셨고요. 역시 사람은 직접 겪어보지 않으면 모른다는 말이 맞는 것 같아요."

"그땐 너 같은 아이들이 있어서 버틸 수 있었지."

"제가 턱없이 엄살 부리는 것 같아 부끄럽네요. 그런데도 교사가 되려고 그렇게나 열심히 공부했다고 생각하니 우습기도 하고요."

제자가 겸연쩍은 듯 슬며시 웃었다. 나는 제자의 잔에 포도주를 따랐다.

"난 네가 선생님이어서 정말 좋아. 넌 지금 잘하고 있는 거야. 아이들이 여럿이다 보면 당연히 속상한 일도 많지. 그게 네 잘못인 것도 아니고, 네가 해결할 수 있는 것도 아닌데 괜히 의기소침해지잖아. 물론 감당하기 어렵고, 힘들다고 생각할 때도 많을 거야. 그럴 때는 네가 성장하는 중이라고 생각하면 어떨까.

생각해 봐. 네가 처음 고등학생이 되었을 때를. 아침 일찍 등교해 밤늦게까지 야간자습하고, 끝나면 학원에 가서 심화 학습하고, 또 집에 가면 숙제하고 새벽에야 잠드는데도 성적이 오르지 않는다고 죽을 것처럼 힘들어했던 때."

"맞아요. 그땐 그랬죠. 지금 생각하면 웃음이 나오지만요."

"중학생 그릇에다 고등학교 생활을 욱여넣으면 깨지게 마련이지. 고3 때도 마찬가지야. 중학교 때 그릇과는 비교할 수 없이 커진 거잖아. 마찬가지로 지금 넌 대학생이 아니란 말이지. 대학생 그릇에 교사의 크기를 채워 넣으려니 벅찰 수밖에. 그러니까 우리는 날마다 깨지면서 성장하는 거지.

사람들은 흔히 교사를 가리켜 '자신도 지키지 못할 말들을 애들 앞에서 번드르르하게 내세우는 위선적인 존재'라고 말하지만, 교사는 아이들을 향한 자신의 말을 반복하고 반복하면서 성장해 가는 존재라고 생각해. 처음부터 완성된 인간이 아니라 가르치면서 배우는 존재 말이야.

어느 직종이나 별의별 사람이 다 있게 마련이잖아? 그나마 교사조직이 다른 곳에 비해서는 훨씬 낫지. 교사들만큼 더 윤리적이고 더 인간적인 사람들이 모인 곳이 또 어디 있겠니? 안 그래?"

제자가 웃으며 고개를 끄덕였다.

"내가 교사인 것에 깊이 감사했던 기억이 있어. 아버지 면회하러 요양원에 갔을 때인데, 상황이 안 좋은 어르신들을 목격하게 된 거야. 애쓴 보람도 없이 날마다 돌아가시는 어르신들 속에서 일하는 간호사, 간병사, 요양사분들의 어려움을 실감한 거지.

반대로 우리는 어떻니? 날마다 꾀꼬리 같은 웃음소리가 하늘로 솟구치는 아이들과 함께 지내는 거잖아. 평생 말 없는 기계 앞에서만 일하는 사람들도 있는데, 우리는 날마다 꽃처럼 피어나는 아이들과 함께 웃고, 장난치고 하면서 말이야. 그러니 내가 선생인 게 얼마나 고마운 일이겠니?

아무리 힘들어도 그만두고 싶다는 소리는 하지 말아. 너처럼 괜찮은 아이가 학교를 그만둬 버리면 남은 아이들을 누가 지켜주겠니? 그때 내가 힘들다고 그만둬 버렸으면 너처럼 예쁜 제자를 만날 수 있었겠니? 그러니 숨이 가빠올 때는 하늘을 보고 크게 심호흡을 해보자.

넌 충분히 잘할 수 있는 사람이야. 나는 네가 교단에 있다고 생각하면 정말 든든하거든. 아이들이 아무리 너를 힘들게 할지라도 너를 안타깝게 지켜보고 있을 아이들이 더 많다는 걸 생각해 줘. 아이들은 자신이 좋아하는 선생님이 눈물 흘리는 거 절대 바라지 않을 거야. 그렇지?

3교시

다독다독 한 걸음

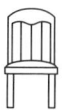

수업 목표 ;
세상을 환히 밝힐 꽃들에게

; 교실 풍경

맞춤법 틀리는 남친, 헤어질까 말까?

햇살 가득한 여고 2학년 교실, 문법 수업을 하고 있다. 열어놓은 유리창으로 간간이 들어오는 바람이 맞춤하다. 아이들과 열심히 문제를 풀다 이야기가 옆길로 샜다.

"남친이 문자를 보내올 때마다 맞춤법이 틀려 있으면 기분이 어떨까?"

아이들이 이마를 찌푸려가며 이구동성으로 외친다.

"완전 싫어요!"

나는 아이들을 둘러보며 더 약을 올린다.

"아이돌 가수처럼 잘 생겼어도?"

"얼굴만 잘 생기면 뭐해요? 머리가 빈 애 같은데……."

나는 믿을 수 없다는 얼굴로 아이들을 둘러본다.

"설마 그걸로 헤어지자는 건 아니겠지?"

"그렇긴 하지만 좀 지나면 싫어질 것 같아요."

"흥! 너희들 너무 모범생인 척하는 거 아냐?"

"아네요!"

"하긴, 아무리 예쁘게 생긴 여자애라도 맞춤법 계속 틀리면 남친도 싫겠지?"

"그렇겠죠!"

"그러면 무색하지 않게 고쳐줄 방법은 있을까?"

그러자 한 녀석이 코맹맹이 소리로 말한다.

"제가요, 독감에 걸려서 학원을 못 갔더니 남친이 문자를 보냈더라고요."

✉ 어서 빨리 낳아

아이들이 박장대소를 하며 배를 움켜쥔다. 나도 가까스로 웃음을 멈추고 묻는다.

"그래서?"

"우아하게 가르쳐줬죠."

"어떻게?"

✉ 고마워, 꼭 순산할게.

하지夏至

점심을 먹고 나면 눈꺼풀이 무겁게 내려앉는 건 아이들이나 나나 마찬가지다. 눈이 게슴츠레해지며 시야가 가물가물해진다. 게다가 재미없는 문법 수업이란 말이지. 아이들의 고개가 점점 책상 위로 떨어지고 있다. 지루해진 내가 아이들을 향해 소리를 꽥 지른다.

"애들아, 오늘 '하지'래! 근데 뭘 하지?"

순간, 교실이 썰렁하게 얼어붙는가 싶더니 금세 푸하하~ 소리를 내며 아이들이 웃기 시작한다.

"쌤! 우리가 웃어 줄 테니 딴 데 가서는 그런 소리 마욤~"

안긴문장, 안은문장

일 년에 한 번 감기에 걸릴까 말까 한 건강 체질인데 한 번씩 체력이 바닥날 때가 있다. 쓰나미처럼 몸살감기가 덮치면 정신을 차릴 수가 없다. 열이 뻗치고 어지러운 데다 기침까지 쏟아지니 제대로 수업을 하기 어렵다. 수업이 빈틈을 타 병원에 가서 수액을 맞았다. 봄 햇살 쏟아지는 창밖으로 이팝꽃이 흐드러지게 핀 오후. 이토록 좋은 봄날에 앓다니 억울한 느낌이 들었다.

학교로 들어가 다시 오후 수업을 이어가는데 상태는 더 안 좋아졌다. 목이 꽉 잠겨 목소리가 나오질 않았다. 쥐어짜듯 겨우겨우 수업을 마무리할 즈음, 뒤쪽에 앉은 녀석 한 명이 딴짓을 하더란 말이지. 너 오늘 딱 걸렸어. 나는 회심의 미소를 지었다.

나는 슬그머니 녀석에게 다가갔다. 아이들의 시선이 모두 내게로 향했다. 갑자기 조용해진 교실 분위기에 놀란 녀석이 고개를 들다 곁에 와 있던 나와 딱 눈이 마주쳤다. 순간 이 녀석이 후다닥 책상 속으로 뭔가를 감추지 않는가.

"뭐야? 이리 내놔!"

녀석이 쑥스러운 듯 웃다 마지못한 듯 종이 한 장을 책상 위에 올려놓았다. 내 이름을 색색의 펜으로 칠한 예쁘장한 글씨 주변에는 그림을 그려 넣듯 별표와 하트가 가득했다.

쌤, 아프지 말고 빨리 나으세욤~.

녀석의 머릿속엔 내가 한 시간 내내 입 닳게 설명했던 안긴문장, 안은문장은 아예 들어 있지도 않았던 거다. 대신 녀석의 오지랖에 푹 빠진 내가 안긴문장으로 들어 있었던 것.

꽃 피는 시절

바야흐로 꽃 피는 봄, 고2 문학 수업 시간이다.

아이들은 이성복의 시 '꽃 피는 시절'을 소리 내 읽는다.

느리게 음미하며 읽는 동안, 너희들의 이마엔 '당신이 피어나기 위해, 나를 벗어나고 싶어 몸부림치는' 동안, '나는 핏줄 터지고, 몸뚱이 갈가리 찢어지고, 길길이 날뛰며 뱉아내는' 고통과 아픔이 어리기 시작한다. 그러다 문득 창밖, 교정의 나뭇가지마다 망울망울 새싹을 피워내고 있는 모습을 본다.

혹독한 겨울 추위를 맨몸으로 견뎌온 앙상한 가지들을 지켜보았던 아이들은 앞다투어 제 몸에 수액을 밀어 올려 초록을 틔워내는, 잎도 절도 없는 앙상한 가지에 등불처럼 벙글어지는 꽃봉오리에 시선을 멈춘다.

한 생명을 탄생시키기 위해서 '내 목은 갈라지고 실핏줄 터지고 내 눈, 내 귀, 거덜 난 몸뚱이 갈가리 찢어지'는 고통과 아픔의 장엄한 현장을 지켜보고 있는 너희들의 머릿속에는 껍질을 뚫고 나오는 새싹, 외피를 찢어내며 피어나는 꽃, 출산의 고통으로 온몸을 뒤트는 어머니의 뒤꿈치가 그려지고 있는지도 모른다.

불현듯 한 아이가 손을 번쩍 들어 올린다.

"선생님, 저는 어미의 품을 떠나는 자식이 아니라, 떠나보내는 어미의 가슴처럼 아파요. 다시는 돌아갈 수 없는 동심의 세계, 순수를 찢고 세속으로 나아가는 어른이 되어버린 느낌이에요. 도대체 이 아픔의 실체는 뭘까요? 제 자신을 잃어버린 것일까요?"

오호! 멋져라. 내 아이!

너야말로 끝없이 자라고 있구나. 그러니 어찌 깨지는 아픔이 없으랴. 나태와 게으름으로 이루어진 세속의 길이야말로 안주의 길일 뿐이니, 불안하게 흔들리며 가는 너야말로 세계의 자유를 품을지니. 자라고 싶은 너, 깨져야 한다. 깨져야 자랄 것이니.

추석 이벤트

추석 연휴 전날이다.

명절에다 닷새나 쉰다는 기대감에 아침부터 교실 분위기가 방방 떴다. 수업이 제대로 이루어질 것 같지 않았다. 나는 이 아이들에게 어떻게 추석 선물을 줘서 보낼까 고민하다가 매점 이모와 짰다. 미리 돈을 주고 매점에서 제일 맛있다고 소문난 메뉴를 모아서 한 상자 가득 포장을 부탁해 놓았다.

7교시 우리 반 수업.

평소와 다름없이 교실에 들어간 나는 책을 펴면서 깜빡 잊었다는 듯 심상한 목소리로 반장을 불렀다.

"매점 이모가 너 찾더라."

"네?"

반장이 깜짝 놀라며 눈을 크게 떴다.

"외상한 거 있니?"

"없는데요?"

반장이 영문을 모르겠다는 듯 고개를 갸웃했다. 아이들도 의아한 얼굴로 일제히 반장을 쳐다보았다. 반장의 얼굴이 빨개졌다.

"너 좀 보자시던데?"

"지금이요?"

"응. 급하신 것 같더라."

반장이 주춤주춤 교실을 나갔다. 아이가 나가자마자 나는 평소와 다름없이 수업을 시작했다. 하지만 반장은 금방 돌아오지 않았다. 나는 '요녀석이 왜 이리 안 오나' 싶어 자꾸만 뒷문으로 시선이 갔다. 하긴 안 봐도 비디오지. 매점에 간 반장이 담임의 계략이었다는 것을 알아차리기까지 매점 이모에게 묻고 또 묻느라 시간이 걸리는 거겠지.

마침내 반장이 돌아왔다. 두 손에 먹을 것을 잔뜩 들고 엉덩이로 문을 밀면서. 아이들의 시선이 일제히 뒷문으로 쏠렸다.

어? 모두의 눈이 똥그래졌다.

"그게 뭐야?"

아이들이 앞다투어 물었다. 반장은 잔뜩 상기된 얼굴로 과자 상자를 교탁에 내려놓으며 외쳤다.

"서프라이즈 이벤트!"

아이들이 책상을 두드리며 환호했다.

동명이인과 도플갱어 사이

내 딸 이름은 '○○'이다. 그런데 어찌 된 일인지 올해 만난 아이들 중에 똑같은 이름이 여럿이다. 흔한 이름은 아닌 터라 신기한데 성까지 똑같은 '○○○'을 만난 것이다. 반가워하며 내 딸 이름과 똑같다고 했더니, 그 뒤부턴 아이가 숙제도 잘해오고 수업에도 성실하게 참여하기 시작했다. 그럴 때마다 나는 "울딸이 최고야, 역시 ○○○이라니까." 했더니 그 뒤부턴 아이가 나를 볼 때마다 "어머뉘!"라고 부른다. 하도 다정하게 자주 부르니까 다른 아이들도 따라 부르면 아이가 정색하며 "우리 어머뉘니까 부르지 말라고!" 한다. 그러면 아이들은 "싫어, 왜 니 어머뉘야? 나도 어머뉘할래."라며 맞받아쳤다. 복도에서나 급식실에서나 가리지 않고 앞다투어 서로들 '어머뉘!', '어머뉘!'라고 부르는 통에 나는 반 전체 아이들의 공식 '어머뉘'가 됐다.

지난 시간에는 수업을 마무리하다 시간이 남아 쉬라고 했더니 "어머뉘, 우리 사진 찍어요!"라고 하면서 나를 찍어대는 게 아닌가. 그러고는 배꼽을 잡고 웃길래 들여다봤더니 세상에나! 소용돌이 앱을 사용해 찍은 탓에 잔뜩 일그러진 얼굴들이 하하호호 입 벌려 웃고 있었다.

며칠 전에 녹음한 KBS 라디오 방송 프로그램에서 책 소개 코너가 오후 방송으로 나갔다. 나는 기말고사 출제 일이 밀려 정신없는 상황이라 미처 방송을 듣지 못했다. 부랴부랴 저녁 식사를 해결하기 위해 급식실로 갔더니 아이들이 '어머뉘!' '어머뉘!' 하며 나를 둘러쌌다. 무슨 일인가 싶어 어리둥절하고 있는데 휴대폰을 들이대며 들어보라고 했다. "이거 어머뉘 목소리 맞죠? 병원 가던 소민이가 시내버스에서 어머뉘 목소리가 나오고 있다며 보내준 거예요. 맞죠? 맞죠?"

아이들이 바짝 다가섰다. 당황한 내가 "어, 그거 나 아니야. 동명이인 같은데?" 그렇게 말하고 몸을 빼려 하니 아이들이 더 완강하게 가로막으며 "아니에요! 이거 어머뉘 목소리 맞다니깐요. 우리가 왜 어머뉘 목소리를 모르겠어요?"라며 언성을 높였다. 나는 손사래를 치며 "아냐, 도플갱어야. 알지? 도플갱어?" 하다가 픽, 웃음이 터져버렸다.

그러자 아이들이 와~ 하며 엄지를 들어 올리더니 "거봐! 거봐! 맞다니까. 울 어머뉘 유명인이라고!" 하면서 소리소리 지르는 아이들 사이를 겨우 빠져나왔다. 걷는 내내 '어머뉘!' '어머뉘!' 하는 소리가 환청처럼 따라붙었다.

; 차례차례 피는 꽃

바야흐로 가을이다. 수업을 하다가 문득 창밖에 일렬로 놓인 국화 화분에 시선이 닿았다. 도톰하게 꽃망울을 매달기 시작한 국화에 갑자기 생각이 많아진 나는 아이들을 둘러보며 중얼거렸다.

"지금 이 교실엔 서로 다른 꽃씨가 서른 개나 있네?"

아이들은 난데없이 무슨 꽃씨 타령인가 싶어 빤히 나를 바라보았다.

"너희들은 모두 언젠가는 피어날 꽃들이니까."

하! 몽롱하게 가라앉아 있던 아이들의 얼굴이 순식간에 꽃처럼 벙글어졌다.

"하지만 모든 꽃이 다 봄에 피는 건 아니지?"

"그럼요."

아이들은 고개를 끄덕이며 하나둘 손으로 꼽기 시작했다.

"여름에 피는 꽃은 뭐지? 가을에 피는 꽃은? 아, 맞아! 겨울에 피는 꽃도 있지."

나는 아이들의 술렁거림이 가라앉기를 기다렸다가 말을 이었다.

"너희들은 언제 꽃을 피우게 될 것 같니?"

"그건 모르죠."

아이들이 고개를 저었다.

"맞아. 아무도 모르지. 자신이 무슨 꽃인지 모르는 것처럼 말이야."

아이들이 고개를 끄덕이며 생각에 잠겼다.

"지금 너희들은 모두 똑같은 교복을 입고, '대학입시'라는 똑같은 목표를 가지고 있어서 실감이 안 나겠지만……."

그렇다. 아이들은 자신의 인생이 앞으로 어떻게 전개될지 아무도 알 수 없을 것이다.

"모든 꽃은 차례차례 피어나는 거란다. 누군가는 봄, 누군가는 여름, 또 누군가는 늦가을에야 꽃을 피우기도 하지. 문제는 다른 꽃들은 다 피는 데도 오랫동안 나는 꽃을 피우지 못하고 있을 때, 어떻게 견뎌낼 수 있느냐는 거지.

어쩌면 자신 안에 꽃 피울 능력이 없을지도 모른다고 체념하고 포기하게 될지도 몰라. 하지만 애들아, 우리는 언젠가는 꼭 피게 될 꽃이라는 사실만은 잊지 말자. 피우려는 노력을 멈추지 않는 한 언젠가는 반드시 피게 될 거라고 말이야."

나를 빤히 쳐다보는 아이들의 눈망울이 바닷속처럼 깊어졌다.

"인생의 3대 악재 중의 하나가 '초년출세(初年出世)'란다. 왜 초년출세가 인생의 악재가 될까?"

"일찍 핀 꽃은 일찍 져버린다는 것 때문이 아닐까요?"

"맞아, 그러니 화려하지 않아도 좋아. 좀 늦어도 좋아. 생긴 그대로, 눈에 띄든, 띄지 않든, 꽃으로서 제 몫을 다하기 위해 힘껏 꽃대를 밀어 올리는 거야."

그러는 사이 끝종이 울렸다. 주섬주섬 교재를 챙겨 교실을 나오는데 그때껏 끝내지 못한 아이들의 말이 귓가에 와닿았다.

"넌 언제 피고 싶어?"

"너는?"

"난 여름꽃! 딱 중간이잖아?"

"난 가을꽃이 좋겠어. 늙어서 초라해지고 싶지 않아."

먼 훗날, 그때껏 꽃 피우지 못했다고 생각되던 어느 날, 어른이 된 아이들은 이 이야기를 떠올리게 될까. 아니, 멀리 갈 것도 없다. 당장 대학입시에서 만족스러운 결과를 이루지 못해 절망에 빠질지도 모를 아이들에게 자신의 마음을 추스르는 데 힘이 되어주면 좋겠다. 언젠가는 꼭 피우고야 말 씨앗의 열망은 앞으로도 계속될 것이므로.

나는 어땠나.

지방신문 신춘문예에 당선은 되었지만 제대로 청탁 한번 받아보지 못하다가 그로부터 십여 년 후에야, 지금은 폐간되고 없는 문예잡지로 등단하게 된 것은 나이 마흔을 훌쩍 넘겨서였다.
　등단이 늦은 이유야 재능 없음이 가장 크겠지만, 대학에 입학하자마자 영문도 모른 채 맞닥뜨린 5·18. 그로 인한 방황과 무기력, 채무감, 지독한 자기 검열의 늪에서 헤어나기 어려웠던 탓도 적지 않을 것이다. 그렇게 겨우겨우 80년대를 보내고 나서야 본격적으로 글쓰기 공부를 시작했지만, 육아와 맞벌이에 기진해진 몸으로 늦은 밤 책상 앞에 앉아 무언가를 쓴다는 것은 쉬운 일이 아니었다.
　그러는 동안 함께 공부하던 문우들이 하나둘 세상에 제 이름을 걸고 나아가기 시작했다. 거듭된 낙선으로 좌절과 절망에 빠져 있던 나는 밤마다 눈물로 베갯머리를 적시는 날이 늘어갔다. 머리를 쥐어뜯으며 나의 재능 없음을 한탄하고, 다시는 글을 쓰지 않으리라 입술을 짓씹으면서도 다음 날이면 어김없이 책상에 앉아 있기 일쑤였다. 잠들지 않는 아이를 등에 업고 밤새 서성거리다 출근한 새벽부터 심야 근무까지 마치고 귀가해 다시 책상 앞에 앉아 등이 휘도록 자판을 두들기던 시절이었다.

　어느 날, 이불 빨래를 하려고 베갯잇을 벗기다가 손으로 두 눈을 가리고 말았다. 하얀 천으로 싸인 베갯속이 온통 눈물 자국으로 얼룩져 있던 까닭이었다. 밤마다 울어 퉁퉁 부은 눈으로 출근하고, 저녁이면 반듯이 눕는 것조차 힘겨운 날들이었다. 그런데도 포기할 수 없었던 내 안에 열망은 무엇이었을까. 그즈음 불안과 초조로 방황하던 나를 다정한 손길로 어루만져 주는 글귀를 만났다.

"어느 날 갑자기 피는 꽃은 없습니다. 어떤 꽃이든 오랫동안 끊임없이 준비하면서 핍니다. 진달래가 피었다고 해서 철쭉도 같이 꽃을 피우지 않습니다. 제 차례가 되었을 때 꽃을 피웁니다. 조팝나무꽃이 피었다고 싸리나무가 몸살을 앓거나 안달하지 않습니다. 그렇다고 스스로 부끄러워하거나 자신을 게으르고 못난 꽃이라고 생각하지 않습니다. 다 제가 꽃을 피워야 할 때가 있다고 생각할 뿐입니다. 피워야 할 때 피우는 꽃들이 모여 이 나라 산천을 꽃으로 가득하게 합니다.

- 도종환의 산문시 〈차례차례 피는 꽃〉 중에서

마음이 헝클어질 때마다 나는 이 글을 읽으며 숨을 고르고 마음을 추스를 수 있었다. 그리고 믿게 됐다. 언젠가 내 차례에, 내 몫의 꽃은 반드시 피우게 되리라는 것을. 그때까지 포기하지만 않는다면.

; 쉬면 고인다

"If I rest, I rust"

담임이 영어 교사인 교실에서 수업하고 있을 때였다. 무심코 칠판 위에 걸린 급훈에 시선이 닿았다, 꽃분홍 색종이로 테두리를 예쁘게 꾸며놓은 급훈이었다. 뭐지? 눈을 크게 뜬 나를 본 아이들이 이구동성으로 힘차게 대답했다.

"쉬면 녹슨다!"

문득 오래전에 참가했던 송광사 템플 스테이가 떠올랐다. 여름방학 보충수업 기간 내내 교실에서 선풍기 몇 대로 버티던 내가 며칠간 휴가를 얻어 수련 법회에 참석했던 때였다. 그때 나는 마치 뙤약볕에 긴 혓바닥을 빼물고 가쁜 숨을 몰아쉬는 개처럼 기진맥진해 있었다. 그곳에서 천천히 걷기, 명상과 묵언 수행을 하며 일주일을 보냈다. 그러자 마른 우물처럼 메말라 있던 몸에 맑은 물기가 번져갔다.

너무나 많은 말을 하느라 지쳐버린 내게는 지켜야 할 묵언 수칙이 그렇게도 고마울 수가 없었다. 그때의 선명했던 기억을 떠올리며 나는 아이들에게 딴지를 걸었다.

"쉬면 녹슨다? 오, 노! 쉬면 고인다!"

그러자 아이들은 장난을 치듯 더 큰 소리로 외쳤다.

"고이면 썩는다!"

경쟁만이 유일신이 되어버린 입시의 현장에서 '쉼'과 '느림'에 대해 이야기하는 선생은 변하는 현실에 대처할 줄 모르는 무능한 선생이거나, 앞으로 나아가야 할 아이들을 그 자리에 주저앉히는 나쁜 선생인지도 모른다. 게다가 학원이고 과외고 평소보다 더 바쁜 주말인데도 집에 가서 잘 쉬다 오라고 말하는 선생이라면, 인문계 고교에 맞지 않는 선생임이 틀림없다.

그런데도 좋은 영화를 골라 보는 일, 만난 지 오랜 친구에게 편지를 쓰는 일, 평소 밀쳐두었던 책을 읽는 일, 밀린 잠을 보충하는 일, 아무 일도 안 하면서 빈둥거리는 느낌을 갖는 것은 월요일 아침 가방끈을 당기고 집을 나서야 할 아이들에게 소중한 일이라는 생각에는 변함이 없다.

고등학교 2학년 아이들은 현실을 직시할 줄 안다. 선생이 쉬란다는 핑계로 쉬는 아이들은 없다. 주말이면 괴로운 표정으로 숙제를 내주면서도 말로는 쉬라고 하는 선생의 이중성에 배반감을 토로하지도 않는다. 오히려 주말이면 쉬라고 말하는 선생의 말을 고맙게 받아들인다. 자신의 마음을 알아준다고 생각한다. 숙제를 내는 선생 또한 현실의 수레바퀴에 끼여 '숙제'와 '쉼' 사이에서 갈등하는 존재라는 데까지 나아간다. 선생의 '쉼'에 대한 권유는 자신들에게 터질 듯 부풀어 오른 풍선에 바늘 틈 같은 출구다. 이런 출구가 있어야 제 몸이 터지지 않는다는 것을 아이들은 잘 알고 있다. 아이들과 나와의 대화는 늘 이런 식이다.

그러면서도 아이들은 스스로 주저앉지 않도록 자신을 끝없이 무장한다. '쉬면 녹슨다!' '고이면 썩는다!'라고 쉴 새 없이 다짐한다. 왜 아이들만 그렇겠는가. 사제동행을 신조로 삼는 학교 현장에서 적게는 하루 열두 시간, 많게는 열다섯 시간 넘게 일하는 선생의 몸과 마음 또한 지칠 대로 지친다. 과도한 노동 시간뿐만이 아니다. '빨리빨리'가 능력의 척도가 되어버린 현장에서 속도까지 피로를 가중시킨다.

나는 가끔 내 몸이 빠르게 돌아가는 러닝머신 위에 놓여 있다는 생각을 할 때가 있다. 문명화된 일상의 속도는 러닝머신처럼 팽팽 돌아가는데, 내 몸과 정신의 생체 속도로는 점점 따라잡기가 힘들어진다. 그러다 보니 매번 허덕거리다 뒤처지고, 뒤처지다가 고꾸라질 것만 같은 위태로움을 느끼는 것이다.

느리게 걸어보기, 꿈꾸기, 명상하기는 숨 가쁜 일상에 주는 바늘 틈 같은 휴식이다. '바쁘다'라는 친구의 말에 상처받는 실업 대란의 시대, 바쁘지 않으면 안 될 것 같은 불안과 강박증의 시대, 그 속에서 일 중독자처럼 살아가던 내가 자연과 풍경 속에 가만히 나를 내려놓는 일이다. 그리하여 오래 내 안을 응시하는 일, 나를 나답게 사는 일을 궁구하는 일, 그것이 행복의 시작이다. 쉼은 고임이 아니라 고르게 흘러가며 내쉬는 삶의 숨결이기에.

; 잠을 자야 꿈을 꾸지

　오래전에 나를 무척이나 따랐던 아이가 있었다. 수업 시작 전이면 칠판에 캐리커처를 예쁘게 그려놓거나, 알록달록한 색지에 내 얼굴을 그려 자주 선물하던 아이였다. 늘 밝은 얼굴로 인사하며 친하게 지냈는데, 졸업 몇 달 전부터 아이가 나를 데면데면하게 대하는 바람에 관계가 서먹해졌다. 이유가 무엇인지는 아직도 정확히 모른다. 짐작하건대 수업 시간 중 졸던 아이에게 내가 무심코 한 말이 상처가 됐을지도 모르겠다고 짐작할 뿐이다. 그 뒤 관계를 회복하기 위해 무척 애를 썼지만 아이는 마음을 돌리지 않은 채로 졸업해 학교를 떠나갔다. 아이를 생각할 때마다 용서받지 못했다는 생각 때문인지 아직도 벌 받고 있는 느낌이다.

　늘 그렇듯 오후 수업은 힘들다. 수업과 업무로 오전을 꽉 채운 탓도 있지만, 무엇보다 아이들이 심하게 졸기 때문이다. 잠깐이라도 재워 졸음을 면하게 하면 좋겠지만, 한 문제라도 더 많이 풀어주어야 하는 고3 교실에선 어림 반 푼어치도 없는 소리다.

물론 아이들은 오후에만 조는 게 아니다. 시도 때도 없이 존다. 이런 아이들을 깨워가며 수업을 진행하는 건 너무나 힘들다. 뱃구레에 힘을 끌어모아 목청을 높이다 보면 금방 지친다. 아이들은 깨워놓기가 바쁘게 고개를 떨어뜨린다. 이건 수업이 아니라 숫제 '졸음과의 전쟁'이다. 참다못해 울화를 터트리기도 한다.

"이런 개똥 같은 시키들!"

소용없다. 먼 나라에서 아득히 들려오는 꿈결 같은 소리일 뿐이다.

사실 수업 시간에 조는 아이들이 많다는 건 교사에겐 부끄러운 일이다. 학생들이 졸지 않고 적극적으로 참여하도록 수업의 형태를 바꾸는 노력도 다양해졌기 때문이다. 물론 어떤 수업을 해도 관심 없는 아이들은 있다. 문제는 수능특강 문제집을 속도감 있게 전개해가야 하는 고3 교실이라면 좀처럼 수업의 형태를 바꾸기 쉽지 않다는 것.

나는 졸고 있는 아이들을 물끄러미 바라보며 화를 삭인다. 도대체 이 아이들은 왜 이토록이나 격렬하게 조는 것일까. 이왕 말이 나왔으니 한번 따져보기로 한다.

잠이 부족해서?
공부가 재미없어서?
수업이 지루해서?
내용을 이해 못 해서?
선생이 싫어서?
의지가 약해서?
꿈이 없어서?

모두 다 부정형이다. 사실이라면 아이들 또한 그런 자신을 마음에 들어 할 리 없다. 그러면 반대로 놓아보자.

잠을 충분히 자고
공부가 재미있고
수업이 머리에 쏙쏙 들어오고
선생에게 인정받고
의지가 강하고
기초가 튼튼하고
꿈이 분명하다면

잠이 올 리 없다. 이들에게 충분한 숙면, 명민한 두뇌, 공부에만 몰두할 수 있는 가정환경, 부모의 관심과 배려, 어린 시절의 질 좋은 경험 등이 부족한지도 모른다. 자신의 잠재된 재능과 꿈을 끌어올리 기회를 얻지 못했다는 뜻이다. 생활고에 시달리며 하루하루 버티기에도 힘겨운 부모들 밑에서 자신이 하고 싶고, 배우고 싶은 것들을 내세울 수 없어 그저 눈치나 보며 움츠리고 살아가기가 십상이다. 그렇다면 나는 부족한 것투성이인 아이들에게 화까지 내는 것 아닌가.

이 아이들이라고 어찌 공부를 잘하고 싶지 않겠는가. 왜 꿈을 갖고 싶지 않겠는가. 어째서 선생들에게 만날 쥐어박히며 꾸중을 듣고 싶겠는가. 왜 편안한 집 놔두고 눈치 봐가며 책상에 엎드려 불편한 잠을 청하고 싶겠는가 말이다.

사정이 이러한데도 학부모들 대부분은 자신의 아이가 노력만 하면 잘할 수 있는데 '안 해서 문제'라고 믿고 있다. 머리도 나쁘지 않은데 '의지가 약해서'라고 생각하기에 쉴 새 없이 공부를 다그친다.

과연 그럴까. 정말 이 아이들이 '노오력'만 하면 되는 것일까. 조는 아이 중 몇몇은 반짝이는 '별'을 품지 못해 가슴이 캄캄한 것은 아닐까? 마음이 지옥인 아이들이라면 의욕이 생길 리 만무하다. 이 아이들은 애초 꿈을 꿀 기회조차 가져본 적이 없었는지도 모른다. 어른들은 아이가 꿈을 모색할 기회를 제공하지도 못했으면서 아이들에게만 '넌 왜 꿈이 없냐.'고 다그친다.

그렇다면 일찌감치 무력감이 일상화된 아이들은 '잠'이라는 태업으로 하루하루의 시간을 보내고 있는 셈이다. 그런 아이들도 꿈이 없고 '노오력'조차 하지 않는 자신이 싫은 것이다. 잘하는 것 하나 없는 자신이 불만스럽다. 그러기에 자존감이 바닥으로 떨어진 상태다.

  그런 아이들에게 교사가 수업 태도가 좋지 않다는 이유로 모욕을 주고 면박을 주는 건 아이들을 두 번 다치게 하는 꼴이 된다. 아이들이 가슴에 반짝이는 별을 매달 수 있도록 매력적인 환경을 만들고 그들을 돕는 것은 교사와 기성세대의 몫이다. 우리는 어떤 식으로든 아이들이 가슴에 불을 켤 수 있도록 도와야만 한다.

  돌아보면 나 또한 지금껏 열정만 앞섰지 무수한 실패를 거듭해왔다는 생각이 든다. 그 과정에서 상처를 준 아이들도 적지 않았으리라. 어떤 식으로든 공부를 다그쳐야만 했던 선생으로서 죽을 때까지 고해성사를 멈출 수 없는 이유다.

; 재은이의 용기

기말고사와 모의고사를 모두 끝낸 지금, 모처럼 기분 전환을 위해 어린이 그림책을 감상하기로 했다. 버나드 와버가 쓴 《용기》라는 32쪽짜리 책이다. 아이들에게 교과서를 덮게 한 후, 그림책을 PDF 파일로 화면에 띄웠다. 파스텔 색조의 은은한 그림과 여백 위에 한 줄짜리 내용이라 눈과 머리가 시원했다. 감상하는 데 십 분도 안 걸렸다.

……어린 동생을 괴롭히지 못하게 하는 것도 용기
밤에 귀를 기울여서 이상한 소리로부터 집을 지키는 것도 용기
캄캄한 방에서 자는 것도 용기
생일 파티에 다른 친구보다도 일찍 가는 것도 용기

헤어질 때 '잘 가'라고 말할 수 있는 것도 용기…….

이어서 수다 떠는 기분으로 자신에게 필요한 '용기'에 대해 말해 보기로 했다.

"눈치 보지 않고 가고 싶은 대학에 지원할 용기"
"대학에 떨어져도 좌절하지 않을 용기"
"미래를 두려워하지 않을 용기"
"친구를 칭찬해 줄 용기"
그때 문득, 재은이가 말했다.
"'노'라고 말할 수 있는 용기!"

순간, 아이들이 눈을 동그랗게 뜬 얼굴로 재은이를 돌아보았다. 재은이야말로 지금껏 한 번도 '노'라고 말할 것 같지 않은, 속칭 '모범생'의 전형이었기 때문이다. 재은이는 얼결에 내뱉은 자신의 말에 고무된 듯 눈빛이 한껏 상기되어 있었다.

재은이는 공부 잘하고, 성실하고, 착하면서도 무엇보다 교사의 말을 잘 따랐다. 학교 규칙을 어겨본 적이 없으며 모든 교사의 지시에 순종했다. 하지만 오늘의 재은이는 평소와는 너무나 다른 모습이었다. 어쩌면 재은이는 자신이야말로 그저 순응하는 인간으로 살고 싶지 않다고 선언하고 싶은지도 몰랐다.

재은이에게 물었다.

"재은아, 왜 '노'라고 말할 용기를 선택한 거야?"

"'노'라고 말하는 사람이 이 사회를 바꾸는 것 같아서요. 대부분 고초를 겪는데 그분들에게 힘이 되고 싶어요."

오오! 아이들이 손뼉을 쳤다. 나는 고개를 끄덕이며 아이들을 둘러보았다.

"재은이 정말 멋지다! 그치?"

"네!"

"말이 나왔으니 우리 한번 생각해 보자. 우리 사회가 좋은 사회인가?"

아이들은 이마를 찌푸린 채 격렬하게 고개를 흔들었다. 다시 물었다.

"이 사회가 공정과 상식, 정의에 바탕을 두고 있는가?"

"노!"

아이들이 또다시 고개를 흔들었다.

"지배자들은 시스템에 순종하는 모범생을 원해. 자신들에게 유리하게 설계된 기존 시스템이 유지되기를 바라기 때문이지. 저항하지 않기를 바라는 거야. 비판하지 않고 시키는 대로 잘 따르는 사람들은 다루기 편하니까.

오랫동안 착하고 얌전하다는 칭찬을 자양분 삼아 '예스맨'으로 길러진 사람이 부조리하고 불의한 상황과 맞닥뜨리면 어떻게 될까? 그들은 단호히 '노'라고 말할 수 있을까? 불이익받을 것을 뻔히 알면서도 위험을 감수할 수 있을까? 소신을 지킬 수 있을까?

특히 출세 욕망이 강한 사람일수록 부당한 지시에 '노'라고 말하기는커녕 앞장서서 불의의 공범자가 되지. 자기 행동을 정당화하기 위해 온갖 억측을 부리기도 하고 해괴한 논리를 갖다 붙이기도 해. 왜곡된 확신을 가지고 사회를 망치는 일에 앞장서는 거야.

그렇다면 우리 사회가 이만큼이나 나아지게 된 것은 누구 덕분일까? 자신의 이익에 따라 상급자의 말을 착실히 따랐던 사람들 덕분일까? 어쩌면 부조리 앞에서 목숨 걸고 '노'라고 말한 사람들, 부당한 지시와 권력 앞에서 치열하게 저항했던 사람들 덕분이 아닐까? 물론 '노'는 아무나 쉽게 할 수 있는 게 아니야. 진실 앞에서 용기를 가진 자만이 실행에 옮길 수 있지."

지루한 설명을 마친 나는 그때껏 상기된 얼굴로 나를 바라보고 있던 재은이에게 시선을 주었다. 처음으로 '노라고 말할 용기'를 낸 재은이를 마구마구 격려해 주었다. 그리고 교무실로 돌아와서는 편지를 썼다.

재은아,
오늘 네가 말한 '노라고 말할 수 있는 용기'

그 한마디가 내 가슴을 흔들었단다.

그 순간 나는 너를 다시 보게 되었고

너는 어쩌면 스스로를 새롭게 일으켜 세운 거였는지도 모르겠구나.

불의 앞에서 침묵하지 않는 용기

네가 그 질문을 스스로에게 던진 오늘이

너의 신념과 빛을 향해 나아가는 시작이 되기를.

그 목소리로 또 다른 이들에게 용기를 전할 수 있기를!

너의 그 첫 '노'를 기억하며.

; 이야기가 있는 시, 3분 스피치 (1)

울기 좋은 곳, 화장실

꽃피는 춘삼월, 고3 문학 수업 시간이었다.

'자신이 가장 좋아하는 시'를 소개하고, 그 시를 좋아하게 된 계기나 추억을 함께 나누는 '이야기가 있는 시, 3분 스피치'를 진행했다. 문제 풀이에만 골몰하느라 문학의 본령을 잊어버리기 쉬운 고3 아이들에게 문학이 마음을 울리는 힘이 있다는 걸 상기시키기 위한 작은 시도였다. 교과서에서 배운 대로 주제니, 소재니, 표현법 같은 발표는 절대 금지다.

솔비가 발표할 차례였다.

아이들이 칠판 구석에 적힌 시를 함께 소리 내어 읽자, 솔비가 떨리는 목소리로 발표를 시작했다.

"이 시는 사실 작년에 화장실 안쪽 문에서 처음 봤어."

(아이들 웃음)

"그땐 엄마가 이혼하셨을 때고……."
(아이들 급 당황! 탄식이 쏟아졌다.)
솔비가 겸연쩍게 웃으며 말을 이었다.
"아, 괜찮아. 옛날얘기니까. 그거보다 엄마가 나 혼자 키우며 지내시는데, 작년에 사업이 망한 거야."
(아이들의 표정이 더 어두워졌다.)
솔비는 입술을 야무지게 다물고 말을 이어갔다.

"엄마는 티를 내지 않으려 하셨지만, 단둘이 사는 나에겐 엄마의 상심이 크게 느껴졌어. 그런 엄마를 보며 나도 큰 절망에 빠졌던 것 같아. 항상 우울했고, 자주 아팠고, 결석도 많았고, 공부는 손에 잡히지 않아서. 성적도 크게 떨어졌고. 뭔가 길을 잃어버린 기분이었어."
(아이들의 눈시울이 빠르게 젖어 들었다.)

엄마와 나는 서로에게 내색하지 않으려고 애썼어. 학교에 와서도 아이들 앞에서 아무렇지 않은 척하느라 무척 힘들었고. 그러다 보니 완전히 무기력해지더라고. 그렇게 힘든 날을 보내던 중 그날도 화장실에 가서 울었는데……. 화장실 안쪽 문에 이 시가 붙어 있었던 거야."

　　　　　네가 자꾸 쓰러지는 것은

　　　　네가 꼭 이룰 것이 있기 때문이야

　　　　네가 지금 길을 잃어버린 것은

　　　　네가 가야만 할 길이 있기 때문이야

　　　　　네가 다시 울며 가는 것은

　　　　네가 꽃 피워낼 것이 있기 때문이야

　　　　　힘들고 앞이 안 보일 때는

　　　　　　너의 하늘을 보아

　　　- 박노해 〈너의 하늘을 보아〉 중에서

시를 다시 훑는 아이들의 눈빛이 촉촉했다.

"지금도 엄마 일이 완전히 수습된 것은 아니지만 그래도 많이 나아졌어. 그땐 절망 속에서 우왕좌왕하느라 길이 안 보였거든. 누구든 시간이 지나면 마음이 차분해져 스스로 길을 찾아가게 되는 것 같아. 무엇보다 엄마와 내가 서로를 기둥 삼아 부둥켜안고 버틸 수 있는 것으로도 큰 힘이 된다는 걸 알게 됐으니까.

너희들도 혹시 혼자 감당하기 힘든 일이 있거나, 공부하면서 슬럼프에 빠질 때가 있다면 이 시를 떠올리며 나처럼 힘을 냈으면 좋겠어. 그래서 이 시를 소개하고 싶었고. 알지?"

솔비의 발표가 끝나자 아이들이 힘껏 손뼉을 쳤다. 주먹을 불끈 쥐어 보이며 "힘내!!"라고 외쳤다. 솔비는 상기된 얼굴로 쑥스러운 듯 웃으며 자신의 자리로 돌아갔다.

; 이야기가 있는 시, 3분 스피치 (2)

사과나무에는 사과꽃이 핀다

　사실 십 대 아이들이 접하는 시란, 대부분 교과서나 문제집에 지문으로 실린 게 전부다. 그것조차도 주제니 표현상의 특징이니 하며 도마 위에 올려놓고 너덜너덜해질 때까지 분석한다. 아이들은 정답 하나를 고르기 위해 머리를 싸매고, 시에 대한 넌더리를 키워간다. 문학이 문학이기를 멈추는 수업, 아이들이 문학에서 점점 멀어지는 현실을 외면할 수 없었다.

　아이들의 발표는 기대보다 훨씬 더 풍성했고 감동적이었다. 교재 밖의 시, 각자의 사연이 깃든 시, 그 안에 담긴 감정들은 하나하나 다채로웠다. 어쩌면 먼 훗날에 누군가는 고3 시절 이 특별한 수업을 떠올릴지도 모른다. 친구들이 좋아했던 시와 친구 얼굴과 사연까지도. 나도 마찬가지였다. 오늘은 어떤 시와 이야기가 기다리고 있을까, 어서 만나고 싶어 조바심치게 되었다.

'이야기가 있는 시' 수업을 한 지 몇 달이 흘렀다.

그러나 꼭 행복한 순간만 있었던 것은 아니었다. 아무리 자유자재로 시를 고를 수 있다고는 해도 출처 모르는, 당의정을 잔뜩 입힌, '힐링시'라는 이름으로 인터넷에 떠도는, 한없이 가볍고 얄팍한 감성 터치의 시들이 이 반 저 반에서 연이어 소개될 때에는 괴로운 마음을 누르기 어려웠다.

'애들아, 시가 뭐겠니? 무엇보다 압축과 상징이 생명이야. 한번 읽고 나면 흔적조차 남지 않는, 행만 바꿔 시인 척하는, 해석할 필요가 없는 시가 진짜 시일까? 씹고 씹을수록 깊은 맛이 우러나는, 육탈된 정신의 흰 뼈처럼 깡말라 보이지만, 물에 담그면 미역처럼 살아나 우리의 상상력을 부풀게 하는 시가 진짜 시 아닐까?'

이 말이 하고 싶어 입이 근지러울 지경이었다. 그러나 몇 날 며칠 수십 편의 시 중에서 고르고 골라 떨리는 목소리로 발표하는 아이들을 보고 있노라면, 튀어나올 듯했던 말들이 입안으로 속절없이 사그라들었다.

그러던 어느 날이었다. 윤미가 발표한 시를 듣는데 머릿속이 산란해 시의 내용이 전혀 귀에 들어오지 않았다. 더 이상 이대로 두면 안 되겠다 싶었다. 문학 교사로서 시를 보는 안목에 관해 이야기할 때가 되었다는 생각이 들었다. 어렵게 시간을 내는 만큼 이왕이면 좋은 시와 함께 행복한 시간이 계속 이어지기를 바랐다.

윤미의 발표가 끝난 후 조심스럽게 말을 꺼냈다. 시다운 시에 대한 고민, 고3인 너희들이 이제는 감성만이 아니라 깊이를 갖춘 시도 마주해야 한다는 것, 그래서 시를 섬세하게 골랐으면 좋겠다는 이야기까지 마친 나는 윤미를 향해 시선을 돌렸다. 아이는 붉게 달아오른 얼굴로 겸연쩍게 나를 바라보고 있었다. 나는 아이를 향해 조심스럽게 물었다.

"내 말이 무슨 뜻인지 알지? 사실 너한테만 해당하는 건 아니야. 오래전부터 모두에게 이 말을 꼭 해주고 싶었거든."

윤미는 얼굴이 붉어진 채 쑥스러운 듯 고개를 끄덕였다.

나는 아이가 불편해하지 않길 바랐고 수업은 큰 탈 없이 마무리되었다.

그로부터 시간이 흘렀다. 수능 시험 이틀 전이었다. 교무실로 윤미가 나를 찾아왔다. 옆에 앉은 선생님이 들을세라 조심스럽게 내 귀에 속삭였다. '드릴 말씀이 있어요.' 나는 무슨 일인가 싶어 윤미를 조용한 곳으로 데려갔다.

윤미는 지난번 발표 때 내가 했던 말이 계속 뇌리에 남아 있어 힘들다고 했다. 자신이 정성껏 준비한 시가 그렇게도 무의미한 거였는지 계속 생각하게 된다고. 그런 생각이 줄곧 자신을 괴롭히기에 이틀 후에 있을 수능 시험까지 망치게 될까 봐 털어 버리고 싶어 찾아왔다는 거였다.

순간, 머릿속이 하얘졌다. 아! 그랬구나……. 나는 당황스러워 어쩔 줄 모른 채 아이의 어깨만 토닥이며 미안하다, 정말 미안하다, 를 계속 반복했다. 그러는 사이에 시작종이 울렸고, 윤미는 교실로 돌아갔다. 하지만 도저히 가만히 있을 수 없었던 나는 그 길로 윤미의 반을 찾아갔다.

수업이 막 시작된 교과 선생님께 양해를 구한 뒤, 나는 윤미의 발표를 함께 들었던 아이들 앞에서 사과했다. 윤미가 발표를 잘못한 게 아니라고, 열심히 준비하고 성심껏 발표한 아이에게 내가 그렇게 말해선 안 됐었다고, 문학 교사로서 제대로 가르치지 못한 내 책임을 윤미에게 전가한 것처럼 보인 건 내 잘못이라고, 진심으로 사과한다고 더듬더듬 말을 이어갔다.

나도 모르게 눈물이 볼 위로 쏟아졌다. 아이들이 나를 향해 '울지 마' '울지 마' '울지 마'를 외치기 시작했다. 윤미도 눈물을 훔치며 말했다.

"선생님, 이제 저 괜찮아요. 진짜예요."

부끄러웠다. 그리고 고마웠다. 내게 사과할 기회를 준 윤미에게 진심으로 감사했다. '선생'이라는 이름으로, 수업 시간마다 입으로는 야문 소리를 뱉지만, 어찌 나라고 잘못이 없을 것인가. 잘못한 줄도 모르고 지나갈 수 있었는데 윤미가 사과할 기회를 주었으니 어찌 고맙지 않겠는가. 그 순간 윤미는 내게 가르침을 준 큰 '스승'이었다.

사과는 빠를수록 좋다. 기회를 놓치면 돌이킬 수 없는 일이 되어

버리니까. 제때 물을 주고 거름을 준 나무에 꽃이 피고 열매가 맺히듯이. 그날 이후 윤미와 나는 조금 더 단단하고 따뜻한 사이가 되었다. 사과나무에 핀 아름다운 사과꽃처럼.

; 나를 키우는 '경청'의 힘

5교시, 점심을 먹은 아이들의 눈꺼풀이 점점 아래로 처지기 시작한다. 노곤한 공기에 속수무책으로 점령당한 교실. 무너지는 고개를 세우려 목소리를 높이다 보면 쉽게 지친다. 이건 꼭 기억해! 시험에 잘 나오는 문제라고! 골백번 외쳐봐야 헛수고다.

나는 들고 있던 교재를 덮고 말없이 아이들을 둘러본다. 창밖에서 불어오는 부드러운 바람 위로 고요한 침묵이 넓게 드리워져 있다. 나 또한 입을 다문 채 침묵을 지킨다. 또 침묵. 그러자 이상한 사태에 놀란 아이들이 졸린 눈을 치켜뜬다. 나는 그때를 놓칠세라 재빨리 시선을 낚아챈다.

"너희들 소개팅할 때 마음에 드는 사람, 붙잡는 방법 하나 알려줄까?"

"네!!!!"

아이들의 눈이 환하게 열리며 일제히 소리쳤다.

"이건 순전히 내 경험인데."

그러자 아이들이 우-우-우-우-우-우~~~~ 책상을 치고 난리가 났다. 너도나도 몸을 곧추세우며 들을 채비를 했다.

"뭔데요?"

"처음 만난 상대가 마음에 들어, 그러면 어떻게 하지? 그를 붙잡아야 하잖아?"

조바심 가득한 아이들의 표정.

"그러려면 그가 무슨 말을 하든 열심히 들어야 해. 자동차 얘기를 하든, 축구 이야기를 하든 그 분야에 관심 있는 것처럼 들어주란 말이야. 이럴 때 맞장구는 필수!"

몸을 더욱 바짝 내 앞으로 내미는 아이들.

"예를 들어볼게. 상대가 책 이야기를 한다고 하자. 너희들은 그 책을 듣지도 읽어보지도 않았으면 어떻게 하지? '몰라, 안 들어봤어.' 이런 식의 솔직한 대답이 좋을까?"

"그래도 거짓말을 하면 안 되잖아요."

"거짓말이 아니야. 상대에게 다가가고 싶으면 노력하라는 거지."

"어떻게요?"

"일단, 책 제목은 들어봤다고 해. 생전 처음 들어보는 책이라도, 읽은 지 오래돼서 내용은 잘 생각이 나지 않는다고 머리를 긁적이란 말이야."

"그다음은요? 탄로 나면 어떡해요?"

"탄로는 무슨! 단지 생각이 안 나는 건데. 중요한 건 그 이후야. 상대의 이야기를 들으면서 계속 들어본 것처럼 맞장구를 치라고. 그래, 그래, 맞아, 맞아. 진짜? 아, 맞아. 그랬었지, 이러면서."

들킬까 봐 잔뜩 가슴 졸이는 아이들의 표정.

"남자애들 자동차 좋아하잖아. 마찬가지야. 상대가 좋아하는 차종, 배기량, 연비…… 도통 무슨 말인지 모르겠더라도 일단 관심이 있는 것처럼 열심히 눈빛을 반짝이며 들어주는 거야. 상대의 이야기에 관심 있다는 것을 보여주는 게 중요하니까. 그리고 집으로 돌아와서는 그가 말한 책이나 자동차에 관해 찾아 읽고 검색하며 열심히 복습하는 거야. 그러다 보면 그가 말하는 내용에 감이 잡히게 될 뿐 아니라 너희들 생각도 추가될 거야. 그러면 다음에 만나 그 이야기를 다시 꺼내면 되는 거지."

"아…… 꼭 그렇게까지 해야 해요?"

"그러면 어떡해? 상대가 마음에 드는데 그 정도는 투자해야지."

아이들이 한숨을 쉰다.

"두 번째 만나서는 이렇게 시작하라고. '있잖아, 네가 지난번에 이런 이야기했잖아. 집에 가서 생각해 보니 정말 멋지더라.' 그러면 상대의 표정이 어떻겠니? 환해지겠지? '얘가 내 이야기를 집에까지 가서 생각해 주다니!' 감동할 거야. 그럴 때 추가된 네 생각을 펼쳐가면 되는 거지."

아이들의 얼굴이 점점 생각 속으로 빠져든다.

"그런 식으로 점점 네 생각도 꺼내 보는 거야. 이렇게. '있잖아, 이런 점도 있지 않을까 싶은데 넌 어떻게 생각해?' 그러면 상대는 자신의 이야기에 관심 가져준 네가, 꼼꼼히 듣고 되새겨 보는 네가 얼마나 고맙겠니? 상대는 신이 나서 피드백을 시작할 거야. 이야기는 그 다음으로 이어지겠지. 그럴수록 대화는 아주 순조로워지겠지? 그러는 동안 서로에 대해 점점 알아가게 되고 둘 사이는 더 가까워지는 거지."

아이들이 고개를 끄덕인다.

"하지만 그렇게 만난 사람도 나중에 헤어지기도 할 거야. 그럼에도 네가 상대에게 성심성의를 다했다는 사실은 사라지지 않지. 내 경우엔 그렇게 여러 사람을 만나고 헤어지고를 반복하고 나니 오히려 그들 덕에 내가 성장했다는 생각이 들더라.

왜냐면 나는 좋아하는 사람이 생기면 그에게 잘 보이려고 노력하는 형이거든. 선생님을 좋아하게 되면 그 과목을 열심히 하게 되는 것처럼, 내가 괜찮은 사람이라는 걸 어떻게든 상대에게 인정받고 싶으니까. 그렇게 이런 사람을 만나 이쪽 세계를 알게 되고, 저런 사람을 만나 저쪽 세계를 알게 되면서 다양한 세상을 이해하게 되었다고나 할까?

물론 이건 순전히 내 경우야. 내겐 지적인 사람에 끌리는 성향이 있으니까. 내게 뭔가를 일깨울 만한 사람이 아니면 만족할 수 없었거든. 그런 사람을 만나 따라가려고 노력하다 보니 지금의 나에 이르렀다고나 할까. 그러니 나를 가르친 팔 할은 '연애의 힘'이었던 거야. 누군가를 좋아하는 그 힘으로.

예전에 나는 천재라고 생각해 그 앞에만 가면 늘 기가 죽곤 했던 사람이 있었어. 그렇지만 그가 읽은 책을 따라가다 보니 그의 말들이 책에서 발견되더라. 그는 처음부터 천재였던 게 아니라 나보다 한 발짝 먼저 책을 다녀갔던 거야. 그렇게 따라 하고 따라 하다 보니 점점 내 정신에 근육이 생기게 되더라고.

요약하자면 이런 거야. 마주 앉은 사람이 내 이야기에 관심 없거나 도통 아는 게 없는 태도를 보인다면, 아무리 예쁘게 차려입고 몸매가 뛰어난 사람이라도 매력 없지 않겠니? 물론 처음에는 아는 게 없을 수도 있어. 하지만 상대의 눈높이를 따라가기 위해 노력하다 보면 정작 키워지는 건 내 '정신의 키'라는 걸 말하고 싶은 거지.

중요한 것은 상대에게 잘 보여야겠다는 얄팍한 전술이 아니야. 그가 보는 세상을 함께 바라보려는 마음과 듣고 싶어하는 '태도'인 거지. 나를 지워서 상대에게 맞추라는 게 아니야. 오히려 좋아하는 사람을 통해 더 많은 세계를 이해하고, 더 단단해진다는 걸 말하고 싶은 거야. 상대의 말을 잘 경청한다는 것은 '네가 중요해'라는 표현이고, '네가 보는 걸 나도 함께' 보고 싶다고 손 내미는 일이기도 해. 그러는 동안 나 자신이 조금씩 성장했다는 걸 말하고 싶은 거지."

어느새 아이들 눈에는 졸음 대신 골똘함이 차곡차곡 차올랐다.

; 그 사랑이 너의 것이 되려면

과목이 국어이고 문학이다 보니 수업 도중 곁다리로 새나갈 때가 종종 있다. 어느 날은 여행에 대한 문학 작품을 설명하다 성교육까지 하게 됐다.

"결혼 전에 남친과 여행 가도 돼요?"

어쩌다 나온 아이의 질문에서 시작됐다. 순간 얼굴이 확 달아올랐다. 아이들이 호기심 가득한 눈으로 일제히 나를 바라보고 있었기 때문이었다. 아이들은 단순히 여행을 묻고 있는 게 아니었다. 나는 아무렇지도 않은 척 숨을 고른 다음 입을 열었다.

"당연하지."

"진짜요?"

아이들은 눈을 크게 뜬 채 서로의 얼굴을 쳐다보았다.

"손만 잡고 자면 괜찮은 거죠?"

아이 하나가 두 눈 찔끔 감고 소리쳤다. 아이들의 웃음소리가 높아졌다.

"사랑하는 사람과 자는 건데 뭐가 어떠니?"

아이들은 내 말에 오오, 하면서 괴성을 질러댔다.

"따님에게도 그렇게 말씀하실 거예요?"

"물론이지. 그럼 너희들은 여행 가서 손만 잡을 것인지 아니면 진도가 더 나갈 것인지 어떻게 결정할 건데? '오빠 믿지?' 따위의 말? 아서라, 그 순간의 오빠는 자신도 자기를 못 믿는단다."

"그러면요?"

"내가 남친을 사랑하는지 아닌지는 내가 가장 잘 아는 거잖아? 그러면 그다음 단계도 나에게 물어야지. 사랑은 어디까지나 내 감정인 만큼 내가 판단해야 한다는 거고. 그러니 내 몸을 사용하는 주체 또한 내 자신이어야 하는 거지."

나는 이때가 오기를 기다렸다는 듯 말을 쏟아내기 시작했다.

"사랑하는 사람과 갖는 육체적인 관계는 영혼에 이어 몸의 소통까지 온전히 이루어보는 기쁨이야. 그러니 헤어져도 후회하지 않겠다는 다짐이 필요한 거고, 자신의 판단에 끝까지 책임지겠다는 의식의 총합이어야 하는 거지.

그 바탕에는 인간의 감정은 바람 불고 물결치는 대로 흔들린다는 것을 인정해야 해. 언제든 변할 수 있다는 것도, 상대도 그렇고 나도 그렇다는 것도, 어제는 사랑했지만 오늘은 사랑하지 않게 될 수도 있다는 것도, 따라서 영원한 사랑은 없다는 것도, 인간의 사랑은 영원을 향한 필사의 몸부림에 불과하다는 것을 인정하는 용기가 필요하다는 거지. 그러니 헤어져야 하는 순간이 오면 '사랑한다고 했잖아.'라며 배신에 몸을 떠는 찌질한 모습은 보이지 말자는 거다."

장난하듯 말을 꺼냈던 아이들의 표정이 차츰 진지해졌다.
"우리 사회는 아직도 여자가 육체적인 관계 이후 더 큰 부담을 지는 구조가 여전해. 임신, 낙태, 명예, 소문까지 여자의 몫이 되기 쉬운 현실 속에서 '내가 결정할 수 있는 나의 몫'을 지키기 위한 감각이 필요하다는 거지.

여자의 몸은 한 생명을 잉태하고 키워내는 불가사의한 힘을 가진 우주야. 그런 내 몸을 어찌 소중히 다루지 않을 수 있겠니? 이렇듯 귀한 내 몸의 주인은 나인데 누구한테 내 몸의 결정권, 사용권을 넘길 수 있겠느냐는 거야. 그러므로 유혹의 순간이 오면 물어라. 다른 누구도 아닌 내게 말이다.

나는 지금 얼마나 간절히 몸의 소통을 원하고 있는지, 이 사람과 온전한 교감을 나누게 될 것이므로 헤어지게 된다 해도 후회하지 않겠는지, 사랑을 경험한 내 몸에게 끝까지 책임을 다할 수 있겠는지. 그렇게 결정한 '나'를 믿자는 거야. 애먼 오빠만 믿지 말고."

아이들의 표정이 진지해졌다. 나는 이쯤 해서 수업으로 돌아갈 지점을 엿보고 있었다. 그때였다. 아이 하나가 손을 번쩍 들었다.

"근데 왜 이런 얘기는 꼭 여자들한테만 해요? 남자들한텐 아무 말도 안 하잖아요."

순간, 머릿속이 하얘졌다. 핵심을 찌르는 질문이었다. 나는 잠시 숨을 고른 다음 천천히 입을 열었다.

"아주 좋은 질문이야. 우리 사회는 여자들에게만 일방적으로 몸조심하라고 이르는 편이니까. 사랑도 관계도 양쪽 책임인데 왜 여자아이들만 몸조심하라는 이야기를 들어야 하지? 물론 나는 내가 여학교 교사니까, 매일 나에게 마음을 보여주는 너희들에게 이 이야기를 하는 거지만, 그게 이 사회의 불균형을 정당화할 순 없어. 오히려 이 불균형을 함께 자각하고 질문하는 일을 멈추지 말아야 하는데 적절한 순간에 질문이 나와서 정말 다행이야."

아이들이 고개를 끄덕였다. 질문한 아이의 얼굴에 우쭐한 표정이 지나갔다. 수업이 얼추 끝나가고 있었다.

"한 가지만 정리할게. 연애하는 사람이 잊지 말아야 할 것은 항상 자기 마음이 먼저라는 거야. 물론 그 사랑이 어떤 사랑인지 정확히 알기는 어려워. 그런데도 그게 정말 너희들 감정이고, 너희들 선택이고, 너희들 몸이라면, 누구에게도 판단을 맡길 수 없다는 거야. 누군가의 눈치를 보거나, 붙잡히고 싶어서, 혹은 두려움 때문에 결정하게 된다면, 그건 사랑이 아니니까."

우리는 연애를 감정으로만 배운다. 게다가 청소년들은 아무도 말해주지 않는 어른들 속에서 왜곡된 미디어로 배우기 쉽다. 관계는 언제나 감정보다도 '자기 존중'에서 시작된다는 것을 잊지 말아야 한다. 상대를 아끼는 것과 나를 지키는 것은 절대 충돌하지 않는다. 그 둘이 함께 갈 수 있는 길을 스스로 판단할 수 있어야 한다. 누구도 대신할 수 없는 고독한 선택이기에 한없이 어려운 일이다.

    수업은 끝났지만, 아이들의 연애는 언젠가 시작될 것이다. 아니, 지금 한창 진행 중일 수도 있다. 그런 아이들에게 그저 '하지 마.'라는 말로는 아무것도 전달되지 않는다. '하지 마'가 아니라, '그 마음이 정말 너의 것이 맞는지'부터 생각해 보게 하고 싶다. 남녀를 가리지 않는 우리 아이들 모두에게 '너의 사랑은 너의 것, 너의 몸도 너의 것'이라는 이 당연한 진리를 생각해 볼 기회가 되기를 바란다.

    호기심 어린 얼굴로 시작했던 화제가 막막하고도 깊은 수심으로 전환되는 순간이었다. 사랑하는 감정이 밀려올 때, 어디까지 나아가도 되는지, 누구도 허락해 주지 않는 이 감정의 속도를 어떻게 감당해야 할지 정답은 마련되어 있지 않다. 아이들의 눈빛에 두려움과 혼란과 호기심이 뒤섞여 있다. 그 모든 감정을 온몸으로 겪어내며 아이들은 어른이 될 것이다. 나를 비롯한 우리 모두가 그랬던 것처럼.

4교시

'포기하지 않는다'는 말

수업 목표 ;
기꺼이 버티기 위하여

; 내가 가장 좋아하는 전라도 말, '포도시'

　오래전, 서울의 어느 문예창작과 대학원생들을 데리고 답사차 남도에 들렀다는 선생님이 얼굴이나 보자며 나를 불러냈다. 무료함과 무기력에 빠진 신출내기 지방 작가에 불과하던 나는 옳다구나, 하고 길을 나섰다. 퇴근 후 어둑한 길을 더듬어 도착한 시간은 밤 여덟 시. 방 한가운데 신문지를 깔아놓고 술을 마시고 있던 선생님이 반갑게 나를 맞아 주셨다.
　수다가 이어졌다. 주로 듣기만 하던 내 귀에 어떤 여자의 목소리가 비탄처럼 들어와 박혔다.
　"저는 포도시[3] 살고 있습니다."
　빙 둘러앉아 있던 사람들이 의아한 눈빛으로 물었다. 포도시? 포도시가 뭐야? 눈을 내리깐 채 술잔을 들여다보고 있던 그녀는 사람

---
[3] '겨우겨우, 안간힘을 쓰고, 사력을 다해 이루어내는 과정'을 뜻하는 전라도 방언

들의 질문에도 아랑곳하지 않고 계속 중얼거렸다.

"포도시 글도 쓰고요."

와락, 나는 그녀를 안아주고 싶어졌다. 자신의 말을 헤아려주지 못하는 타지 사람들 속에서 그녀는 얼마나 외로웠던 것일까. 마치 내게 보내는 모스 부호 같았다. 포도시 살아가는 그녀의 이야기를 밤새워 듣고 싶었다.

그녀는 술기운에 젖어 맥락 없이 주절거렸다. 무안 바닷가 어딘가에 고향을 둔 그녀는 갯냄새를 벗어나기 위해 서울로 갔다. 반지하 사글세와 생활비를 마련하기 위해 아르바이트를 전전할 수밖에 없었다. 누추한 섭생과 무리한 노동으로 턱없이 건강이 나빠졌는데도 글을 쓰겠다는 의지와 소망을 짐 진 채 가까스로 버텨내는 중이었다.

'포도시'라는 말은 그렇게 내 가슴에 새겨졌다. 그날 이후 나는 포도시를 주문처럼 외우며 하루하루를 이어갔다. 아이 둘을 키우며 하루 꽉 찬 수업을 하고, 밤마다 원고를 쓰고, 투고해서 떨어지고, 또다시 쓰며 버티던 어느 날, 출근길 버스 창에 비친 내 얼굴을 보고 문득 생각했다.

"그래, 나도 지금 포도시 살고 있구나."

이번에는 나를 안아주고 싶었다.

'포도시'는 힘겹게 경계를 넘어서는 자의 말이다. 포기하지 않고 배(腹)로 밀어가며 살아내는 자가 쓰는 말이다. 경계 앞에 쉽게 좌절하는 이들을 부끄럽게 하는 말이다. 경계를 넘어서는 일이 얼마나 어려운지를 아는 자의 말이다.

너끈히 경계를 넘는 자에게서는 교만이 읽힌다. 봐라, 얼마든지 할 수 있는 일을 왜 너희들은 못 하냐? 노력하지 않아서, 게을러서 못 하는 거라고 닦달한다.

'포도시'를 외치면서도 삶을 포기하지 않는 그녀처럼, 나 또한 그렇게 '포도시'를 외치면서 경계를 붙들고, 경계를 뚫고, 경계를 넘어가고 싶었다.

; 삶을 버텨내게 하는 것들

눈眼

　　퇴직한 동료를 만났다. 입사 동기여서 누구보다 친했지만 사는 길이 달라진 이후 드문드문 만난 탓에 나눌 수 있는 이야기가 많지 않았다. 그저 통상적으로 시작된 이야기가 갱년기의 우울과 봉양해야 할 부모, 취직하지 못한 자식들에 이어 가뭇없이 무너져가는 몸과 마음에 이르렀을 때는 감당할 수 없는 쓸쓸함까지 엄습해 오는 기분이었다. 나는 무심히 고개를 끄덕이며 혼잣말로 중얼거렸다.
　　"우린 언제 이만큼이나 나이를 먹어버린 것일까?"
　　그러자 그녀가 내 눈을 깊숙이 들여다보더니 가만히 말을 이었다.
　　"난 어쩐 일인지 요즘은 눈빛이 먼저 보여. 젊음과 나이 듦을 가르는 건 나이가 아니라 눈빛이라는 생각."

발足

　언젠가 남편 없이 세 명의 자식을 기르느라 생활고에 시달린 끝에 산골의 빈집으로 거주지를 옮긴 후배를 만나러 간 적이 있다. 후배는 우리를 자기 집으로 들이는 대신, 마을 아래쪽 식당을 알려준 뒤 먼저 가 있으면 곧 도착하겠다고 했다. 때는 무더위가 한창 기승을 부리던 한여름이었는데, 식당 주인은 품 넓은 나무가 시원하게 그늘을 드리우고 있던 평상 아래에 자리를 잡아주었다. 주위를 둘러보며 주문해 놓은 닭백숙을 기다리는 동안, 후배는 그사이 아이들의 뒤치다꺼리를 마치고 뒤늦게 모습을 드러냈다.

　그때 평상으로 올라서던 후배의 발이 눈에 들어왔다. 플라스틱 슬리퍼 안에서 쑥 빠져나오던 발을, 볕에 잔뜩 그을려 있던 거무스름한 그녀의 맨발. 나는 신발이 벗겨지는 줄도 모른 채 밭고랑을 헤집었을 먼지 낀 맨발에서 시선을 거두지 못했다. 그녀와 나눈 이야기는 아무것도 기억하지 못하는 지금, 오직 내게는 그녀가 먼지 낀 맨발로 밟아 나갔을 지난(至難)한 삶의 궤적만이 또렷하게 남아 있을 뿐이다.

손手

우리는 오랜만에 술집에 마주 앉았다. 순수하고 천진한 표정의 그녀는 나이보다 훨씬 어려 보이는 얼굴을 하고 있었다. 그러다 문득 술잔을 받쳐들고 있던 그녀의 손에 눈길이 갔다. 손만큼은 나이를 피해갈 수 없는 모양이었던지 그녀의 손이 윤기 없이 시들어 있었다. 우리는 시난고난 살아온 서로의 이야기에 깊이 공감하며 술잔을 주고받았다. 술병이 비워지는 동안 수십 년의 이야기가 단숨에 흘러갔다. 정신을 차리고 보니 한밤중이었다. 우리는 술에 젖은 얼굴로 악수를 하고 헤어졌다. 그녀의 손은 작고 부드러웠지만, 현명하고 지혜롭게 헤쳐온 삶만큼이나 단호하고 뜨거웠다. 무엇이 우리의 삶을 이토록 버텨내게 하는 것일까.

; 너에게서 향기가 난다

　모처럼 아름다운 기사를 읽었다. 소년범 출신이 십 년 동안 스물두 번 경찰 공무원 시험에 응시한 끝에 마침내 경찰이 되었다는 내용이었다. 시작은 죄를 짓고 수감자가 된 어린 그에게 어느 스님이 무심코 던진 말에서 비롯됐다.
　'너에게서 향기가 난다.'
　그는 이 말을 평생 화두처럼 붙잡고 살았다. 스님의 말씀대로 향기를 퍼뜨리는 사람이 되고 싶었다. 그리하여 소년범은 세상에서 가장 선한 일을 하는 경찰이 되기로 했다.

　방황을 일삼던 십 대, 그는 인생의 끝을 보고 싶었다. 세상에 대한 회의도 컸다. 현금 인출기를 돌로 부수다가 현행범으로 체포됐다. 수감 생활을 이어가던 어느 날, 그는 전국 소년원에서 선발된 열일곱

명의 모범 보호 학생 중 한 명으로 선발돼 4박 5일 동안 일본 문화체험 행사에 참여하게 됐다. 그때 재소자 교화 일을 주도하며 행사를 통솔하던 스님을 만났다.

"너에게서 향기가 난다."

이 한 마디가 남에게 손가락질받는 게 일상이었던 그의 인생을 바꿔 놓았다. 그는 소년원 출소 후 의무경찰에 지원했다. 이어 경찰 시험에 지원하겠다고 했을 때 주위 사람들은 다 말렸다. "음주 전력만 있어도 안 되는 마당에 안 될 가능성이 커."라고 입을 모았다.

그럼에도 끝내 포기할 수 없었던 그는 경찰 시험을 준비하기 시작했다. 1, 2차 낙방을 거듭하는 동안 십 년의 세월이 흘렀다. 다섯 번째부터는 가족에게조차 경찰 시험을 준비하고 있다는 이야기를 숨겼다. 밤에 일하며 공부할 돈을 모았다. 낮에는 휴식을 취해야 했지만 천근만근의 몸으로 책상에 앉았다. 사람과의 관계도 끊었다. 불합격의 원인이 과거 범죄 전력 때문일 것이라는 생각이 들 때마다 괴로움과 좌절감에 허덕였다. 그러는 동안 자신이 얼마나 불완전하고 죄 많은 인간이었는지, 또 어떤 삶을 살아야 하는지도 깨달았다. 마음이 괴로울 때마다 그를 일으켜 세운 건 '직업으로써 가장 선한 일은 경찰'이라는 신념이었다.

최종 면접에 임할 때마다 "이번에 떨어지면 또 도전하겠다."라고 대답했지만, 35세 나이 제한을 앞둔 마지막 면접에서는 "다시 응시

할지 모르겠다."라며 고개를 떨궜다. 이어 "다만 살아가면서 많은 부분이 바뀌고 변하겠지만, 한 가지만큼은 끝까지 품겠다. 인간에 대한 연민과 세상에 대한 선의다."라고 덧붙였다. 마침내 그는 합격했다.

임용된 후 그는 제복을 입은 모습을 보여드리기 위해 스님을 찾았다. 스님과 만나 자신이 생명줄처럼 붙들고 살아왔던 말씀을 전했다.
'너에게서 향기가 난다.'는 말.
그러나 스님은 기억하지 못했다.
"내가 그랬던가?"
기사를 읽어 내려가던 순간, 나는 스님의 말에서 전율을 느꼈다. 스님도 미처 의식하지 못한 채 던진 말이 누군가의 삶을 변화시켰던 것이다.
무심코 던진 돌멩이에 개구리가 맞아 죽을 수도 있고, 무심코 던진 향기로운 말에 황폐한 삶이 꽃필 수도 있다는 것! 한마디 말이 한 사람의 일생을 건져 올릴 생명의 밧줄이 되기도 하고, 누군가의 일생을 나락으로 떨어뜨릴 빌미가 되기도 한다.

'무재칠시(無財七施)[4]'라는 말이 있다. '재산(財産)이 없어도 남에게 줄 수 있는 7가지'라는 뜻이다. 다시 말하면, 베푸는 행위는 반드시 재물을 가져야만 하는 게 아니라는 것. 그중 두 번째가 언시(言

施)다. '말'로써 남에게 얼마든지 베풀 수 있다는 거다.

    누구도 말에 자유로운 사람은 없을 테지만, 말의 무게에 더욱 진중해야 할 직업군이 있다. 그때 스님은 소년범들의 행사를 인솔하던 사람이었다. 앞장서는 사람, 통솔하는 사람, 지도하는 위치에 놓인 사람은 보통 사람의 존재감을 훌쩍 뛰어넘는다. 특히 나이가 어린 사람 앞에 서는 사람일수록 존재는 높고 무겁다. 그들의 말은 천 근의 무게를 갖는다.

    그렇다면 스님을 '교사'로 바꿔보자.

    '내가 그랬던가.'

    무심코 던진 교사의 한마디도 아이들에게 모든 어려움을 견디게 할 힘이 되어 마침내 꿈을 이루게 만들 수도 있을 것이다. 오랜만에 제자들을 만날 때에도 긴장하지 않을 수 없는 이유다.

    "선생님이 그때 이런 말을 해주셨거든요."

    물론 기억나는 경우가 없지 않지만 대부분 고개를 갸웃거린다.

---

4)   재산(財産)이 없더라도 남에게 줄 수 있는 7가지

- 첫째는 화안시(和顔施) - 얼굴에 화색(和色)을 띠고 부드럽고 정다운 얼굴로 남을 대하는 것으로 '미소(微笑)'를 이른다.
- 둘째는 언시(言施) - 말로써 남에게 얼마든지 베풀 수 있으니, 사랑의 말, 칭찬(稱讚)의 말, 위로(慰勞)의 말, 격려(激勵)의 말, 양보(讓步)의 말, 부드러운 말 등이다.
- 셋째는 심시(心施) - 마음의 문을 열고 따뜻한 마음을 주는 것이다.
- 넷째는 안시(眼施) - 사랑을 담은 눈으로 사람을 보는 즉 눈으로 베푸는 것이고,
- 다섯째는 신시(身施) - 몸으로 베푸는 것인데, 짐을 들어준다거나 하는 것이다.
- 여섯째는 좌시(坐施) - 자리를 내주어 양보(讓步)하는 것이요,
- 일곱째는 찰시(察施) - 굳이 묻지 않고 상대의 속을 헤아려 알아서 도와주는 것이다.

"내가 그랬던가?"

많고 많은 제자 중에 어찌 좋은 기억만 있을 것인가. 내가 준 아픔, 상처도 적지 않을 것이다. 교사라는 직분으로 살아오면서 끊임없이 입으로 업을 짓고 살아온 나는, 남은 인생 내내 고해성사를 거듭하며 살아야 한다고 생각하는 까닭이다. 의사의 오진이 살 사람을 죽이기도 하듯, 교사의 말이 한 사람의 앞날을 예언하는 '무당'의 말과 같은 무게를 갖는다고 생각하면 섬찟할 정도다.

말썽꾸러기 아이에게 두 명의 교사가 각기 다른 말을 했다고 치자.
'사람은 떡잎부터 알아본다고 했어. 넌 도무지 안 될 놈이야.'
'네게는 야생의 힘이 있어. 지금은 거칠지만 가닥만 잘 잡으면 넌 틀림없이 훌륭한 놈이 될 거야.'
가능성을 자르는 말과 가능성을 여는 말, 둘 중 무엇이 사람을 성장시키는 말인가. 교사의 말은 세상 그 어떤 사람보다 무게감이 크지만, 종종 말의 무게를 잊곤 한다. 허둥대고 실수하고, 마음과 다르게 말을 내뱉기도 한다. 교사도 결함 많은 보통 사람이지만 아이들의 미래를 만들겠다고 '스스로' 이 직업을 선택했기에 이런 기사를 읽을 때마다 새롭게 다짐하는 것이다.

'오늘도 아이들에게 향기 나는 말을 건네보자.'

; 좋은 삶을 배우려면 좋은 삶을 맛봐야 한다

교실에서 오랫동안 책 읽어주는 교사로 살았다.
입시의 최전선인 인문계 고등학교에서 당장 시험과 관련 없는 책 읽기는 어려운 일 중의 하나다. 심지어는 자습 시간에 '공부 안 하고 책이나 읽는다'며 아이를 꾸중하는 학년 부장과 맞서 싸워야 했던 야만의 시절을 지나오기도 했다. 수업 시간에 문제 풀이만 중뿔나게 해대면서 자기가 실력 있는 선생이라고 빼기는 동료에게 절망을 느끼기도 했다. 오랜 노력으로 한 주에 한 시간을 독서 시간으로 확보했음에도 '독서가 생활기록부에 반영도 되지 않는데 그 시간에 꼭 책을 읽어야 하나?'라는 식으로 버티는 바람에 어렵게 그를 설득해야 했다.
책을 읽어주려고 하면 "그냥 진도나 나가시죠!"라고 말하는 아이도 있기 마련이어서 시기를 잘 맞춰야 한다. 그래서 중간고사나 기말고사 같은 큰 시험이 끝난 직후 수업 의지가 없는 빈틈을 파고 들어간다. 주로 단편 소설이나 그림책, 단편 영화를 감상하고 토론하는 방식으로 운영하는데, 졸업한 이후 제자들이 찾아와 함께 읽고 토론한 영화나 책에 대한 각별함을 말할 때마다 보람이 컸다. 그 시간을 통해 어떻게, 무엇을 하며 살아야 할지를 진지하게 생각했다는 것이다.

어느 날 문득 '나는 왜 책 읽어주는 사람이 되었나'를 생각하게 됐다. 내게도 책 읽어주는 선생님이 계셨기 때문이라는 결론을 내렸다. 나는 가톨릭계 여고를 나왔는데 하얀 수녀복을 입은 수녀님이 시험 끝나기를 기다려 《아낌없이 주는 나무》나 《꽃들에게 희망을》 같은 책을 가져와 한 장 한 장 넘기며 구연동화처럼 정겹게 읽어주셨다. 나는 시험에 대한 온갖 피로와 시름, 걱정을 잊은 채 책 속으로 빠져들었는데 고즈넉한 그 순간들이 얼마나 좋았는지 모른다.

나의 첫 번째 책 읽기도 《아낌없이 주는 나무》에서 시작해 《꽃들에게 희망을》로 이어졌다. 한 장 한 장 넘기며 읽다 보니 책이 너덜너덜해졌는데 읽은 후 조별 토론을 거쳐 전체 의견을 모으고 마지막으로 내가 보완하다 보면 한 시간이 금방 끝나곤 했다. 문제는 내가 그 과정을 즐겼다는 거다. 낭독하는 순간에 폭 빠져든 아이들의 표정이 그렇게도 예쁠 수 없었다. 반마다 천천히, 반복해 읽다 보면 생각이 점점 내 안에서 발효되고 영글어 가는 순간도 좋았다.

최근에는 그 과정을 확장해 작품을 읽고 모둠 토론을 거쳐 구술 평가를 준비하게 했다. 처음에는 막막해하던 아이들도 꾸준한 시도 끝에 통섭적이고 융합적인 사고와 깊이 읽기, 말하기 능력을 한꺼번에 확충하는 보람을 익혔다. 대입 면접을 위한 대비로서도 큰 의미를 느껴 아이들의 만족도도 굉장히 높은 활동이 되었다.

맛있는 음식을 먹어본 아이가 타인에게 맛있는 음식을 내놓을 줄 아는 사람으로 성장하듯, 책 읽어준 선생님들이 계셨기에 나 또한 책 읽는 교사가 될 수 있었던 것이다. 어린 시절 기억의 힘은 이토록 세다.

작가이자 교사의 정체성을 가진 나는 퇴직 이후에도 장기를 살려 청소년들과 더불어 살아가려는 계획을 세우고 있다. 특히 문제 청소년들과 함께 '치유의 글쓰기'와 '독서 지도'를 통해 지금까지의 삶을 성찰하고 앞으로의 삶도 꾸려가게 하고 싶다. 미혼모센터와 보호관찰 청소년, 소년원 등 몇 군데 내가 할 수 있는 일을 찾는 이유도 그 때문이다.

소년원에서 독서 수업을 진행한 서현숙 선생님이 펴낸 《소년을 읽다》를 읽으며 내 계획은 더욱 굳어졌다. 잔잔한 감동을 불러일으키는 내용도 내용이지만 압권은 에필로그다. 여기 내가 공감한 문장을 그대로 옮긴다.

아이들은 신체의 자유를 제한받는 것 자체가 이미 죗값을 치르는 것이다. 소년들은 죗값을 치르면서, 잘못된 행동을 바로잡기 위한 교육을 받는다. 그 교육에 '좋은 삶'을 직접 경험할 것을 포함하면 어떨까. 내가 겪은 바로는 소년원의 아이들은 사회적으로 생각하는 '좋은 삶'을 충분히 경험해 보지 못한 경우가 많다. 이들이 좋은 삶을 경험하는 것 자체가 긍정적인 자극이 되지 않을까. 좋은 삶을 살고 싶다는 욕망을 만들어주지 않을까. 맛있는 음식에 대해 배우는 일이 먹어보지 않고 가능한가. 맛 좋은 음식을 먹어보는 경험이 중요한 배움이 될 것이다. 마찬가지로 좋은 삶을 배우려면 좋은 삶을 맛봐야 한다.

내가 책을 읽어주는 선생님 밑에서 책 읽어주는 교사가 되었듯, 문제 청소년들에게도 다양하고도 좋은 경험을 갖게 해주어야 한다. 그리하여 소년들이 '나도 저런 삶을 살고 싶다'라는 염원을 갖게 하는 것. 이것이야말로 사회의 어른들이 소년을 위해서 해야 하는 최고의 교정, 교화가 아닐까?

; 뿌리 하나 살아있다면

지난봄, 예쁜 화분이 생겼다.

교무실 책상에 올려놓고 하루하루 바라보는 즐거움으로 살았다. 과중한 업무로 등이 휠 것 같은 생활의 연속이었지만, 나날이 푸르름을 더해가는 화분이 눈과 머리의 피로를 말끔하게 씻어주곤 했다. 연이은 수업으로 목이 마를 때에도 내가 마실 물보다 화분에 줄 시원한 물을 먼저 챙겼다. 실내에서 너무 웃자란다 싶으면 쨍쨍한 햇볕 아래 얼른 내놓았다. 그러면 금세 단단해졌다. 비가 오면 마음껏 비를 맞게 해주었고, 맑은 날은 햇볕을, 미풍이 살랑거리는 날엔 고운 바람을 쐬어주기도 했다. 화분은 나의 사랑을 받고 무럭무럭 자랐다.

사달이 나고 만 것은 여름방학. 방학 중 보충수업이 없는 일주일간 휴가를 떠나며 화분을 현관 근처 화단에 내놓았다. 아무도 돌봐줄 사람이 없는 교무실 침침한 공간에 놔두고 싶지 않았다. 화분 또한 실내에 갇혀 있는 대신 비와 바람과 햇볕과 구름과 함께 하고 싶으리라 여겼다.

하지만 때는 8월 초순. 엄청난 불볕더위에 비 한 방울 내리지 않는 날씨가 이어졌다. 휴가를 마치고 돌아오니, 맙소사! 화분이 완전히 말라비틀어진 채 축 늘어져 있지 않은가! 가슴을 치며 후회했지만 이미 때는 늦었다. 이를 어쩐담?

그대로 떠나보내고 싶지 않았다. 무엇보다 내 불찰로 이렇게 만들어 놨다는 자책이 컸다. 다시 살릴 수 없을까. 뿌리 한 가닥이라도 살아만 있다면 가능하지 않을까. 실낱같은 희망을 걸고, 가위로 마른 줄기와 이파리들을 깨끗이 자르고 정돈했다. 수시로 현관 앞을 들락거리며 물을 주고 상태를 살폈다. 줄기에 물기가 오르는지 싹이 돋을 기미가 있는지 관찰했다. 날짜가 지나도 별 소득이 없자, 주변 동료들은 부질없는 짓 하지 말고 차라리 새로 하나 사는 게 어떠냐고 퉁박을 주기도 했다. 정말 그만둬야 하나 싶었다.

그러던 어느 날이었다.

거무튀튀한 가지 속에서 연둣빛 새순이 고개를 내밀고 있는 게 눈에 들어왔다! 나는 큰소리로 탄성을 내질렀다. 동료들이 화분을 들여다보며 눈을 휘둥그레 떴다. 그걸 보고 지나가던 아이들도 탄성을 질렀다.

나는 더 열심히 현관을 들락거렸다. 그걸 본 지킴이 선생님이 '저리도 작은 것이 살려고 몸부림치는 게 눈물겹다.'라며 집에서 영양제를 가져와 화분에 꽂아주기도 했다. 동료들은 내 지극정성에 화분이 화답한 모양이라고 엄지를 추켜올렸다.

    그래, 포기하지 않길 얼마나 다행인가. 포기했더라면 이런 기쁨은 없었겠지. 그간의 힘든 과정을 견뎌내고 일어선 어린 생명이 너무도 대견하고 기특했다.

    생명은 자신에게 다가오는 발소리를 들으며 자란다. 생명은 사랑 가득한 눈빛을 받고 튼실하게 차오른다. 어찌 저 화분뿐이랴. 어른들의 방관과 무책임 속에서 말라가는 아이들이 주변에 너무나 많다.

    지금 우리 아이들이 아프다. 안으로 깊이 병들어 있다. 아이들의 뿌리가 한 가닥이라도 살아있다면 포기하지 말아야 한다. 그릇은 스스로 깨지지 않는다. 하지만 그릇이 깨지면 날 선 사금파리가 되어 주위 사람을 다치게 하지 않던가.

; 7등급도 교대 합격이라니

'7등급도 교대 합격? 한국 교사 양성 시스템, 이대로 괜찮나?'(세계일보. 2025. 5. 15)

최근 언론은 교대 합격선이 낮아졌다는 사실을 연일 대서특필하고 있다. '6등급도, 7등급도 합격한다.'라는 자극적인 제목과 함께 교직 기피 현실을 부각하고, 응시자 수 급감과 교사 이탈률 증가를 우려했다. '현재의 교직 생활에 만족한다.'고 응답한 이가 겨우 20% 남짓이라는 통계도 함께 실었다.

하지만 나는 기사 내용보다 '6등급도, 7등급도 합격한다.'라는 문장에 오래 머물렀다. 교육대, 사범대 인기가 떨어지니 어중이떠중이까지 다 지원하고 있다는 말처럼 들렸기 때문이었다. 6등급 아이들이 노력하지 않고 성실하지 않고 끈기가 없다는 것을 어떻게 증명할 수 있는가? 나는 그 아이들도 악조건에서 필사적으로 노력하는 것을,

상대평가이기 때문에 누군가는 그런 결과를 받아야 한다는 것을 경험으로 알고 있다.

그들에게는 교사 자격이 없다는 말인가? 1, 2등급은 되고 6등급은 안 된다는 믿음은 어디서 온 것인가. 우리는 서울법대, 하버드 졸업생들이 권력의 중심에서 세상을 병들게 한 장면들을 수없이 보아왔다. 학벌주의가 만들어낸 엘리트 괴물에 대한 선망을 언제까지 반복할 것인가.

내가 교단에서 가장 견디기 어려웠던 학생은 오히려 '공부만' 잘하는 아이들이었다. 자기밖에 모르는 아이들, 성적만을 기준 삼아 모든 것을 용서받는 아이들, 그들을 뒷받침하는 학부모의 맹목적 신뢰는 더 무서웠다. 앞만 보고 달리는 아이들은 주변을 살피지 않았다. 자신의 공부를 방해하는 모든 것을 적대시하는 아이들이 괴물처럼 느껴질 때도 많았다.

물론 공부 잘하는 아이들이 모두 이기적인 것은 아니다. 교육대나 사범대를 지원할 아이들이라면 대부분 예비 교사로서의 인성을 갖춘 경우가 더 많다. 우리나라 입시 시스템에서 공부를 잘하기 위해서는 등하교는 물론이고 학원 시간에 맞춰 부모가 픽업해 주는 일을 일상적으로 누려야 가능하다. 그 아이들은 할 수 있다는 믿음 아래 자신의 목표를 성취하기 위해 노력했고, 또 학부모는 그 자녀를 위해 몸과 마음으로 헌신했다.

문제는 그들이 만나는 학교 현장이 늘 모범생으로 자라온 교사들에게 익숙한 환경은 아니라는 것이다. 온실 속 화초처럼 공부에만 집중했던 교사일수록 불행한 아이들이 되쏘는 공격을 감당하기 어렵다. 자칫 먼저 상처받고 밀어낼 수도 있다. 거기에 젊은 교사들을 '자식을 안 키워봐서 뭘 모른다.'라며 무시하는 학부모도 부지기수다. 학부모 갑질이 예사인 현실에서 교사도 유리병처럼 쉽게 깨지는 존재가 된 것이다.

물론 학교붕괴를 교사의 자성(自省) 없이 근무 환경 탓으로만 돌릴 수는 없을 것이다. 진상 학부모나 막돼먹은 아이들 못지않게 문제 교사들도 있는 게 현실이니까. 귀하게 자라 자기밖에 모르는 이기심은 아이들뿐만 아니라 학부모들, 젊은 교사들 모두에게 나타나기 때문이다.

1, 2등급을 받을 만큼 '공부도' 잘하면 좋겠다. 하지만 세상의 많고 많은 욕망 중 '공부까지' 잘하기란 얼마나 어려운 일인가. 공부 말고도 세상에는 중요한 일이 얼마나 많은가. 놀아본 선생님이 노는 아이들을 이해할 수 있고, 불우한 환경에서 어렵게 교단에 선 선생님이 불우한 아이들에게 희망을 주는 모델이 될 수 있다. 그러기 위해서는 교사에게도 다양한 층위의 경험과 내공이 필요하다.

6등급이면 어떻고 7등급이면 어떤가. 사 년간의 교직과정을 성실히 이수하고, 현장에서 아이들과 함께 부딪히며 배우고 자라나는 교사라면, 성적보다 훨씬 중요한 것을 갖게 된다. 그들이 가진 다양한 실패의 경험과 상처 극복 과정은 생생한 교육으로 아이들에게 부드러움과 포용심으로 스며들 것이다.

그것이야말로 갈수록 다변화되는 아이들과 교육 현장을 지킬 방법이 될 것이다. 그들이 겪은 다양한 삶의 부침(浮沈)들로 한껏 넓어진 품으로 학생들을 포용할 때 교육의 효과가 배가될 것이다. 서울대 나온 교사가 더 잘 가르치고, 지잡대 나온 교사가 더 못 가르치는 것을 나는 본 적이 없다. 오히려 그 반대를 자주 목격했을 뿐이다.

; 교사가 정치에 개입한다고?

평생 여고에서 교사로 근무하며 장애인, 채식주의, 기후 위기, 동성애, 페미니즘, 차별 금지법 같은 소수자 이슈를 아이들과 자연스럽게 이야기할 수 있었다. 그런데 남녀공학 고교로 일 년 동안 순환 근무를 나갔을 때는 달랐다. 문학 수업 중 젠더 이슈로 논의가 흐르자 한 남학생이 번쩍 손을 들고 말했다.

"군대도 안 가는 여자들한테 투표권을 왜 줍니까? 군대 갔다 오면 여자들보다 늦게 취업 준비하게 되잖아요. 그거 역차별 아닙니까?"

교실이 술렁이기 시작했다. 아이의 말에 동조하는 남학생들이 많았다. 나는 멍해졌다. 순간적으로 입이 얼어붙어 버린 것 같았다. 어떻게 해도 이들을 설득하기 어렵겠다는 열패감이 들었다. 이 교실에서 아이들과 논의를 이어갈 자신이 없었다. 나는 이 학교에 단 일 년만 근무하는 '외부인'이었기 때문이었다. 파문을 일으키는 게 두려웠다.

　최근 정치적으로 보수화되어 가는 젊은 남성들에 관한 이야기는 매체에서 많이 접했지만, 막상 교실에서 학생들 입을 통해 맞닥뜨리자 난감하기 이를 데 없었다. 어디서부터 어떻게 접근해야 할지 당황스러웠다.

　사람들은 문제가 생길 때마다 교육을 향해 묻는다.
　"학교는 도대체 뭐 하고 있었나?"
　"교육이 이렇게 중요한데, 교사는 왜 제 역할을 못 하나?"

　맞는 말이다. 하지만 지금의 교육 환경에서 과연 교사가 '제 역할'을 할 수 있을까? 최근 학교 현장은 이미 '극우 알고리즘'에 깊이 침윤되어 있다. 사회나 역사 수업에서 민감한 이슈를 꺼냈다간, 곧바로 민원에 시달리기 일쑤다. 교장실로 불려가고, 지역 맘카페에 교사의 실명이 거론되며 '마녀사냥'이 시작된다. 인터넷에서 짓밟히고 짓밟히다 만신창이가 되면 결국 입을 닫아버린다. 교사에게 부과된 '정치적 중립'이라는 이름의 족쇄가 굳건하기 때문이다. 이런 상황에서 교사들에게 아이들의 '극우화'를 막지 못한 책임을 지우는 건 너무 가혹하지 않은가?

아이들도 혼란스럽기는 마찬가지다. '김구가 중국 사람이냐?'고 묻고, '계엄령이 뭐냐?', '내란은 뭐냐?'라는 궁금증을 갖고 있지만 교사에게 묻지 않는다. 부모에게도 묻지 않는다. 대신 인터넷 영상이나 쇼츠 같은 다양한 미디어를 통해 왜곡된 관념 그대로 받아들이곤 한다.

그러잖아도 교실은 이미 조롱과 혐오, 차별과 낙인의 놀이터가 된 지 오래다. 또래 문화에 편승하지 않으면 따돌림을 당하기에, 동조는 일종의 생존 전략이 되었다. 아이들은 앞다퉈 혐오를 '퍼포먼스'처럼 과시한다. 경쟁하듯 더 센말을 던진 아이가 영웅이 되는 구조. 이런 현실에서 교사의 손발을 묶어 놓고 '교육이 문제'라고만 할 것인가? 중앙대 김누리 교수는 《경쟁교육은 야만이다》라는 자신의 책에서 이렇게 말한다.

"교사에게 정치적 시민권을 복원해야 한다. 교사는 지금 정치적 금치산자다. 정치적 표현이 금지된 교사가 정치적 미숙아를 교육하는 기괴한 일이 학교에서 벌어지고 있다."

과장이 아니다. 교사는 어떤 정치적 의견도 자유롭게 표현할 수 없지만, 학생들은 이미 정치적 판단의 중심에 서 있다. 학교는 민주주의 교육을 표방하지만, 정작 민주주의 토론은 없다. 이런 공간은 파시스트를 양산하기 좋은 공간이라는 것이다.

그렇다면 교사가 '정치적으로 개입'한다는 건 어떤 모습일까? 그건 결코 특정 이념을 주입하는 게 아니다. 다양한 의견이 안전하게 충돌할 수 있는 구조를 만드는 것, 학생 스스로 생각하고 질문할 수 있도록 수업을 설계하는 것, 그것이 교사의 정치적 개입이다.

예를 들어보자. 특정 주제를 제시하고 찬성과 반대 입장을 개진하게 한 다음, 입장을 바꿔 다시 주장을 만들어보게 한다. 그 과정을 통해 상대를 이해하고, 자신의 논리를 재점검하게 한다. 일방적인 설득이나 강요가 아닌, '역지사지 공존형 토론'을 통해 민주주의 시민의식을 길러주는 것이다. 교사와 학생 간에도, 교사와 교사 간에도, 서로를 논객으로 인정하고 토론하면 된다. 교사는 더 나은 수업 내용을 설계하기 위해 연수에 참여하고, 토론 기법을 익히고, 수업 형태를 고민한다. 그렇게 얻은 단단한 민주시민으로서의 각성이 아이들을 건강하게 끌어안으려 애쓰게 하는 것이다.

물론 쉬운 길은 아니다. 하지만 언제까지 이대로 손을 놓고 있어야 하나. 아이들의 머릿속에 자리 잡은 왜곡된 인식, 깊숙이 침투한 혐오의 언어를 교정해야 한다. 그러려면 교실에서부터 정면으로 마주해야 한다. '스스로 생각하는 힘'을 길러줘야 한다.

한국 사회는 그 어느 나라보다 높은 민주주의 의식을 갖고 있다. 그러나 정작 그 민주주의가 자라야 할 교실에서는 여전히 교사가 침묵을 강요당하고 있다. 이제는 교사의 정치적 시민권을 회복시켜야 할 때다. 그래야만 교실이 살아나고 우리 아이들이 건강해진다.

독일의 '보이텔스바흐 합의'를 참고할 수 있다. 독일의 민주시민 교육 원리에 대한 '최소 합의의 최대 의의' 방식인데, 학교 교실 수업에서 지켜야 할 보이텔스바흐 합의는 다음과 같은 세 가지 원칙으로 이루어져 있다.

첫째, 어떤 수단을 통해서든 학생들에게 특정한 견해를 주입하면 안 된다는 강압 금지 원칙.
둘째, 학문과 정치에서 논쟁적인 것은 수업에서도 논쟁적으로 다뤄야 한다는 논쟁 재현 원칙.
셋째, 학생들이 특정한 정치적 상황과 자신의 이익을 분석하고 자신의 이해관계에 비추어 주어진 정치 상황에서 영향력을 행사할 수 있는 수단과 방법을 찾을 수 있어야 한다는 이해관계 인지 원칙.

보는 바와 같이 보이텔스바흐 합의는 복잡하거나 난해하지 않다. 민주시민 교육의 '내용'이 아니라 '방법'에 대한 최소 합의이기 때문이다. 그래서 가치관과 이해관계가 다른 사람들도 얼마든지 합의할 수 있다. 1990년 독일 통일 이후, 독일은 변화된 정치 사회 환경에 맞게 사회통합 차원에서 '민주시민교육', 바로 '정치교육'(Politische Bildung)을 강화해 왔다.[5]

---

5) 《보이텔스바흐 합의와 민주시민교육》 심성보, 이동기, 장은주, 케르스틴 폴. 2018. 북멘토 刊 참고

5교시

교사와 작가 사이

수업 목표 ;
글쓰기에는 치유의 힘이 있어서

; 내 불행도 '재산'이 될 수 있다면 (1)

아이가 나를 찾아온 것은 대학 수학능력시험을 앞둔 어느 가을 날 오후였다.

"선생님……."

누군가 옷깃을 잡아당기는 듯한 느낌에 뒤를 돌아보니 아이가 주뼛거리며 서 있었다.

"시간 있으세요? 선생님이랑 이야기 좀 하고 싶어서요."

아이의 흐릿한 눈빛에 가슴이 덜컥 내려앉았다. 안색부터 살폈다. 아이는 어색하게 웃으며 내 눈길을 피했다.

흠, 그러면 언제가 좋을까. 나는 시간표를 찬찬히 훑었다.

"넌 보충수업이랑 야자를 안 하니까 오늘 저녁 시간에는 안 되겠고, 내일 7교시가 자습 시간이니까 그때가 좋겠다. 어때? 괜찮니?"

"네, 그럼 내일 다시 올게요."

아이는 곧바로 몸을 돌렸다. 피하려는 눈치가 역력했다. 나는 아이의 등에 대고 다급하게 물었다.

"참, 대학원서는 어떻게 했니?"

아이가 난감한 얼굴로 돌아보았다.

"저 대학 안 가요. 할아버지가 돈 없대요."

아이는 대충 눈인사만 하고 교무실을 빠져나갔다. 나는 한동안 아이의 뒷모습을 물끄러미 바라보았다.

아이는 나와 문예반에서 두 해를 함께 지냈다. 고등학교에 입학한 지 두어 달이 지났을 무렵, 담임이 학교생활에 의욕 없이 무기력하게 지내는 아이를 내게 데려왔다. 어린 시절부터 행방을 알 수 없게 된 부모 대신 기초생활수급자로 지정된 할아버지와 단둘이 살고 있다고 했다. 담임은 아이를 잘 보살펴달라며 부탁하고 돌아갔다.

그즈음 선생들끼리 문제 학생에 대해 이런저런 이야기를 나누다 종국에는 내게 시선을 보내곤 했다. 그들이 말하는 문제아의 대부분이 내가 지도하는 문예반에 속해 있었기 때문이었다. 왜 그 아이들이 문예반으로 모이는지는 나도 모를 일이었지만, 선생들은 지도하기 힘든 아이들을 무람없이 껴안고 간다며 나를 '문제 학생의 대모(代母)'라고 불렀다. 농담인 줄 알지만 나 또한 그 말이 싫지 않은 게 어쩐 일인지 사연 많은 아이들의 눈빛에 속수무책으로 끌린다는 거였다.

어찌어찌 글로 끄집어낸 그들의 아픔에 공감하며 쳐부수어야 할 세상의 원흉들을 향해 함께 으르렁거리다 보면 나는 어느덧 그들의 아군이 되어 있었다. 그러는 동안 아이들은 자신의 상처를 내보이는 데에 주저하지 않게 되었고 타인의 상처에도 관대해졌다. 아이들은 동아리 시간을 끝내고 교실로 돌아갈 때마다 입시에만 골몰하는 급우들을 눈 아래로 내려다보며 누구도 짐작하지 못할 세상에 편입된 듯 그들만의 유대감에 가슴 벅차했다. 나도 그들과 비밀조직의 일원이나 된 듯 의리와 연대를 나누고 즐겼으니 그보다 더 좋을 순 없었던 거다.

처음 아이는 동아리 과제물을 제출하지 않았고, 모둠별 활동에도 참여하지 않은 채 구석에서 내내 졸다가 그림자처럼 사라지곤 했다. 나는 아이의 담임에게 상세한 이야기를 들었던 터라 그저 지켜보기만 했다.

그러던 아이가 문예반 아이들의 진솔한 글쓰기에 마음이 동했는지 2학기에 이르러서는 눈빛이 점차 살아났다. 문예부장이 사회를 보고, 모둠별로 아이들의 작품을 토론해 전체 아이들과 나누는 학생 중심의 수업에 드디어 아이가 반응하기 시작한 것이다. 눈빛에 힘이 실리며 말소리가 점점 또렷해졌다. 아이는 더 이상 졸지 않았다. 날마다 지각하고 결석하던 아이가 어김없이 동아리 시간에 맞춰 등교하니 아이의 담임은 어쩐 일이냐고 묻기까지 했다.

2학년 때는 아이가 제 발로 문예반에 가입했다. 후배들을 모집하는 홍보 일에도 기꺼이 앞장섰다. 나는 그런 아이가 대견하고도 반가워 모둠장을 맡겼다. 아이의 활동이 점점 활발해졌다. 후배들에게 자신의 주장을 또렷하게 제시하며 의연하게 모둠을 이끌어갔다. 창작 과제물도 성의껏 써서 냈다.

아이가 쓴 글은 세상에 대한 비관으로 가득 차 있었다. 죽음과 피의 이미지로 가득한 글을 읽을 때마다 나는 끔찍한 아이의 내면을 보는 듯 망연해지곤 했다. 글은 앞뒤 없이 거칠었지만 정제되지 않는 원석처럼 에너지가 충만했다. 아이의 숨겨진 열정이 느껴졌다.

나는 아이의 글에 칭찬을 아끼지 않았다. 아이가 웃었다. 내가 그때껏 본 아이의 표정 중에서 가장 환한 웃음이었다. 그렇게 2학년을 마치고 3학년으로 올라간 이후 나는 아이를 다시 보지 못했다. 3학년은 과중한 입시 부담으로 인해 동아리 활동이 자습으로 대체되기 때문이었다.

그 사이 일 년이란 시간이 흘러버린 것이다.

아이는 무슨 일로 나를 찾아왔을까. 대입 원서까지 마감된 지금, 대학을 가지 않는다면 아이는 무슨 재미로 교실에 앉아 있는 걸까? 아이와 이야기를 나누기 위해서는 마음의 준비가 필요했다. 아이의 현재를 알고 싶었다. 아이의 담임을 찾아가 근황을 들었다.

다음 날 나는 도서실 책상을 사이에 두고 아이와 마주 앉았다. 아이는 손을 가늘게 떨고 있었다. 나는 먼저 만나자고 했으면서도 한

마디도 꺼내지 못하고 있는 아이를 바라보다 가만히 손을 잡았다.

아이의 손은 찼다. 손을 잡힌 아이는 쑥스러운 듯 나를 향해 웃었다. 눈은 웃는데도 눈빛은 여전히 흐릿했다. 그러자 아이를 너무 오랫동안 잊고 살았다는 자책감이 밀려왔다. 일 년이 다 되도록 한 지붕 아래 살면서도 어떻게 지내는지도 알지 못했다니. 아이 반에 수업을 들어가지 않은 탓이라고 변명해 봤지만 무거운 마음은 여전했다. 눈에 안 보이면 마음마저 멀어진다는 말이 그제야 실감이 났다.

"밥은 먹고 다니니?"

"아침은 빵이나 우유 같은 거 사 먹고 점심은 학교에서 급식 먹어요."

눈에 힘이 없어서인지 2학년 때의 화사함은 찾아볼 수 없었다.

"오후에 집에 가면 뭘 하면서 보내니?"

"아무것도 안 해요."

나는 고개를 끄덕이며 혼잣말로 중얼거렸다.

"대학에 안 간다면 공부하는 애들 옆에 있기 힘들 텐데······."

"원서는 썼는데 할아버지가 공장에 가라고 해서······. 면접은 안 갔어요."

"그래도 면접은 봐야 하지 않았을까? 혹시 모르잖아."

"자꾸 '현실을 직시해야지', '꿈에서 깨야지' 하는 말만 생각났어요. 막연하게 꿈만 꾸다가 말면 너무 허망하잖아요."

나는 아이의 얼굴만 물끄러미 바라볼 뿐 아무런 대답도 할 수 없었다. 멍한 눈으로 일과가 끝나기를 견디는 아이의 모습이 아프게 그려졌다.

"어렸을 때부터 돈 없으면 아무것도 못 한다는 것을 너무 잘 아니까 '어떻게든 할 수 있겠지.'라는 생각을 못 하겠어요."

"그러면 할아버지 말씀대로 공장에 가는 건 괜찮겠니?"

"어차피 돈을 벌어야 하니까요."

"몸도 안 좋은 것 같은데 공장에서 돈 버는 일은 할 수 있겠어?"

"제가 진짜로 해보고 싶은 건 글쓰기예요. 학교 공부는 재미없지만 글쓰기 공부는 제대로 배워보고 싶어요. 글을 쓰고 싶은데 공부가 제대로 안 되어 있으니까요."

나는 고개를 끄덕였다. 그렇겠지.

"친구들은 대학 가서 공부하는 동안에 공장에서 일해야 한다고 생각하면, 어차피 돈은 벌어야 하는 거지만, 공장엘 가야 돈을 버는 거지만……."

하고 싶은 게 아무것도 없다고 말하지 않는 게 다행스러우면서도 가슴이 아팠다.

"대학도 돈이 있어야 가는 거라는 건 알아요."

아이는 대학 강의실에서 마음껏 글쓰기 경험을 누려보고 싶은 거였다. 물론 대학에 간다고 해서 다 해결되는 것은 아니지만, 가지 않은 길에 대한 아쉬움을 평생 가슴에 안고 살아가야 하는 삶도 끔찍하긴 마찬가지다.

"선생님께 여쭤보고 싶은 게 있어요."

나는 바짝 긴장한 채 아이의 다음 말을 기다렸다. 나를 만나자고 한 이야기가 나올 차례였다.

"선생님은 제게 글을 쓸 수 있는 재능이 있다고 생각하세요?"

아이가 내 눈을 똑바로 바라보며 물었다. 아이의 목소리가 또렷하고 분명했다.

"내게 재능을 물었니?"

"네."

"그러면 대답하기 전에 하나만 묻자. 너는 왜 글을 쓰고 싶은데?"

"선생님처럼 되고 싶어요. 공부를 못해서 학교 선생님은 되지 못하겠지만 글을 쓰는 사람이 되고 싶어요."

아이의 눈빛이 뚜렷해졌다.

"언젠가 선생님께서 저희에게 말씀하셨잖아요. 글을 쓰는 사람에게는 고통마저 '재산'이 된다고요. 제게 넘치도록 많은 것은 고통이에요. 하지만 그것뿐이에요. 글을 쓰려고 하는 제게 재능이 없다면 무슨 소용이에요? 게다가 돈이 없어서 대학도 가지 못하는데 재능도 없이 막연하게 꿈만 꾸는 거라면 빨리 포기하려고요."

아이가 나를 만나려고 한 목적이 이거였구나 싶었다. 희미해져 가는 빛, 아이는 그걸 붙잡고 싶은 거였다. 아이는 내게 묻는 게 아니었다. 자신이 살아야 할 이유를 찾고 싶은 거였다. 망설일 필요가 없었다. 아이가 원하는 게 무엇인지를 안 이상, 사위기 전에 어서 그 불씨를 되살려 주어야 한다고 생각했다. 아니 적어도 그렇게 느꼈다.

"세상에는 엄청난 재능을 갖고 있는데도 닦지 않는 사람이 있고, 재능이라곤 눈곱만큼도 없는데도 열망 하나로 버틴 사람도 있어. 누가 더 나을까."

"물론 재능이 있으면서 열망도 있으면 좋겠죠."

"천만에, 두 가지를 다 가진 사람은 세상에 없어. 네가 보는 나도 마찬가지야. 내가 조금이라도 뭔가를 이뤄낸 사람처럼 보인다면, 그것은 재능 없이 열정 하나로 버텼다고 말할 수 있지."

아이의 눈빛이 깊어졌다. 어느 순진무구의 눈빛이 이처럼 처연할까.

"선생님이 작가시니까 선생님의 객관적인 판단을 듣고 싶었어요."

나는 길게 한숨을 내쉬었다.

"내가 글을 써보겠다고 생각하고 지금껏 살아오는 동안 떨쳐내지 못한 콤플렉스 중의 하나는, 재능도 없는 데다 살아온 삶 또한 지극히 평범했기에 고통이라는 재산도 없다는 사실이었어. 그래서 늘 작가로서 자격 미달이라고 생각했지."

아이와 나는 한숨을 공유하며 꿈결 같은 이야기를 이어나갔다.

"네 불행한 삶은 너의 잘못이 아니야. 네가 아픔을 겪는다면 그건 너를 둘러싼 세계의 시스템과 어른들의 잘못이다. 어린 네게 무슨 잘못이 있겠니? 드러나지 않지만 우리 주변엔 너처럼 아픈 사람도 적지 않을 거야. 네 고통에 공감할 사람이 세상에 적지 않다는 이야기지.

게다가 글쓰기의 가장 큰 힘은 글 쓰는 사람 자신을 먼저 치유하고 구원한다고 믿어. 그것이 독자의 공감으로 이어지지. 너에겐 터져 나오지 못한 무언가가 화산처럼 웅크리고 있잖아. 그런 이야기를 꺼내지 못해 늘 답답하잖니? 그걸 터놓을 수만 있다면 좋겠다고 생각하지? 네 글이 너를 구원하고 또 누군가를 위로할 수 있다면 얼마나 좋은 일이겠니?

나는 네 글을 읽을 때마다 다듬어지지 않는 원석이라 느꼈어. 그 안에 화산 같은 열정이 숨겨져 있다고 말이야. 그러니 너는 내게 '재능'을 묻지 말고 너 자신에게 '열정'을 물어라. 얼마나 쓰고 싶은지. 그런 다음에 네가 가고 싶은 곳을 향해 끝까지 밀고 나아가렴.

여기서 포기하면 넌 다시 일어나기 힘들지도 몰라. 나쁜 년이 되어야 해. 할아버지에게 입학금만 내달라고 말해 봐. 나머지는 네가 해결하겠다고 말이야. 옛날에 돈이 없는 집에서 아들만 가르치고 딸은 공장으로 많이 보냈지만, 끝까지 버틴 년들은 어떻게든 다 졸업했단다. 그러니 너도 포기하지 말렴. 지금 포기하면 너는 '고졸자'가 되는 거지만, 어떻게든 입학금을 내면 '대학중퇴자'가 될 수 있어. 중간에 그만둬도 이력서에 '대학중퇴자'로 쓰게 되는 거야."

아이가 고개를 들고 나를 쳐다보았다.

"이력서에 고졸자로 쓰고 싶니? 대학중퇴자로 쓰고 싶니?"

나는 숨을 몰아쉬었다.

"대학중퇴자요!"

아이의 눈빛이 빛났다. 대학 문턱에 들어설 수만 있다면 어찌어찌 졸업 때까지 버텨낼 수 있을지도 모른다고 생각했다.

"그러면 입학금만이라도 준비해 보는 거야. 다음은 그때 또 생각하고. 어떤 식으로든 돈 될 수 있는 일을 찾아보자. 지금 당장이라도 좋고."

"예전에 어느 어플 통해서 돈 받고 그림 그려주는 일을 한 적이 있어요."

"좋아, 그렇게라도 시작해 보자. 할아버지가 대주시면 더 좋고. 나도 너를 도울 방법을 찾아볼게. 힘을 내자. 잘하면 끝까지 갈 수도 있잖니?"

"네. 선생님. 할아버지께 꼭 부탁해 볼게요. 어떻게든 말해 볼게요. 나쁜 년이 되어도 좋아요."

나는 아이의 손을 잡았다. 손은 더 이상 떨지 않았다. 아이는 인사를 하고 돌아섰다. 나는 멀어져가는 아이의 뒷모습을 바라보며 오래오래 서 있었다. 복도를 휘돌고 가는 늦가을 바람이 몹시 차가웠다.

; 내 불행도 '재산'이 될 수 있다면 (2)

미혼모로 딸 하나를 낳은 엄마는 게임에 미친 아빠에게서 도망쳐 미국으로 가버렸고 어린아이는 보육원에 버려졌다. 아이는 엄마의 얼굴을 기억하지 못한 채 버려졌다는 상처만 가슴에 새겼다. 이를 불쌍히 여긴 할머니가 아이를 데려다 키웠지만, 폐지수집으로 자신을 돌봐주던 할머니마저 돌아가시고 나자 아이는 다시 보육원으로 보내졌다. 말이 없고 극도로 사람을 피하게 된 아이는 아이들로부터 왕따를 당하고 걸핏하면 두들겨 맞곤 했다.

그러다 다시 아빠 집으로 돌아오게 되었지만 아빠는 게임에 빠져 아이를 방치했다. 초등학교 4학년 때 일 년 동안 아이는 학교도 안 가고 집에 버려진 채 은둔하며 지냈다. 아빠는 그마저도 못 키우겠다고 생각했던지 아이를 다시 보육원에 맡겼다. 중학교를 졸업할 무렵 외할아버지가 보육원에 있던 아이를 데려와 함께 살게 되었다.

아이는 고등학생이 되었지만 모든 일에 흥미를 잃은 터라 지각과 결석을 밥 먹듯 반복했다. 어쩌다 학교에 와도 수업 시간 내내 잠만 잤다. 할아버지는 이른 새벽에 택시 운전을 나가는 상황이라 밥을 챙겨줄 여력이 안 됐다. 아이는 아침은 빵으로 때우고, 점심은 학교 급식으로 해결했다.

어느 날 담임이 학교생활에 흥미를 잃은 아이를 문예반에서 받아달라며 데려왔다. 뒤늦게야 담임 손에 이끌려 문예반에 입성한 후에도 아이는 여전히 무기력한 생활을 반복했다. 그런 모습이 딱해 아이와 마주 앉은 담임은 문예반 숙제를 하느라 날을 샜다는 이야기를 듣고 곧장 내게 달려왔다.

"도와주세요. 아이가 좋아하는 선생님이 관심 가져주시면 어떨까요?"

깜짝 놀랐다. 문예반 숙제란 소설도 쓰고 시도 쓰고 수필도 쓰는데, 아이가 딱히 글을 잘 쓰는 것은 아니지만 열심히 참여하는 모습이 좋았기에 그때까지도 학교 적응에 어려움을 겪고 있을 줄은 생각지도 못했다. 담임이 내 손을 꼭 잡더니 아이가 지금껏 살아온 이야기를 해줬다. 어떻게 해도 안 되니 마지막이다 싶어 내게 도움을 요청하는 것 같았다.

고민이 됐다. 내가 아이에게 무슨 이야기를 할 수 있을까. 자신의 과거에 대해 아는 체를 하면 부담스러워할 듯했다. 나는 자연스럽게 아이에게 접근해 관심사를 묻고 이런저런 책을 빌려주면서 조금씩

친해졌다. 그러던 어느 날 기회가 왔다. 아이가 버려진 기억밖에 없는 자신의 상처를 털어놓으며 울기 시작했다. 칼로 그은 흉터가 빼곡한 손목을 보여주면서.

가슴이 먹먹해졌다. 아이가 원하는 것이 한 가지라도 있다면, 그것이 내가 할 수 있는 일이라면 꼭 들어주고 싶었다. 다행히 아이는 내 호의를 거절하지 않았다.

강아지를 키우고 싶다고 했다. 강아지가 아니어도 좋으니 뭐든 '품에 안을 수 있는' 것이면 좋겠단다. 강아지 사료는 자기가 아침에 먹을 빵과 우유값을 모으면 사줄 수 있다고 하면서.

그때부터 '강아지 구하기' 미션이 시작되었다. 지인들에게 수소문해 열흘 만에 강아지를 구한 나는 아이를 만나 건네줄 수 있었다. 아이는 연신 행복한 얼굴로 웃었다. 아이는 강아지 이름을 미리 생각해 왔는지 그 자리에서 '달'이라고 붙여주며 좋아했다.

태어난 지 한 달이 된 강아지는 순하고 예뻤다. 외로운 아이에게 갔으니 사랑을 듬뿍 받으면서 살 수 있을 것이다. 아이에게 '품에 꼭 껴안을 수 있는' 누군가가 생긴 것이니 얼마나 다행스러운 일인가.

며칠 뒤 복도에서 마주쳤을 때, 아이는 '달'이 들어간 이름표를 손목에 걸고 있었다.

"선생님, 달이 요즘엔 제 말도 알아들어요. 잠잘 때는 제 이불 속으로 푹 들어온다니까요. 얼마나 사랑스러운지 몰라요."

아이는 수줍게 웃었다.

; 내 불행도 '재산'이 될 수 있다면 (3)

저, 아직 살아있어요!

일요일 저녁 어스름. 날이 어두워지고 있었다. 책 읽기도 싫고, 영화 보기도 싫고, 음악 듣기도 싫어 그저 무료하게 창밖을 내다보다가, 문득 며칠 전부터 마음에 걸려있던 과제 하나를 해결하기로 했다.
"뭐하니?"
아이에게 전화했다.
"그냥 있어요."
"밥은?"
"아직요."
"잘 됐다. 얼른 와라. 같이 먹자."

아이는 곧장 도시를 가로질러 달려왔다. 차가운 바람을 맞은 탓인지 아이의 볼이 빨갰다.

고등학교에 '학업 숙려제'라는 게 있다. 이러저러한 이유로 학교에 다니기 힘든 아이들이 이 프로그램을 이용해 무사히 졸업할 수 있도록 지원하는 제도다. 아이도 그랬다. 어려서부터 부모에게 버려져 기초생활수급자인 할아버지와 사는 아이는 보육원에도 들락거릴 만큼 불안정한 어린 시절을 보냈다. 그런 탓인지 유독 자살 충동이 강했고 습관적으로 자해를 하는 바람에 손목이 상처 투성이었다.

아이가 몇 번의 학업 숙려제를 거쳐 간신히 받았던 고교 졸업장이 무슨 소용일까. 대학 진학을 포기한 아이는 졸업과 동시에 곧 집안에 처박혔다. 몇 날 며칠이 지나도 집 밖으로 나올 일 없는 아이의 얼굴은 음지식물처럼 시들했다. 졸업을 시키는 것만이 능사가 아니었던 거다.

어쩌다 전화를 해보면 너무 맥이 없어 불러내 밥을 먹이고 차도 마시며 이야기를 나누는데, 그때마다 손목에 새로 생긴 불그스름한 주저흔이 눈에 띄어 가슴이 먹먹해지곤 했다. 정기적으로 정신과 진료를 받아야 하는 아이는, 아르바이트를 하려 해도 소득이 생기면 병원비 지원을 못 받는 탓에 이러지도 저러지도 못한 형국이었다. 아무런 꿈도 희망도 없는 아이는 자신의 생일날을 D-day 삼아 곶감 빼먹듯 목숨을 세고 있었다. 아이만 생각하면 금방이라도 나쁜 소식이 들려올까 봐 무서웠다.

그러던 어느 날이었다. 우연하게도 나는 아이의 카톡 프로필에 올라와 있던, 계좌번호가 찍힌 통장 사진을 발견했다. 나는 아이가 세상을 향해 간절히 손을 내밀고 있다고 느꼈다. 일정 금액을 다달이 송금하기 시작했다. 그러는 동안 아이의 생일이 지나갔다. 아이가 훗날 내게 말했다.

"너무 힘들어서 계좌번호를 올리긴 했지만, 아무도 반응이 없고 어쩐지 구걸하는 것 같아서 바로 내렸어요."

아이는 잊힐 만하면 꼭 전화를 걸어왔다. 그럴 때마다 나는 아이의 목소리가 반가워 껴안을 듯 전화를 받았다. 요즘 뭐해? 밥은 잘 먹어? 병원에 잘 다니고 있지? 그러고 나면 달리 할 말은 없었지만, 나는 아이의 말 속에 담긴 뜻을 이해했다.

'선생님, 저 아직 살아있어요!'

우리는 식탁 앞에 마주 앉았다. 과연 아이는 잘 먹었다. 눈빛을 반짝이고 얼굴에 생기가 도니 본래 저렇듯 예쁜 얼굴이었던가 싶었다. 아이는 얼마 전부터 '취업 성공패키지'라는 직업학교에 다니고 있다고 했다. 아이가 드디어 세상으로 나와 햇빛을 보는구나, 싶어 너무나 반가웠다.

차를 마시는 동안 아이는 신용불량자인 탓에 딸 명의로 휴대폰을 개설해 통신비를 연체하고도 카드를 빌려달라고 불쑥 연락하는 아빠, 무조건 자격증을 따야 한다고 쉴 새 없이 보채는 할아버지 흉을 한아름 쏟아낸 뒤에야 자리에서 일어섰다. 아이가 탄 버스를 향해 손을 흔들다 돌아서는데 찬바람이 목덜미 안쪽으로 깊숙이 파고들었다. 온몸이 으슬으슬 떨렸다.

첫 월급

전화가 왔다.
첫 월급 탔으니 내게 밥을 사고 싶다는 아이의 전화였다.
지난번 취직 소식을 전해 주던 아이에게 지각하면 안 된다고, 그것만 잘 지키면 된다고 신신당부했는데 벌써 한 달이 지난 것이다. 고등학교만 겨우 마친 채 밤낮을 바꿔 은둔형으로 살아가던 아이가 기초생활수급자 대상의 직업교육을 받고 중소형마트 광고 현수막을 제작하는 업무에 투입된 것이다. 잘 됐다고 축하하면서도 나는 아이가 직장에 얼마나 다닐지, 잘 적응할 수 있을지 걱정부터 앞섰다.
그런 아이가 기어이 한 달을 버티고 밥을 사겠다고 하니 얼마나 반갑던지. 많지 않은 월급을 받고도 곧장 나를 소환해 낸 그 마음에 감격스럽기까지 했다. 마치 빨간 내복을 선물 받은 부모가 된 기쁨이랄까.

밥을 먹는 동안 아이는 끝없이 상사의 흉을 늘어놓았고, 나는 맞아, 맞아, 하며 실컷 맞장구를 쳐주었다. 오랫동안 은둔하며 살아온 아이에게 문제가 없을 리 없을 테지만, 지금 아이에게 필요한 것은 무조건의 지지일 터였다. 나는 아이에게 한 달을 더 버텨주기를 바라는 마음으로 다음 달 밥은 내가 사겠다고 제안했다. 아이가 고개를 끄덕였다. 틈만 나면 그어댄 탓에 불긋불긋하던 주저흔이 어느덧 흉터만 남긴 채 아물어가고 있었다.

우리는 다음 날 출근을 핑계 삼아 자리에서 일어났다. 버스에 탄 아이는 손을 흔들며 시야에서 점점 멀어졌다. 나는 아이가 사라진 곳을 향해 한참을 서 있었다. 이 광포한 세상에서 부디 잘 견뎌주기를 기원하면서.

선생과 어버이 사이

밤늦은 시간, 휴대폰이 울렸다.
"선생님, 저 OO이에요."
"아, 웬일이니?"
가슴이 쿵 내려앉으며 걱정스러운 마음이 앞섰다. 가끔이나마 전화는 내가 할 뿐, 아이가 먼저 연락하는 경우는 거의 없었기 때문이었다. 얼마 전 아이가 카드회사 콜 센터에 취직해서 일하고 있다는 소식을 들은 터였다. 건강이 안 좋은 데다 극심한 우울증으로 은둔하듯 살아가는 모습이 안타까웠기에 아이의 취직 소식은 그저 반갑기만 했다.

하지만 콜 센터가 어떤 곳인가. 나는 아이가 겪을 극심한 감정 노동을 걱정하며 단속하기에 바빴다. 그런 아이가 밤늦게 전화했으니 가슴이 내려앉을 수밖에.

"무슨 일 있니?"

"내일이 어버이날이라서요."

이게 웬 말인가. 한순간 멍했다.

"갖고 싶은 거 있으면 말씀해 주세요."

가슴이 벅차올랐다. 내 목소리가 방방 떴다.

"그래, 네 선물 받아보자. 차 한잔!"

"만나서요?"

"네가 시간 되면."

"저는 시간 돼요."

"그럼 만나야지. 밥은 내가 살게."

아이는 이제 이십 대 중반의 나이가 됐다. 나와 만난 지 어느덧 십 년의 세월이 흐른 것이다. 여전히 콜 센터에 다니고 있으니 마음이 놓인다. 많지 않은 보수라 홀로서기를 하는 데 어려움이 적지는 않겠지만 그래도 고정적인 월급은 아이의 정서 안정에 큰 도움이 될 것이다.

아이는 내 청소년 소설 《사춘기 문예반》의 주인공이다. 책을 받고 뛸 듯이 기뻐하며 친구들에게 자신이 주인공이라며 자랑하던 아이다. 모티브를 가져왔을 뿐 가공의 소설인데도 어쩐지 나는 아이의 삶에 깊이 개입해 버린 느낌이다. 이 정체 모를 책임감은 어디서 오는 걸까.

; 재능보다 '공감'

　　예술영재교육원에서 문예창작 수업을 한 지 수년째다. 중학생을 대상으로 일 년 동안 진행되는 이 수업에서 나는 맨 마지막 순서인 창작 실기를 맡았다. 수업 장면 중 하나를 떠올려보자면 대략 이렇다.

　　첫날은 글쓰기 이론에 관해 대략적으로 설명한 다음, 내가 준비해 간 학생의 작품으로 합평을 했다. 고등학생이 자신의 중학생 시절을 회상하며 쓴 글이었는데, 평소 마음공부를 하는 아버지의 온화하고 따뜻한 인품을 존경해 오던 화자가 어떤 일을 계기로 아버지의 위선과 허상을 발견하게 된다는 내용이었다. 사춘기의 나이답게 아버지와 한 치 물러섬 없이 맞서는 과정에서 화자의 아픔과 절망이 생생하게 드러나 공감을 샀다. 마침내 화자는 자신이 그토록 존경했던 아버지 또한 결점을 가진 보통의 인간임을 아프게 수긍함으로써 세상의 모든 아버지에게 연민을 가질 수 있게 되었다고 고백했다.

아이들의 반응은 뜨거웠다. 어떻게 부모와의 갈등을 여과 없이 드러내는 글을 쓸 수 있는지 용기가 대단하다는 것이었다. 아이들은 감상을 나누다가 본격적으로 토론을 시작했는데, 마지막에는 '우리가 믿는 인간에 대한 존경과 예찬은 대부분 허상인 경우가 많으며, 그것을 깨뜨렸을 때 비로소 인간에 대한 깊이 있는 이해에 도달할 수 있다.'라는 결론에 이르렀다. 나는 이 글이 마중물이나 된 듯 '내 인생에 가장 크게 영향을 미친 사건'을 주제로 글을 써오라고 과제를 냈다.

아이들은 난감한 표정을 지었는데, 고작 14~16년을 살아온 자신들의 삶에 얼마나 대단한 사건이 있겠느냐는 거였다. 나는 '크고 대수로운 일만 글감이 되는 것은 아니다. 소소한 것일지라도 주변의 것들에 감응한 적이 있다면 얼마든지 가능하다.'라며 설득했다. 아이들은 마지막까지 고개를 갸웃하는 듯했지만, 집에 돌아가서는 지금껏 한 번도 펼쳐본 적이 없는 깊은 속내를 실타래처럼 풀어냈다.

글은 놀라웠다. 중학생 나이라곤 믿기지 않을 만큼 묵중한 고통의 무게가 얹혀 있었기 때문이었다. 읽는 내내 가슴이 시렸다. 깊은 밤, 엄마를 짐승처럼 두들겨 패던 아버지는 동생과 자고 있던 아이의 방에 엄마를 끌고 와 '바람난 여자의 얼굴이니 똑바로 봐둬라.'라고 외쳤다. 덜덜 떨며 어린 동생을 껴안고 있던 아이는 그들의 자식이라는 게 혐오스러워 죽고 싶었다고 썼다.

다음 글도 마찬가지였다.
부모의 이혼으로 외조부 댁에 얹혀살게 된 아이는 밤마다 돈 벌러 나가는 엄마를 위해 이부자리를 펴놓았지만, 아침까지 그대로일 때가 더 많았다고 했다. 할아버지는 밤낮없이 술에 절어 지냈는데 취할 때마다 아이를 불러 앉히고는 '네 엄마 인생을 망친 게 너다, 너를 임신하지 않았으면 그따위 결혼은 하지도 않았을 거다.'며 야단을 쳤다. 아이는 점점 볼펜 끝이나 교통카드 모서리, 면도칼 등 잡히는 대로 자신의 손목을 긋기 시작했다. 집안 불행의 원흉인 자신이 저주스러워 견딜 수 없다고 했다.

글을 읽은 아이들은 말을 잃었다. 익명으로 쓴 글이기에 누구 것인지 알 수 없었지만, 방송드라마에나 나올 법한 이야기가 함께 떠들고 웃던 친구들 사이에 숨어 있었다는 사실만으로도 충격을 받기에 충분했다. 그렇다면 세상에는 우리가 모르는 아픔이 얼마나 많이 숨겨져 있는 걸까.

잠깐의 침묵이 흐른 뒤 한 아이가 지친 얼굴로 말했다.
"선생님, 우울한 내용은 그만 해요. 너무 힘들어요……."

나는 고개를 끄덕였다. 누구나 밝고 긍정적인 에너지를 받고 싶은 게 인지상정이니까. 어쩌면 아이들의 글이 자신의 내면에 든 또 다른 슬픔을 불러오고 있는지도 몰랐다.

"그래, 다음 시간엔 밝은 글로 골라보자."

아이가 안도한 듯 웃었다. 나는 실내를 한번 돌아본 뒤 말을 가다듬었다.

"그런데 있잖아. 한번 생각해 보자. 너희들이 보기에 교과서에 실린 작품 중에 기쁜 이야기가 많아, 슬픈 이야기가 많아?"

"슬픈 이야기요."

"왜 그럴까?"

생각을 모으는 듯 아이들의 이마에 주름이 졌다.

"왜 다들 외롭다, 아프다, 슬프다고 징징대는 이야기들뿐일까?"

아이들이 슬그머니 웃었다.

"내 생각엔……."

나는 잠시 말을 멈췄다. 아이들이 다음 말을 기다리며 나를 바라보았다.

"부처가 '삶은 고해(苦海)다.'라고 말했듯, 우리의 삶이 본래 그렇다는 거지. 그런데도 나만 빼고 세상 사람들이 다 잘사는 것처럼 느껴지는 건, 기쁨은 과시하고 슬픔은 숨기려 하기 때문이지."

아이들이 묵묵히 고개를 끄덕였다.

"그러므로 우리가 문학 작품을 읽는 건 어쩌면 세상에 널린 게 슬품이고, 곳곳이 지뢰밭이라는 것을 확인하는 과정인지도 몰라."

아이들의 표정이 점점 깊어졌다.
"난 이 글을 쓴 아이들에게 꼭 말해 주고 싶어. 너희들의 잘못이 아니라고, 그건 아이들을 둘러싼 세계의 모순, 어른들의 잘못이지. 그러니 고통 앞에 부끄러워하지 말자는 거다. 작가가 되기를 꿈꾸는 사람이라면 더더욱 말이다.

글쓰기의 힘은 먼저 글 쓰는 사람을 치유하고 구원하는 데 있다고 믿어. 글쓰기를 통해 자신을 객관화하고 자기 정화에 이르게 되지. 그런 연후에 독자에게 가 닿는다고 말이야. 그렇게 우리는 글을 통해 서로에게 공감함으로써 마침내 연대감을 가지게 되지. 혼자가 아니라는 든든한 위로의 힘으로 세상을 버텨가게 되는 거야.

고통을 겪어본 사람이 타인의 고통을 더 잘 이해할 수 있는 거라면, 글을 쓰는 사람에겐 고통은 오히려 '재산'이 될 수도 있겠지. 물론 불행해야만 작가가 될 수 있는 건 아니야. 중요한 것은 슬픔에 공명할 줄 아는 감수성, 말없이 곁을 지켜주는 자세, 그게 바로 작가의 덕목이라는 거지.

그러니까 너희가 정말 작가가 되고 싶다면, '재능'이 아니라 '공감'에 대해 먼저 물어라. 부족한 재능은 열정으로 채워갈 수 있지만, 인간에 대한 깊은 공감이 없다면 글 쓰는 자격을 갖췄다고 할 수 없을 테니까."

;내면의 근육을 다지는 '독서'

 어릴 적, 엄마는 아랫목에 시루를 앉히고 틈날 때마다 바가지로 물을 부어 콩나물을 길렀다. 옆에서 잠이 들면 꿈결처럼 머리맡에서 물 빠지는 소리가 쫄쫄쫄 들려오곤 했다. 어느 날 아침, 엄마는 일터로 나가면서 콩나물시루에 물 주는 일을 내게 맡겼다.
 "시간 맞춰 물 주는 거 잊지 말아라."
 나는 건성으로 대답하고 곧 친구들과 골목에서 신나게 놀았다. 금세 하루해가 저물었다. 그제야 엄마의 당부를 떠올린 나는 허겁지겁 집으로 달려가 밀린 숙제하듯 시루에 물을 부었다.
 하지만 웬걸~~
 물은 붓자마자 금세 밑으로 빠져나가 버리고 없었다. 콩나물은 여전히 목이 마른 듯 고개를 빳빳이 들고 있을 뿐이었다. 겁이 났다. 엄마의 꾸중을 떠올린 나는 물을 붓고 또 부었다. 퍼붓듯 흠뻑 줘도

물은 흔적도 없이 사라져 버렸다. 지쳐버린 나는 바가지를 부엌 바닥에 던져 버렸다. 바가지 깨지는 소리가 요란했다.

'이를 어째!'

누가 볼까 얼른 깨진 바가지를 주워 찬장 깊숙이 숨겨놓고, 만화책 몇 권을 품에 안은 채 벽장 속으로 숨어들었다. 귀퉁이가 너덜너덜해질 정도로 읽은 책이었다. 엄마가 돌아오시기 전까지, 나는 조마조마한 마음으로 만화책에 코를 박고 있다가 어느새 잠이 들었다.

얼마나 지났을까. 벽장문을 열어젖힌 엄마가 나를 흔들었다. 이미 밖은 어둠에 잠겨 있었다.

"이 녀석! 너 잃어버린 줄 알고 얼마나 찾았는지 알아?"

그 순간 숨겨둔 깨진 바가지가 떠올라 가슴이 철렁 내려앉았지만, 천연덕스럽게 눈을 비비며 벽장에서 내려왔다.

방으로 막 내려서는데 엄마가 아랫목에 놓인 콩나물시루를 들여다보며 중얼거렸다.

'우리 새끼들, 얼마나 컸나 한번 볼까?'

담요 사이로 콩나물 줄기가 살짝 내다보였다. 나는 믿기지 않아 몇 번이나 눈을 비벼야 했다. 콩나물이 쑥 자라 있었으니까!

물은 다 빠져나가도 콩나물이 자라는 것처럼, 어린 시절 닥치는 대로 읽었으나 지금은 작가도, 책 이름도, 내용도, 등장인물도 기억나지 않는 책들을 통과하며 나는 쑥쑥 자랐다.

그렇게 자라 국어 교사가 된 나는 여전히 책 읽기를 멈추지 않았다. 퇴근한 뒤엔 저녁을 먹고 어김없이 도서관으로 갔기 때문이다. 가벼운 차림으로 마실가듯 시작된 도서관행은 수십 년 동안 오래오래 이어졌다. 그곳에 막 도착해서는 자판기 커피를 뽑아 창밖의 불빛을 바라보며 커피를 마신다. 가로등 불빛 아래 시나브로 붉어가는 도서관 마당의 가을 나무를 바라본다. 일과를 끝내고 숨을 가지런히 고르는 아주 고즈넉한 시간이다.

자리에 앉아서는 못다 읽은 신문이나 책, 시집이나 잡지를 읽는다. 이런저런 낙서를 하기도 한다. 꽉 찬 일과로 쌓여 있던 피로와 저녁밥을 먹은 안온함까지 겹쳐 눈꺼풀이 내려앉기도 한다. 엎드려 잔다. 잘된 냉난방 시설과 정숙한 도서관의 실내 환경은 독서에 몰두하게 만드는 필요충분조건이다. 좌우 두어 뼘 칸막이 책상에 고개를 들이밀고 책 읽기에 몰입하다 보면, 내 영혼은 손바닥만 한 책상의 크기와는 비교도 할 수 없는 무한지대로 여행을 떠나게 된다.

상상의 세계는 얼마나 크고 넓은지. 고개를 숙이고 책에 빠져들면, 좁은 칸막이 책상은 금세 우주로 확장된다. 한순간에 내 의식을 이끌고 현실 세계를 가뿐히 넘어선다. 사람들이 나이가 들어갈수록 현실을 건조하게 느끼는 것도 바로 이런 상상력 고갈 때문이리라.

간혹 휴대폰의 진동음이 들려오기도 하고, 책장 넘기는 소리, 의자 삐걱거리는 소리도 들리지만 그런 소음으로는 내 몰입을 방해하지 못한다. 철학자 움베르토 에코가 쓴 《장미의 이름》에서 '내 이 세상 도처에 쉴 곳을 찾아보았으나 마침내 찾아낸, 책이 있는 구석방보다 더 나은 곳은 없더라.'라고 읊조린 글귀를 발견할 때면, 나의 책 읽기에 든든한 지원군을 얻은 것 같아 더욱 반갑다.

손만 뻗으면 되는 도서관 서가에는 언제라도 튀어나와 나와 마주 앉을 동서고금의 현인들이 대기하고 있다. 나를 만나기 위해 여기까지 온 그들이 가슴에 번호표를 매단 채 불러주기만을 기다리고 있다는 생각이 든다. 나는 차례로 불러낸 그들과 마주 앉아 조곤조곤 이야기를 나눈다. 그들은 내게 자신의 한평생의 역작인 순결한 지식과 영혼을 건네고, 나는 그들의 이야기를 들으며 희열에 빠진다. 몰입하는 순간의 기쁨은 사랑에 빠진 연인의 심정과도 다르지 않다.

그럴 때 내 우주는 도서관을 중심으로 돌아간다. 생애 처음 광활한 세상과 마주친 어린아이의 심정 같다고나 할까. 한 권의 책을 펼칠 때마다 낯선 여행지에 들어선 여행자처럼 기쁘고 설렌다. 그렇게 나는 책을 통해 세상과 만나고 저자와 만난다.

저자의 이야기에 연방 고개를 끄덕이다가, 감탄하다가, 질문하다가, 메모하다가, 기뻐하다가, 감동하다가, 의분에 떨다가, 슬퍼하다가……. 정신을 차리면 한숨이 난다. 왜 난 이렇게 쓰지 못할까. 좋은 문장에 줄을 긋고, 몇 번씩 음미하다 옮겨 적는다. 그것만으로는 성에 안 차 찢어서 씹어 먹고 싶은 심정이 된다. 영양분이 내 몸 안으로 들어가 피가 되고 살이 되었으면 좋겠다. 희열을 동반한 충만감은 몇 끼의 식사로도 바꾸고 싶지 않을 정도이다.

책을 덮고 도서관을 나서는 늦은 밤, 거리는 고요하다. 바람이 불면 노랗고 빨간 낙엽이 머리 위로 흩날린다. 그럴 때마다 읽던 책의 문장들, 잊고 있던 사람들의 안부, 구상 중인 소설의 주인공까지 줄줄이 호명돼 나온다. 그들과 조용히, 나란히 걷는다. 그러다 불현듯 걸음을 멈춘 채 휴대폰에 메모를 남기기도 한다.

어떤 사람은 아무리 치장하고 꾸며도 자신감이 없어 보이고, 어떤 사람은 전혀 꾸미지 않았는데도 강렬한 아우라를 발산한다. 그 사람이 가진 슬기와 지혜, 당당한 자존감, 자신만의 개성은 어디에서 올까? 자신의 눈과 귀가 양질의 에너지를 흡수하면서 얻은 인간과 세상에 대한 깊은 이해에서 비롯된다. 자신만의 방식으로 세상과 만나는 내공에서 우러나오는 힘이다.

오랜 운동이 몸의 근육을 만들듯, 내면에도 근육이 필요하다. 근육이 단단한 사람은 쉽게 흔들리지 않는다. 그런 사람이 건강한 사람이다. 튼튼한 내면의 근육을 갖는 것이야말로 세상을 살아가는 힘을 축적하는 일이다. 책을 읽은들 다 잊어버리는데 무슨 소용이냐고 묻지 마라. 콩나물 항아리의 물은 다 빠져나가지만 콩나물은 쑥쑥 자라지 않던가?

물론 청소년들에게는 독서만 고집할 수는 없다. 책을 읽는 일뿐만 아니라 질 좋은 체험을 다양하게 해보는 일, 멘토가 될 만한 사람들을 많이 만나는 일, 두렵고 낯선 세상 속으로 기꺼이 여행을 떠나보는 일, 자신의 내면을 들여다보며 성찰의 시간을 갖는 일까지, 물이 되고 햇볕이 되고 바람이 되고 거름이 된다. 이 모든 일이 하루하루 나를 키웠다고 생각한다.

; 열정이 재능이다

'열정이 재능이다.'는 문예반의 모토다. 글 쓰는 동력은 재능이 아니라 열정임을 강조하기 위해서 설정한 문구다. 나는 교사로 사는 내내 아이들과 글쓰기를 함께 했다. 그것은 소설가이자 교사인 내게도 함께 성장하는 기쁨을 주었다. 그 경험을 토대로 청소년 소설 《사춘기 문예반》을 쓰기도 했다. 아이들과 함께 글을 쓰고 이야기를 나누는 순간만큼은 선생과 제자가 아니라, 같은 길을 걷는 '도반(道伴)'이 된다.

몇 년 전, 지인들이 모인 자리에서 문예반 지원자가 너무 많아서 고민이라고 했더니 사람들이 깜짝 놀라며, '문학의 종언(終焉)'이 회자되는 이 시대에 지금까지도 문예반이 남아있느냐고 물었다. 우리 학교 문예부가 이토록 성황을 이루고 건재한 것은 매번 학년 초가 되면 문예부원들이 열성적으로 1, 2학년 교실을 찾아다니며 문예반 입당을 홍보하기 때문이다.

"담당 선생님이 소설가야. 우리는 수업 시간에는 절대로 배울 수 없는 걸 공부하지. 재미있냐고? 당연하지! 말로는 다할 수 없는 속엣이야기를 글로 풀어내 공감하고 이해하기 때문에 선, 후배 간의 우애도 돈독해. 물론 활동은 쉽지 않아. 자습은 꿈도 못 꾸고, 과제도 많지. 그걸로 문집도 만들거든. 그것뿐인 줄 알아? 해마다 유명 작가를 초청해서 '작가와의 대화' 행사도 해. 고생은 하지만 얻는 것이 더 많다고. 못 쓴다고 걱정하지 마. 여기는 잘 쓰는 사람보다 '잘 쓰고 싶은 사람'을 반기는 곳이니까. 문예반은 공부와 시험에 치이는 너희들에게 출구이자 힐링의 시간이 되어줄 거야. 그러니 직접 와서 벅찬 감동을 느껴봐!"

쉰 명이 넘는 지원자가 왔다. 수업이 이루어질 도서실 좌석은 마흔 개. 부족한 의자는 열람실에서 가져왔다. 도서실은 시작도 하기 전에 꽉 차 있다. 가슴이 답답해진다. 숫자가 많으면 작품을 꼼꼼히 봐주기 어렵기 때문이다. 소수정예를 주장하는 이유다. 나는 숨을 크게 몰아쉰 다음 천천히 입을 연다.

"애들아, 여기는 시험이나 성적 올리는 것과는 거리가 먼 곳이야. 일 년 내내 자습 한 번 안 하거든. 숙제도 엄청 많아. 게다가 난 숙제 안 하는 꼴은 또 못 보거든. 수업은 5분 전에 시작하니 미리 와 대기하고 있어야 해. 아주 힘든 방학 숙제도 있어. 그러니 자신 없는 사람은 지금 나가주면 좋겠어. 원하는 동아리로 들어갈 수 있도록 도와줄게."

엄포를 놨다고 생각했는데 오히려 희소가치만 높인 꼴이 됐다.

"각오하고 왔습니다!"

어쩌면 좋아. 웅성웅성. 수업하기 힘들다. 목도 아프다. 작품을 써 내라고 해서 예심을 치를까. 지켜보다 적응하지 못한 아이들 삼진아웃으로 걸러낼까. 머리를 싸매고 고민을 하게 된다.

나는 그렇게 장차 작가가 되겠다는 아이들과 일주일에 한 번씩 만나 밤을 새워 써 온 글을 읽고 감상을 나눈다. 충만함과 경이로움으로 반짝이는 아이들의 눈빛을 마주할 때면 덩달아 행복해진다. 그들의 재능을 탓하지 않는다. 끝까지 쓰는 사람이 재능 있는 사람임을 누구보다 잘 알기 때문이다.

문예반을 이끄는 동력은 역시 아이들의 열정이다. 인문계 고교의 꽉 짜인 일정 속에서도 아이들은 밤을 지새우며 필사하고 시와 소설을 써낸다. 합평 시간에는 가차 없는 비평을 토해낸다. 그러고도 모자라 점심시간마다 밥숟가락 놓기가 무섭게 학교 잔디밭을 어슬렁거린다. 약속이나 한 듯 문예부원들이 벤치 주변으로 모여든다. 그렇게 모인 아이들은 점심시간 내내 수다를 떨며 갈증을 털어낸다.

잔디밭에 우연히 나갔던 나를 보고 몰려든 아이들 때문에 당황한 적도 있다. '선생님도 나오세요.'라고 간청하기도 한다. 수시로 결석하던 아이가 동아리 시간 직전이면 어김없이 등교해 담임교사를 감격하게 한다. 연대와 다정으로 똘똘 뭉친 아이들은 자신들의 아프고 불안정한 마음을 글로 풀어내며 서로를 다독여 나간다.

불합리한 현실과 억압에 대해 목소리를 높이다 보면 동아리 시간은 금세 끝이 난다. 쉬는 시간을 쓰고도 모자라 다음 수업의 시작종이 울리고 나서야 뛰다시피 교실에 들어서는 아이들은 이미 열공 모드에 접어든 친구들에 눌려 살금살금 자신의 자리를 찾아간다. 중간고사가 보름도 남지 않았다는 D-day가 칠판에 적혀 있고, 수행평가 일정이 칠판 구석에 빼곡히 적혀 있다. 자습에 몰두하느라 숨소리 하나 내지 않는 친구들을 보며 아이는 가만히 의자를 당겨 앉는다. 흥분이 가시지 않는 가쁜 숨을 몰아쉬며 주위를 둘러보던 아이는 교실 풍경이 낯선 행성 같다고 느낀다. 다시 돌아가고 싶어진다. 일시적으로나마 숨구멍이 되어주었던 문예반은 아이들에게 단단한 해방구였던 것.

그런 문예반이 지금은 전국 학교에서 좀처럼 찾아보기 어렵게 됐다. 본격적으로 글쓰기를 공부해 작가가 되겠다는 아이들은 정규 수업이 끝난 후 시내에 있는 글쓰기 학원으로 간다. 글쓰기가 대학 특기자 전형의 도구로 전락했기 때문이다. 소논문, 독후감, 서평 쓰기 같은 글쓰기는 생활기록부 기록용으로 대체될 뿐이다. 입시에 치인

가쁜 숨을 고르고, 불안한 정서를 다독이며, 순수하게 내면을 토로하는 글쓰기가 학교 현장에서 불가능해진 것이다. 이런 상황이다 보니 지난겨울에 펴낸 문예반 문집인《열일곱 열여덟》의 의미는 대단히 크다. 나는 지도교사로서 그 책의 발간사에 이렇게 밝힌 적이 있다.

'해마다 문예창작과에 수 명씩 진학하는 학생들이 나오지만, 문예반을 지도하면서 유능한 작가로 키워내겠다고 욕심부린 적은 없다. 건축가와 간호사, 노동자와 교사, 상담사 등 어떤 직업을 가지더라도 자신의 일상을 자연스럽게 풀어내는 생활 속의 글쓰기를 바란다. 더하여 작품을 보는 눈을 길러 독자를 현혹하는 작가를 걸러낼 줄 아는, 엄정하고 수준 높은 독자가 되기를 바란다.

작가로 살아간다고 해도 마찬가지다. 자신의 글이 모든 독자를 만족시킬 필요도 없다. 내 글이 한 사람의 가슴을 어루만지는 데 그친다 해도 절대 하찮지 않다. 나는 백 사람이 한 번 읽고 던지는 글보다 한 사람이 열 번 읽는 글쓰기를 바란다.'

문예반은 곁에 있어도 내게는 늘 그리운 존재다. 어렸을 때부터 그토록 글을 쓰고자 열망했음에도 제대로 된 지도를 받아보지 못한 것은, 글쓰기에 관심이 있거나 직접 창작 지도를 해줄 교사를 만나지 못해서였다. 학교 현장에서 좀처럼 문예반 지도가 쉽지 않다고 입을 모으는 이유다. 머지않아 내가 퇴직하고 나면 우리 학교 문예반도 맡아줄 교사가 없다. 개교 때부터 이어온 문예반이 사라지고 말 것을 생각하면 안타깝기 그지없다. 하지만 나는 믿는다. 문예반은 사라진다 해도 아이들 마음속에 심어진 문예반 씨앗은 언제, 어디서든 반드시 꽃을 피울 테니까.

; 예비작가와 무명작가의 의기투합

때늦은 행운

나는 고등학교를 졸업할 때까지 글쓰기 지도를 받아본 적이 없다. 열망하던 대학의 국문과에 입학했을 때까지도 내 독서력은 너무나 가볍고 얕았는데, 입학 직후 터진 5·18은 내게 또다시 기회를 빼앗아 가버렸다. 배울 만한 교수는 모두 붙잡혀가고 없었다. 울분과 슬픔과 죽음에 대한 부채 의식에서 벗어날 수 없었던 당시의 광주에서, 대부분의 작가들은 사실상 절필 상태였다. 대학을 졸업한 이후에도 글 한 줄 쓸 수 없었던 나는 억압과 탄압보다 더 지독한 '자기 검열'의 덫에 오래오래 갇혀 살았다.

내가 글쓰기와 제대로 마주한 건 결혼하고 아이를 낳은 뒤였다.

국문과를 졸업하고도 제대로 글을 써본 적이 없던 나는, 사십이 넘어서야 문단에 이름을 내밀며 작가 활동을 시작했다.

학창 시절부터 품어온 글쓰기에 대한 열망을 제대로 펼쳐보지 못했던 나로서는, 창작에 관심을 가진 교사를 지렛대 삼아 꿈을 키워가는 아이들이 부러웠다. 어찌 보면 나 또한 학창 시절에 누리지 못한 열망을 이 아이들과 함께 털어내고 있으니 내 복은 뒤늦게야 이루어진 셈이다.

창작과 필사

일주일에 한 시간씩 진행되는 동아리 과제는 학기 중에는 순차적으로 시집 한 권씩 정해 놓고 다섯 편씩 노트에 필사해 오도록 한다. 오십 편까지 쓰면 다른 시인의 시집으로 넘어간다. 지금까지는 기형도, 나희덕, 김선우, 정현종, 황지우, 도종환, 김사인 시인 등 아이들의 선호도와 내 추천을 토대로 선정한 시집으로 필사를 했다.

문제는 방학 과제다. 여름방학 때는 오십 매 기준의 단편소설을 창작하거나, 창작에 자신이 없는 아이는 기성작가의 단편소설 여러 편 중에서 하나를 필사하도록 했다. 겨울방학 때도 마찬가지다. 단편소설을 창작하거나 두 권의 시집 필사 중에서 고르게 했다. 방학 과제로는 과중한 편이라 악명 높은 동아리이지만, 아이들의 불평은 찾아볼 수 없었다. 아이들은 개학 후 시험을 앞두고도 자신이 창작한 소설 합평을 고대하며 기다린다. 문예반에 시험대비용 자습이 없는 건 오랜 전통이었으니까.

원고지 백여 장을 훌쩍 넘기는 단편소설 필사는 방학 때면 학원과 과외 등 일과가 빽빽한 인문계 고교생에게 참으로 버거웠을 것이다. 물론 숙제를 안 해왔다고 야단치지는 않았지만, 다 해올 때까지 검사를 멈추지 않았기 때문에 어떻게든 완수했다. 작가가 되고 싶은 아이들이기에 다른 숙제를 제쳐두고 미리 해놓기 때문이지만, 제 발로 문예반을 찾아온 만큼 기꺼이 십자가를 매겠다는 남다른 의지와 각오의 결과이기도 했을 것이다.

매사 적극적이고 열심히 활동하는 아이일수록 글쓰기에 대한 투지도 강하다. 작품을 두고 서로를 의식하고 견제하는 눈빛은 어떻게도 설명할 길이 없다. 그렇게 졸업을 하고 나면, 열심히 공부했던 기억보다 열심히 필사하고 합평했던 기억이 더 남는다며 웃기도 한다.

방학 때 해왔던 소설 필사로는 오정희의 〈유년의 뜰〉, 김승옥의 〈무진기행〉, 이상의 〈날개〉, 신경숙의 〈풍금이 있던 자리〉 같은 작품들이 있다. 특히 조세희가 쓴 〈난장이가 쏘아올린 작은 공〉을 골랐던 몇 아이는 여름 내내 삼백 매가 넘는 중편 소설을 필사하느라 좀처럼 잊히지 않을 학창 시절의 추억을 만들었다고 웃었다.

"조용한 방에서 한 자 한 자 정성스럽게 쓰다 보니 오롯이 책의 내용에 빠지게 되더라고요."

"마치 제가 작품을 쓴 작가인 것처럼 느껴졌어요."

"천천히 문장을 곱씹으면서 행간의 의미를 깊이 생각하게 돼 좋았어요."

나는 문예창작을 전문적으로 가르치는 선생이 아니다. 어쩌면 열정만 가득할 뿐 어설프게 운영하고 있는지도 모른다. 게다가 필사를 두고 쓸모없다고 말하는 사람이 있다는 것도 안다. 대학입시가 바쁜데 자신의 자녀가 과중한 숙제에 매달리고 있다는 것을 학부모님이 알면 난리 경을 칠 일이다. 하지만 개학 이후 창작소설 합평에 들어갈 때마다 바짝 긴장한다. 칭찬과 조언을 곁들인 아이들의 눈이 어찌나 예리하고 정확한지 나도 깜짝깜짝 놀라곤 한다.

합평 풍경

1학년인 아이는 이런저런 시를 써서 날마다 나를 찾아왔다. 조언을 듣고 싶다고 했다. 상상력은 뛰어났지만 공허하고 관념적인 데다 응축되지 않은 탓에 잘 쓴 시라고 칭찬해 주기가 어려웠다. 낙심하지 않도록 말을 고르는 일이 갈수록 힘들었다. 아이는 그런 내 마음을 모르는지 지치지 않고 시를 내밀었다. 나는 견디다 못해 아이에게 동아리 회원들과 의견을 나눠보면 어떻겠냐고 합평을 제안했다. 눈높이가 비슷한 또래 아이들이 어떻게 생각할지 궁금했기 때문이었다. 아이는 조금 망설이는 눈치더니 이내 고개를 끄덕였다.

합평 시간, 토론이 시작되었다. 아이는 화면에 띄운 자신의 시를 또박또박 읽어 내려갔다. 〈의자〉라는 제목의 시였다. 의자의 기쁨, 의자의 슬픔, 의자의 외로움, 의자의 고통 등을 각 연에 담은 시였다.

"의자의 여러 측면을 오래 관찰하고 쓴 노력이 느껴지네요."

"의자에 대한 각별한 애정이 느껴져서 좋았어요."

"저는 한 연 한 연 읽을 때는 잘 썼다고 생각했는데, 전체적으로는 머리에 남는 게 없는데 왜 그러는지는 모르겠어요."

"의자의 다양한 측면을 다 담아서 그러지 않을까요?"

"내용과 형식이 기계적으로 나누어져 있어 그런지 틀에 박힌 느낌이 들어요."

발표를 듣던 아이의 표정이 점점 굳어갔다. 합평이 끝난 후 아이는 작품을 쓰게 된 자신의 동기나 의도를 설명한 뒤 지적해 준 점을 참고로 수정하겠다는 말로 끝을 맺었다. 자신의 자리로 돌아간 아이는 고개를 푹 숙이더니 이내 눈물을 닦아내기 시작했다. 나는 울고 있는 아이를 한동안 바라보다 조심스레 말을 꺼냈다.

"무엇보다 의자를 오래 관찰하고 애정을 보였다는 점에서 칭찬받을 만한 작품이야. 하지만 친구들도 지적했듯이 대상의 속성을 다 담으려는 건 자칫 추상과 관념이라는 함정에 빠지기 쉽다는 거지. 바늘로 여기저기 어설프게 찌르다 마는 느낌을 주거든. 그렇게는 독자에게 깊은 자극이나 감동을 주기 어려워. 기쁨이면 기쁨에 대해서만, 슬픔이면 슬픔에 관해서만 써야 해. 남들이 미처 생각하지 못한 나만의 발견, 삶의 비의(秘意)에 깊이 천착해야지. 그 한 가지에 대해 깊이 파고 들어가다 보면 어느 순간 수맥을 건드리게 될 거야. 한순간에 감동의 물이 솟구쳐 오르지 않겠니? 이처럼 글을 쓴다는 건 뻔한 이야기 주변을 맴도는 게 아니라, 바늘 하나로 땅속 깊이 감추어진 수맥(水脈)을 찾아가는 과정이라는 것을 잊지 마라."

아이는 눈물 젖은 얼굴로 가만가만 고개를 끄덕였다.

"너를 위로하지는 않겠다. 너의 눈물이 너의 열정을 증명하고도 남았으니까. 오늘의 가혹한 합평이 너의 글쓰기를 그만두게 만들기는커녕 오기를 더 불사르게 했으리라 믿는다."

수업은 끝났다. 언제나 느끼는 것이지만, 나는 조무래기 아이들 앞에서만 무게를 잡는다. 매사 이런 식이다.

"작가는 설명하거나 주장하는 사람이 아니라 질문하는 사람이라는 거다. 절대 잊지 마라."

엊그제 동아리 수업 시간에 한 말이다. 좋은 질문으로 독자들 스스로 좋은 해답을 찾아내도록 하라는 뜻이다.

'그렇게 멋진 말을, 내가?'

나도 실천하기 어려운 말을 감히 고등학교 문예반 학생들한테 선불리 꺼내다니! 그럴 때마다 무명작가는 혼자 민망해하며 중얼거린다. 말은 쉽지. 누가 모르나?

; 지금 여기, 돋아나는 새싹들

한 해를 마무리할 때마다 꼭 문집을 엮는다. 다양한 매체가 범람하는 시대에 인쇄된 문집이 대단해 보이지 않을 수도 있다. 그러나 위대한 인생도 시작은 언제나 미미한 법. 백일장에서 상 한 번 받아본 적 없던 내가, 활자화된 내 시를 처음 보았을 때 황홀을 느꼈던 것처럼, 우리 아이들도 마찬가지다. 문집에 실린 첫 글이 그들의 가슴에 일으킬 파동을 상상하는 것이다. 초등학교 때 급식소에서 열린 소박한 학예회 경험이 훗날 세계적인 콘서트홀이나 오페라 공연으로 이끌 수 있다고 믿기 때문이다.

누구나 사람은 제 안에 '씨앗'을 품고 태어난다. 물론 그 씨앗들이 모두 화려한 꽃으로 피어날 수는 없다. 세상은 저마다의 색과 모양으로 온 힘을 다해 피어난 꽃들로 더욱 풍성해지는 법이니까.

그러면 각자의 내면에 묻혀 있는 씨앗은 어떻게 발견되는가. 어른들은 자신의 아이가 좋은 경험을 할 수 있도록 자주 기회를 부여해야 한다. 아이들은 자신이 어떤 씨앗인지, 어떤 꽃을 피우고 열매를 맺게 될지 모르기 때문이다. 자신을 알아가기 위해서는 열정적이고 적극적으로 시도해야 한다. 경험을 하는 동안 가슴에 이는 파동을 진지하게 관찰해야 한다. 씨앗이 꿈틀거린 징후니까. 재미있는 걸 발견하면 한 번 더 해보는 거다. 또 해본다. 반복된 재미 속에서 씨앗은 꿈틀꿈틀하다가 마침내 껍데기를 깨고 싹을 내민다.

그때부터는 정성껏 가꾸어주면 된다. 물을 주고 거름을 주는 것은 본인의 노력이다. 새잎이 나오고, 꽃망울이 맺히고, 피어난 꽃들이 옹골찬 열매를 맺을 때까지 꾸준히 애써보는 거다. 한 사람의 일생과도 같다. 누군가는 장미로 피어나고, 누군가는 들판의 소박한 꽃으로 피어날 수도 있다. 중요한 것은 자신의 깜냥껏 꽃을 피워내는 것이다. 세상은 각자의 모양과 빛깔로 아름다워지는 것이니까.

겨울방학 직전, 문예반 문집 출간을 기념해 시내 청소년센터를 빌려 북콘서트 겸 자축연을 가졌다. 기말고사가 끝난 뒤, 호젓한 여유를 즐기며 서로의 작품을 낭독하며 덕담을 얹어주는 아이들의 얼굴에 뿌듯함이 가득했다. 졸업한 선배들이 찾아와 맛있는 걸 몽땅 사주면서 후배들을 축하하고 대견해 했다. 밤새 붙들고 썼을 서로의 글에 애정과 격려를 보탰다. 충만한 눈빛, 경이로운 표정. 아이들을 바라보는 순간, 나 역시 덩달아 행복했다.

  이 아이들은 머지않아 아름다움과 슬픔을 감지하는 예민한 촉수로 세상을 밝히는 사람이 될 것이다. 작가가 되지 않더라도 마찬가지다. 언제 어디서든 읽고 쓰는 사람으로 살아갈 것이다. 때때로 외롭고 쓸쓸한 삶의 구석에서 무릎이 꺾이고 벽에 부딪히기도 할 테지만, 그럴 때마다 글을 통해 길을 찾아갈 것이다. 혹시라도 재능을 탓하지는 않기를 바란다. 끝까지 써내는 사람이 재능 있는 사람임을 문예반 활동 내내 새겼을 테니까.

; 내 가슴에 한 떨기 꽃으로 남아

청소년 자살의 심각성은 어제오늘 일이 아니다. 청소년들만의 문제도 아니다. 누구든 사랑하는 사람의 갑작스러운 죽음은 남은 이에게 재난이 된다. 한창 예민한 청소년들에게 친구의 죽음은 말할 것도 없다.

얼마 전 아끼던 제자가 세상을 버렸다. 가슴속에 소용돌이가 일었다. 빈자리를 옆에 둔 친구들은 두 손에 얼굴을 묻었다. 나는 너무나 무력했다. 내게는 아이들의 눈물을 멈추게 할 힘이 없었다. 내가 할 수 있었던 것은 그저 마음껏 울도록 내버려두는 것뿐이었다. 울음만이 우리들의 마지막 이별 인사라도 되는 것처럼.

아이는 평소 글을 잘 쓰던 문예반 아이였다. 하얗고 예쁜 얼굴에 드리워진 엷은 우수. 말없이 짓는 아이의 미소에 가슴 설렜던 적이 얼마나 많았던가. 아이가 본격적으로 글쓰기 공부를 해보고 싶다며 시내 학원에 등록했다기에 격려해 주었다. 하지만 얼마 지나지 않아 학원을 그만두었다고 했다. 대학입시를 위한 특기자 대비반 수업 방식에 실망했다는 것이다. 선생이 고쳐 쓰다시피 한 원고로 공모전에서 상 받는 게 목표인 글쓰기는 하고 싶지 않다고 했다. 부족해도 자신만의 글을 쓰겠다고 했다.

아이는 틈틈이 쓴 원고를 가져와 내게 의견을 물으며 자신만의 포트폴리오를 만들어 나갔다. 나는 아이의 뛰어난 재능과 곧은 자세가 얼마나 부럽고 대견했는지 모른다. 제자가 아니라 도반을 얻은 기쁨에 마냥 설렜다. 학부모 총회 날이면 엄마의 손을 이끌고 제일 먼저 내게 달려오던 아이였다.

그런 아이가 도대체
왜? 왜? 왜?

또래들과 다른 눈높이를 가진 아이의 광대한 우주를 짐작해 내기에 내 촉수는 너무나 무디고 빈약했다. 고작 할 수 있었던 일은 아이의 지느러미가 마음껏 헤엄쳐나가도록 지지해 주는 게 전부였다. 세상은 아이를 품어주기엔 너무 좁고 부조리했다.

퇴근 후 장례식장을 찾았다. 하지만 끝내 안으로 들어가지는 못했다. 아이의 얼굴을 마주할 용기가 나지 않았다. 입구에서 한참을 서성이다 돌아섰다. 내키는 대로 걷기 시작했다. 발이 부르트도록 밤

길을 걸었다. 집에 이르는 길은 멀고 멀었다.

잠을 이루지 못하고 밤새워 뒤척였다. 창밖이 어슴푸레 밝아오고 있었다. 아이를 만나러 가야겠다고 다시 마음먹었다. 마지막 인사도 없이 헤어질 수는 없었다. 세수하고 옷을 갈아입는데 몸이 덜덜 떨렸다.

장례식장에 도착했다. 하지만 아이의 이름은 어디에도 없었다. 관리인에게 물었더니 지하 구석진 곳을 가리켰다. 조문객 하나 없는 빈소는 쓸쓸하기 이를 데 없었다. 어린 나이에 스스로 목숨을 끊은 사람에 대한 세상의 시선은 지극히 무겁고 비밀스러웠다. 마음 놓고 울지도 못하는 사람들의 낯빛은 어두웠고 말소리는 낮았다.

입구에서 서성이던 나를 알아본 아이의 엄마가 황망히 뛰어나왔다. 손을 부여잡더니 눈물부터 쏟았다. 엄마는 아이의 영정 앞으로 나를 이끌었다.

"미수야, 네가 좋아하는 선생님 오셨다……."

희고 순결한 사진 속 아이가 국화꽃 사이에서 수줍게 미소 지었다. 뜨거운 불덩이가 목젖을 찢고 올라왔다. 나는 불덩이를 꾹 삼켰다. 향을 피우고 국화를 헌화하는 동안 향불에 닿은 내 옷에 불이 붙었다. 아이 엄마가 놀라 황급히 옷자락을 흔들어 불을 껐다. 아이가 뜨거운 손길로 내 옷자락을 잡았던 것일까. 그렇게 믿고 싶었다.

꺾일 듯한 허리를 추스르며 간신히 장례식장을 나섰다. 온몸이 두들겨 맞은 듯 아팠다. 오한까지 덮쳤는지 몸이 계속 떨렸다. 택시를 탔다. 차창으로 햇살이 눈부시게 쏟아졌다. 나는 창에 기대어 눈을 감았다. 아이의 웃는 얼굴이 선명하게 떠올랐다. 넌 지금 어디에 있는 거니?

집에 들어서자 몸이 먼저 무너져 내렸다. 옷을 갈아입지도 못한 채 드러누웠다. 몸살이 시작되었다. 뜨거운 불길이 온몸을 휘돌았다. 통증이 어금니를 물게 했다. 입에서 신음이 비어져 나왔다.
수년이 지난 지금까지도 나는 아이의 전화번호를 지우지 못했다. 엄마의 옷자락을 잡고 서 있는 아이처럼 아이의 연락처는 제 엄마의 번호와 나란히 저장되어 있다. 산 자와 죽은 자의 공존이다. 무심코 번호를 볼 때마다 아이는 망각으로 무뎌지는 내 의식을 불러 세운다. 나는 그렇게 아이에게 호출되고 아이는 언제나 내 안에 있다.

6교시

나누는 즐거움

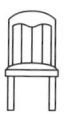

수업 목표 ;
작품에서 배우기

; 부모와 거리 두기

소설《벽장 속 남자와의 대화》, 이언 매큐언

여기 영원히 어른이 되지 못한 남자가 있다.

이언 매큐언의 소설《벽장 속 남자와의 대화》에 나오는 주인공이 바로 그다. 약간의 과장은 있지만, 이 소설에는 자녀의 모든 문제를 해결해 주려 애쓰는 이 시대의 '헬리콥터 부모'에게 던지는 뼈아픈 경고를 담았다. 자녀의 독립을 막는 진짜 장애물은 때로 부모 자신일 수도 있다는 이야기다.

소설 속 엄마는 아이가 태어나기 전 남편이 죽자, 아이에게 집착하기 시작한다. 엄마는 아이를 학교에 보내기는커녕 열일곱 살이 되도록 말도 가르치지 않고 스스로 대소변도 못 가리게 막고 턱받이를 해주면서 어린애처럼 키운다. 자신의 소유물인 아이가 어른이 되어 떠나게 될까 봐 수단과 방법을 가리지 않는 것이다. 하지만 엄마는 새로운 애인이 생기자마자 아이에 대한 집착을 놓아버린다. 엄마가 화장하고 데이트를 하러 나가면, 아이는 어두운 집에서 자신의 배설물 위에 드러누운 채 외롭게 시간을 보낸다.

마침내 요양원으로 보내진 아이는 그곳에서 겨우 말과 글을 배우고 사회화 훈련을 시작한다. 스물한 살이 된 그는 사회 적응 훈련을 받고 요양원을 나오지만, 여전히 사회 공동체 안에서 생활하는 데에는 실패한 채 사람들로부터 온갖 놀림과 수모를 당한다. 도덕, 규범 등 관계 형성을 위한 사회화를 전혀 익히지 못했던 그는, 마침내 도둑질을 하고 교도소에 갇히는 일을 반복한다. 사람들이 왜 엄마에게서 도망치지 않았냐고 묻자, 그는 다른 사람들이 자기를 어떻게 생각하는지 알기 전까지 자기는 전혀 불행하지 않았다고 말한다. 그는 엄마가 모든 것을 준비해 놓고 이유식을 떠먹여 주었던 과거를 그리워하며 스스로 벽장 속에 자신을 가두고 나오기를 거부한다.

"다시 한 살로 돌아가고 싶어요. 안 되겠지만요. 알고 있습니다. 전 자유로워지고 싶지 않아요. 그래서 길거리에서 마주치는 아기들이 부럽습니다. 이불에 싸인 채 엄마 품에 꼭 안겨 돌아다니는 모습이. 나도 그러고 싶어요. 난 왜 그럴 수 없죠? 왜 나는 왔다 갔다 일하러 가고, 식사를 준비하고, 살기 위해 수백 가지 일을 해야 합니까? 나는 유모차에 타고 싶어요. 늘 갇히고 싶어요. 작아지고 싶어요. 소음과 사람들로 둘러싸이는 게 싫습니다. 아무하고도 상관없이 어둠 속에 편안하게 있고 싶어요."

엄마에게 새로운 애인이 생겨 아이에 대한 집착을 놓아버린다는 것이 이 소설의 설정이지만, 현실적으로 부모의 죽음이나 이별 등 갖가지 예기치 못한 상황에 홀로 놓일 수 있다. 어른이 되지 못한 채 홀로서기에 실패한 사람이라면, 누구든지 사회의 질서에 편입되지 못하고 벽장 속에 숨어, 유모차에 탄 어린아이를 부러워하는 상황에 빠지게 되는 것이다.

사람과의 관계를 '끈'에 비유한다면 관계에는 적절한 길이 조절이 필요하다. 부모와 밀착된 유년 시절과 십 대, 이십 대에도 끈의 길이가 같을 수는 없다. 부모는 자녀가 나이를 먹을수록 넓은 세계를 향해 나아갈 수 있도록 끈을 늘여 주어야 한다. 불안한 마음을 접고 자녀의 성장을 바라봐 주어야 한다. 이 모든 것은 자녀에 대한 부모의 믿음과 확신에서 비롯된다. 아이들은 믿는 만큼 자란다. 부모의 믿음은 아이를 벽장에서 꺼내어 세상으로 이끄는 첫걸음이 된다.

… 나를 세상에 태어나게 한 부모님을 고소합니다
　영화 〈가버나움〉, 나딘 라바키 감독

　　몇 년 전, 소설가 몇이 모여 당시 화제였던 제주도 예맨 난민 수용 문제에 관해 의견을 나눈 적이 있었다. 그들의 정착에 국가가 어떤 결정을 해야 하는지 난상 토론을 벌였는데, 찬성 견해를 밝힌 나와 달리 나머지 두 사람은 우리나라 사람들도 살기 힘든데 어떻게 그들까지 돌봐주냐며 경제적, 정치적 이유를 들어 단호히 반대했다.
　　나는 절망했다. 그들의 주장이 틀려서가 아니라, 소설가들이었기에 절망했다는 게 맞을 것이다. 죄도 없이 척박한 현실에 내몰려 생존을 부정당하는 인간의 삶 앞에서, 적어도 소설가라면 그들이 인간다운 삶을 살 수 없는 데에 연민을 가져야 한다고 생각했기 때문이다. 물론 그들의 눈에는 내 생각이 현실 불가능한 몽상으로 보였을지도 모른다. 게다가 현실 사안마다 '소설가적 관점'으로만 풀 수 없다는 것도 안다.

그럼에도 세상에는 정치가의 역할이 있듯, 소설가의 역할도 있다고 믿는다. 전쟁이든 내전이든 인간의 존엄을 송두리째 짓밟는 현실 앞에서 개인이 인간답게 살아갈 수 있도록 시선을 보내는 것. 그 관심과 연민이야말로 소설가의 윤리라고 나는 믿는다.

그런 점에서 나는 영화 〈가버나움〉을 만든 나딘 라바키 감독의 메시지에 전적으로 동의한다. 2018년 칸 영화제 심사위원상을 수상한 이 작품은 레바논에 사는 난민들의 고통을 생생하게 재현해 낸 영화다. 등장인물 대부분을 실제 난민 중에서 캐스팅하였고, 특히 열두 살로 짐작되는 주인공 '자인' 역시 시리아 난민 불법 체류자다.

주인공의 실제 이름인 '자인 알 라피아'는 출생신고가 되지 않은 탓에 자신의 정확한 나이를 모른다. 학교에 다니는 대신 돈을 벌기 위해 동네 가게에서 심부름하며 생계를 돕는다. 여동생 '사하르'만이 그가 마음을 열고 의지하는 유일한 존재다.

어느 날, 자인은 여동생이 생리를 시작하게 됐음을 알게 된다. 가족들이 이 사실을 알게 되면 동생을 시집보내버릴 게 뻔했다. 못내 걱정이 된 자인은 이부자리에 묻은 피를 몰래 닦고, 슈퍼에서 생리대를 훔쳐다 주며 동생의 생리를 숨긴다. 하지만 그의 필사적인 노력에도 불구하고 부모는 여동생을 나이 많은 슈퍼마켓 주인에게 팔듯이 보내버린다.

더 이상 집에 있을 수 없게 된 자인은 가출한다. 자인은 버스 옆

자리에 앉은 스파이더맨 복장을 한 할아버지를 따라 놀이동산에 내렸다가 그곳에서 청소부로 일하는 '라힐'이라는 에티오피아 출신의 불법 체류자를 만난다. 그녀는 미혼모로서 어린 아들을 키우며 기한이 얼마 남지 않은 가짜 체류증을 새로 발급받기 위해 필사적으로 애쓰며 살아가고 있다. 하지만 브로커는 라힐에게 터무니없는 액수를 제시하며 돈이 없으면 아들을 내달라고 요구한다. 라힐은 브로커의 요구를 거절하고 계속 일을 하다 결국 붙잡혀 갇히게 된다.

라힐이 일하는 동안 아들을 돌봐주는 대가로 라힐 집에 얹혀살고 있던 자인은 소식이 끊겨버린 라힐을 대신해 필사적으로 아이를 키우지만, 결국 굶주림에 못 이겨 아이를 내주고 만다. 자인은 꽃 파는 노숙 소녀가 일러준 대로 스웨덴으로 가기 위해 출생신고서를 가지러 집을 찾았다가, 여동생 사하르가 죽었다는 사실을 알게 된다. 임신 출혈로 병원 문턱까지 갔으나 불법 체류자 신분이라 치료조차 받지 못한 채 숨을 거뒀다는 거였다. 그 길로 자인은 여동생을 죽게 만든 사하르의 남편을 찾아가 칼로 찔러 상해를 입힌다.

이 사건으로 자인은 감옥에 갇히게 된다. 자인을 찾아 감옥으로 면회 온 엄마는 '신은 하나를 뺏어가면 또 하나를 쥐여주신다.'라며 자신의 임신 소식을 알린다. 만약 다시 딸이 태어난다면 죽은 여동생의 이름을 대신 붙여주겠다는 엄마에게 자인이 말한다.

"아기를 낳지 마세요! 태어날 아기도 나처럼 될 거예요!"

자인은 재판정에서 절규하듯 말한다.

"부모님을 고소합니다! 저를 세상에 태어나게 해서요!"

흔히 사람들은 자녀에게 안전한 환경을 제공할 수 없으면 아기를 낳지 말아야 한다고 말한다. 충분히 책임지지 못할 줄 뻔히 알면서 아기를 낳는 것은 무책임한 행위라고 비난한다. 하지만 이 문제가 개인에 대한 비난으로 그칠 일인가? 아들로부터 고소당한 자인의 부모 또한 난민 처지에서 극한의 무능력과 무력감 속에 놓여 있기에, 그들 또한 시스템 바깥의 피해자일 뿐이다. 난민뿐만이 아니다. 세상의 가난한 여자들 대부분은 임신과 출산을 스스로 제어할 수 없을 만큼 열악한 환경에 놓여 있다. 이들은 출산을 억제하기 위해 목숨 걸고 불법 시술 등을 받다가 죽어가곤 한다.

"저를 태어나게 한 부모님을 고소합니다!"

절규하는 자인의 말 속에는 가혹한 환경에서 부모의 보호를 받지 못했던 자식의 원망이 담겨 있지만, 자인이 진짜 싸워야 할 대상은 자신의 부모가 아니다. 그것은 국민을 제대로 돌보지 못한 '국가'이며 '신'인 것이다.

우리나라에도 수많은 불법 체류자들이 열악한 환경 속에서 삶을 이어가기 위해 목숨 걸고 분투하고 있다. 그들은 국적이 없기에 이런저런 불법에 내몰려도 보호받지 못한다. 그들의 아이들 또한 영화 속 '자인'처럼 불모지에 내몰린 채 살아가고 있는 것이다.

가끔은 내게도 하루하루가 허접한 쓰레기 같다고 느끼는 순간이 있다. 그런 날엔 이 영화를 다시 보고 싶어진다. 최악의 상황에서도 자인이 보여주는 어린 생명에 대한 인간애와 책임, 끝까지 삶의 끈을 놓지 않으려는 숭고한 의지가 눈물겨운 감동을 준다. 영화 속 자인의 눈빛만 떠올려도 자꾸 무너지려는 등뼈가 곧추세워지는 것을 느낄 수 있으리라. 이내 우리는 자신의 무탈한 하루가 이들의 고통에 빚지고 있다는 사실을 알게 될 것이다.

*영화감독 '나딘 라바키'는 법정에서 나란히 앉은 변호사로 출연했다.

; 내 아이, 우리 아이들의 블랙홀

드라마 〈소년의 시간〉, 필립 바랜티니 감독

한 달에 한 번씩 시 모임을 하고 있다. 갈수록 시 읽기가 어렵게 느껴져 시작한 공부다. 매달 한 시인을 정해 두세 권의 시집을 함께 읽고 인상 깊게 읽은 시들을 골라 감상을 나눈다. 전국국어교사모임에 속한 팀이니 참여자들은 대부분 중·고등 국어 선생님들이다.

이야기는 모임 전, 서로의 근황과 안부를 묻는 자리에서 시작됐다.

"올해는 학교를 옮겨서 적응을 못 할까 걱정했는데, 다행히 예쁜 아이들을 만나 기쁘게 지내고 있어요."

다들 부러워하는 눈빛을 보내자 그는 쑥스러운 듯 웃으며 덧붙였다.

"작년에 워낙 힘든 일이 많아서 그런지 더 만족스러운 것 같아요. 아무래도 '손 복'이 좋았나 봐요."

'손 복'이란, 학년 초 반 배정 때 담임교사들이 아이들 명단이 담긴 봉투를 뽑는 걸 말한다. 겉에는 A, B, C, D 정도의 표기만 있어 어떤 아이들을 만나게 될지 알 수 없다. 봉투를 개봉하는 순간, 교사들 입에서 탄성과 비탄이 동시에 터져 나온다. 지난해 담임을 맡았던 교사에게 달려가 아이들의 상황을 묻기도 한다. 부러움과 걱정, 기대와 염려가 뒤섞이는 풍경이다.

모두 고개를 끄덕이며 부러워하는데 어디선가 깊은 한숨이 들려왔다.

"저는 두 달 반이 지난 지금까지도 여전히 헤매고 있어요. 말도 행동도 제멋대로인 아이들이 여럿이라 하루하루가 전쟁이에요. 근무 시간에는 아이들과 씨름하느라 바쁘고, 퇴근 후에는 학부모님들과 통화하느라 하루가 다 가요. 삼십 년 동안 교직에 있었지만, 이런 아이들은 처음이에요. 담임을 계속할 수 있을지 모르겠어요."

그의 눈빛이 어둡게 가라앉아 있다. 남의 일처럼 느껴지지 않아 모두의 표정이 무거워진다.

해마다 학급 분위기는 아이들 구성에 따라 달라진다. 어떤 해는 운 좋게 착한 아이들이 많이 모인 반을 맡을 수도 있지만, 그렇지 않은 해도 많다. 최근 들어 문제 행동을 보이는 아이들이 늘고, 학부모의 민원도 급증하면서 교사들의 대응도 점점 더 어려워지고 있다. 교사들이 아이들 지도에 무력감을 느끼는 것이야말로 학교 현장의 가장 큰 문제다.

문득 침묵을 깨며 누군가 묻는다.

"혹시 〈소년의 시간〉 봤어요?"

"아! 봤어요. 청소년 범죄를 다룬 스릴러라 그런지 몰입감이 엄청 나더라고요. 제가 현장에 있는 것처럼 느껴져 좀 무서웠어요."

"저도 요즘 아이들을 이해하기가 너무 힘들었는데 이걸 보니 진짜 실감나더라고요. 영국 드라마인데도 우리 현실과 별반 다르지 않은 것 같고요. 영화 속 사건이 우리 아이들에게 일어나지 말란 법이 없겠다 싶어서요."

"부모님들이나 학교 선생님들이 꼭 봐야 할 영화라는 생각이 들었어요."

"맞아요, 내용이 길지 않은데 메시지가 묵직해서 오래도록 머릿속에 남더라고요."

"저도 이걸 보고 나니 이제 막 중학교에 들어간 아들 녀석이 낯설게 느껴졌어요. 도대체 무슨 생각을 하고 있는지 알 수가 있어야죠. 학교에선 반 아이들을 어떻게 지도해야 할지 막막하고……."

"이제는 적극적으로 논의해야 할 때가 된 것 같아요."

"그렇긴 한데, 대안이 있을까요? 간단한 문제가 아닌 것 같아서요."

부모이면서도 교사인 이들을 좌절케 하는 드라마, 〈소년의 시간〉

이 어떤 내용이길래 이러시나. 줄거리를 간략히 살펴보자.

1화 : 영국의 한 작은 마을. 밀러 가족의 평화로운 아침을 깨고 경찰이 들이닥친다. 열세 살 아들 제이미가 같은 반 여자친구인 케이티를 살해했다는 것이다. 놀랍고 당황스러운 아버지 에디는 살인범이 아니라는 아들의 말을 믿지만, 경찰은 증거 영상을 에디 앞에 들이민다.

2화 : 제이미는 유치장에 수감되고 베스컴 형사는 플랭크 형사와 함께 학교를 방문한다. 물증을 찾고 증언들을 듣기 위해 여러 학생과 면담하지만 명확한 단서는 나오지 않는다. 베스컴 형사는 같은 학교에 다니는 자기 아들로부터 요즘 아이들의 트렌드나 SNS에 관해 전해 듣는다. 십 대들 사이에 유행하는 온라인 게임과 소셜 미디어, 사이버 폭력과 연관이 있음을 짐작한다.

3화 : 유치장에 갇힌 제이미는 상담교사와 심리 상담을 시작한다. 상담교사는 제이미가 공격적인 남성성을 지녔는지, 여자를 지배하고 싶은 욕망이 있는지, 어떤 성적 관념을 가졌는지를 집요하게 파고든다. 당황한 제이미는 한순간 어린아이처럼 굴다가도 난폭한 공격성과 폭력성을 드러낸다.

4화 : 재판을 앞두고 가족들은 살인 혐의를 받는 제이미로 인해 주위 사람들로부터 곤경에 치한다. 차량에 낙서 테러를 당한 아버지 에디는 철물점에서 사건이 조작됐을 수도 있다는 말을 듣고 혼란에 빠진다.

"영화에 생소한 용어들이 있던데……. '인셀'이나 '80:20' 같은 건 무슨 뜻이에요?"

"'인셀(Involuntary Celibate)'은 '비자발적 순결주의자'라는 뜻이에요. '연애하고 싶어도 하지 못하는 남성들'을 가리키는 신조어인데, '약하고 왜소하며 남자다움이 거세된 남성'을 뜻하는 대단히 모욕적인 표현이죠."

"'80:20'은요?"

"'80%의 여성들이 우월한 유전인자를 가진 상위 20%의 남성에게만 관심을 준다.'라는 뜻인데, 인셀 문화에서 자주 인용되는 인터넷 밈이죠. 나머지 80%의 남성은 어쩔 수 없이 연애에서 소외된다는 피해 의식을 담고 있어요."

"어쩌면 이 단어가 드라마에서 살인의 트리거가 되지 않았나 싶어요. 자신이 좋아하는 케이티에게서 '너는 인셀이잖아!'라는 말을 듣고 분노해 살인을 저질렀다는 추론이 들거든요."

"그러면 제이미가 진짜 범인이라는 건가요?"

"아뇨. 드라마는 끝까지 진범을 밝히지 않아요. 누가 범인인지보다 '왜 이런 일이 일어났을까'에 초점을 맞추고 있는 거죠."

"제이미에 대한 심문, 변호사의 접근, 심리 상담, 학교와 가정에 대한 조사……. 그런 과정을 통해 사건의 진실을 다각적으로 조명하는 방식이군요."

"그렇죠."

"섣불리 결론을 내리기보다는 우리 아이가 무슨 생각을 하고, 밖에서는 무슨 행동을 하는지, 우리는 얼마나 아이를 알고 있는지를 묻는 거예요."

"저는 교사라 그런지 제이미 담임의 무성의하고 무책임한 태도가 걸리더라고요. '나는 아이들에게 어떤 담임인가?' 돌아보게 됐어요. 학급 아이들의 상황에 담임이 그렇게 무지할 수 있나, 제대로 된 담임은 어때야 하는지 생각이 많아졌거든요."

"청소년 범죄를 학교와 부모 탓으로 제한해 버리면 문제를 해결해 나가는 데 한계가 있어요. 요즘 아이들은 학교와 가정만이 아니라 훨씬 더 복합적인 환경에서 자라니까요. 미디어의 영향이 어마어마하잖아요."

"조용하고 내성적인 제이미가 또래들에게 괴롭힘을 당하다 SNS에 몰두하면서 왜곡된 성 관념을 형성한 것 같아요."

"맞아요, 저도 동감이에요."

"혹시 '계집 신조'라는 말 들어보셨어요? 우리 반 남자애들끼리 키득거리며 보던 걸 우연히 보고 정말 기절하는 줄 알았어요."

"계집 신조? 그런 말도 있어요? 군대에서 쓴다는 '복무 신조'는 들어봤지만……."

"인터넷상에 퍼진 여성 혐오 밈이에요. 군대 복무 신조 형식을 빌려 만들어졌다고 하더라고요. 십 대들 사이에서 SNS를 통해 꽤 많이 공유된대요."

"저도 들은 적이 있어요. 예전엔 반대로 남성 혐오를 담은 밈이 잠깐 유행하다가 끝났는데 계집 신조는 점점 유행이 확산되고 있다네요."

"선생님도 들어보신 거예요? 저는 여학교에만 있다 보니 전혀 몰랐네요. 어떤 내용인데요?"

"들으면 기가 막히실 거예요. 이런 걸 남자애들이 낄낄대며 퍼 나르고 있다니까요. 어떻게 지도해야 할지, 너무 막막하더라고요."

그녀는 휴대폰을 꺼내 밈의 내용을 읽어 내려갔다.

"여자의 방은 주방이다, 여자가 낼 수 있는 소리는 설거지할 때 물소리와 서방님 밤일을 돕는 소리뿐이다, 여자는 남자가 부르면 '네, 주인님'이라고 대답해야 한다, 매일 아침에 육·해·공이 포함된 12첩 밥상을 차려야 한다, 여자는 해가 지고 나면 밖에 나가지 않는다, 여자는 남자 말에 말대꾸하지 않는다, 여자는 남자가 부르면 3초 안에 대답한다, 여자가 입을 수 있는 치마는 알몸 에이프런뿐이다, 여자 목소리는 80데시벨을 넘겨선 안 된다, 남자는 하늘, 여자는 땅이다……."

"아! 정말요?"

"우리 반 남자아이는 여자들은 군대를 안 가니 투표권도 주면 안 된다고 하던데요. 그 말을 들으니 정말 아찔하더라고요."

"아……! 이런 상황에서 교사인 우리가 도대체 무엇을 할 수 있을까요? 절망스럽네요."

모두 낮게 한숨만 쉴 뿐 쉽게 말을 잇지 못했다. 한동안 침묵 끝에 누군가 조심스럽게 입을 열었다.

"아이들이 이렇게까지 되어버린 건 무엇 때문일까요?"

"여러 가지 원인이 있겠지만, 무엇보다 스마트폰 상용화가 결정적인 영향을 미친 것 같아요. 요즘 아이들은 몸을 움직여 노는 대신 방안에만 틀어박혀 휴대폰에 몰두하잖아요. 그러는 동안 사회성은 점점 사라지고, 공동체 의식도 붕괴하고요. 코로나19 시기를 거쳐오면서 고립감은 더욱 심화됐고요. 뿔뿔이 흩어진 모래알 같은 아이들이 SNS를 통해 자극적인 정보를 접하면서 과시욕, 열등감, 상실감, 우울감에 자살 충동까지 겪다 보니 청소년 범죄로 쉽게 이어지지 않나 싶어요. 이 모든 일이 휴대폰 안에서 벌어지고 있는 거고요."

"맞아요, 저도 최근에 조너선 하이트의 《불안 세대》를 읽었는데, 디지털 세계가 우리 아이들을 어떻게 병들게 하는지를 구체적인 데이터로 설명하더라고요. 작가는 세계 여러 나라의 설문 조사에서 드러난 공통점을 통해 청소년 우울과 자살 충동의 급증 시점이 휴대폰 보급 시기와 정확히 맞물린다고 주장하고요."

"일리가 있네요."

"저자는 놀이를 통해서 사회성, 공감, 갈등 조정 능력을 길러야 할 아이들이 휴대폰 때문에 모든 경험을 빼앗겼다고 강조해요."

"맞아요, 휴대폰이 아이들에게 끼친 해악은 상상외로 크죠. 건강한 관계를 맺지 못하니 사회성 박탈에다 수면 부족, 정보 과부하, 집중력 저하와 주의력 분산, 무엇보다 도박 같은 중독 증세까지 보이는 거고요."

"휴대폰이 아이들을 총체적인 위기에 빠뜨린 셈이네요."

"그렇다면 휴대폰 사용을 줄이는 방안을 진지하게 모색해야 하는 건 아닐까요?"

"휴대폰 자체도 문제지만 이 사회가 급격히 변화한 탓도 있어요. 공동체가 해체되면서 협력과 연대, 배려 같은 가치가 무너졌잖아요. 그런 것에 대한 성찰 없이 휴대폰만 탓한다고 해결되진 않을 거예요."

"그래도 휴대폰의 해악이 크다는 걸 알았으니 대안을 찾아봐야겠죠. 《불안 세대》에서는 어떤 해법을 제시하던가요?"

"하이트는 정부, 학교, 가정의 역할을 나눠서 설명했어요. 정부는 통신사와 SNS 기업들이 청소년 보호 의무를 지키는지 강력히 감독하고, SNS 가입 가능 연령을 16세 이상으로 상향 조정해 아이들을 보호해야 한다는 거죠."

"학교는 휴대폰 사용을 최대한 금지하고, 대신 자유 시간과 휴식 시간을 늘려서 아이들이 또래와 협력하고 정서적으로 안정될 수 있도록 해야 하고요."

"부모는 자녀의 휴대폰 사용 시기를 최대한 늦추고, 몸으로 경험하는 활동을 통해 성취감과 가족 간의 유대를 쌓게 해야 한다고 강조하죠."

그동안 조용히 듣고 있던 선생님이 고개를 끄덕였다.

"맞는 말이에요. 가정과 학교 모두 아이들의 휴대폰 사용 시간을 줄이기 위해 노력해야 해요. 그러려면 조례 제정 같은 제도적 장치도 고민해 봐야 할 거고요."

그러자 다른 누군가가 조심스럽게 말을 이었다.

"그렇다면 교사인 우리가 지금 당장 해야 할 일은 무엇일까요?"

"원인이 워낙 여러 갈래라 완벽한 해법은 어렵겠지만 아무것도 안 할 수는 없죠."

"무엇보다 우리 아이들의 불안과 우울에 공감해 주는 태도가 필요하다고 생각해요. 저는 일단 아이들의 말을 들어주고 다독여주는 것부터 해보려고요."

"좋네요. 수용하고 다독이는 일, 저도 해볼게요."

정작 시 공부는 이런저런 이야기로 한참이나 늦어졌다. 하지만 누구 하나 지친 기색 없이 밤늦게까지 자리를 지켰다. '아이들에게 더 친절하겠노라.'고 다짐하는 선생님들. 사막 같은 세상에서 한 방울의 이슬을 만드는 사람들이었다. 그들의 이마에 드리워진 막막함과 불안을 언제쯤 밀어낼 수 있을까. 희망이 들어앉을 날은 언제일까?

; 내 안의 자존과 품위, 손수건

소설《숨그네》, 헤르타 뮐러

2009년 노벨문학상을 수상한 루마니아 출신의 작가 헤르타 뮐러. 그는 보수적인 독일계 소수민족 가정에서 태어나 독일어를 모국어로 삼아 자랐다. 어린 시절 집을 나설 때마다 어머니는 그녀에게 묻는다.

"손수건 있니?"

그럴 때마다 그녀는 다시 방으로 들어가서 손수건을 가지고 나온다. 집 나서는 자식의 손수건을 챙기는 일은 말수 적은 시골 사람들의 간접적인 애정의 표시임을 알기에, 그녀는 일부러 손수건을 챙기지 않고 아침마다 어머니의 질문을 기다린다. 손수건은 매일 아침 어머니가 자신을 지켜주고 있다는 증거라고 생각했기 때문이다.

그녀가 루마니아의 기계공장에서 번역가로 일하던 시절. 독재 정권의 비밀경찰 정보원 노릇을 거절하고 사무실의 책상마저 빼앗겼을 때, 그녀는 층계참에 어정쩡하게 서 있다가 손수건을 계단에 편다. 그 위에 앉아서 두꺼운 사전들을 무릎에 올려놓은 채 수압기계에 대한 설명을 번역한다. 사무실에서 쫓겨난 그녀에게 손수건이 책상이 된 것이다.

그녀가 독일로 망명하기 전, 어머니는 아침 일찍 마을 경찰관에게 소환된다. 어머니는 대문간에 이르러서야 자신이 딸에게 건넸던 '손수건 있니?'를 떠올리고 경찰관이 채근하는데도 다시 집 안으로 들어가 손수건을 가지고 나온다.

경찰관은 파출소에서 미친 듯이 날뛰지만, 루마니아 말을 잘하지 못하는 어머니는 경찰관의 울부짖음을 이해하지 못한다. 마침내 경찰관은 방을 나가면서 문을 잠갔고, 어머니는 온종일 그 안에 갇혀 있게 된다. 처음 몇 시간은 책상 앞에 앉아 울다가 나중에는 방안을 서성인다. 그러다가 눈물 젖은 손수건으로 가구의 먼지를 닦기 시작한다. 그다음에는 방구석에 놓인 물 담긴 양동이와 벽에 걸린 수건을 가져다 바닥을 닦는다.

"뭣 때문에 파출소를 닦아줘요?"

나중에 이 사실을 알게 된 그녀가 묻자 어머니는 조금도 주저하지 않고 대답한다.

"시간을 보낼 일거리가 필요했거든. 그런데 사무실이 너무 지저분하더구나. 큼지막한 남자용 손수건을 하나 가져갔더라면 더욱 좋앉을 것을."
 어머니는 자발적으로 자신을 더욱 낮춤으로써 구류 상태에서 품위를 만들어낸 것이다.

 작가 헤르타 뮐러가 동료 시인 오스카 파스티오르의 체험을 바탕으로 탄생시킨 소설《숨그네》역시 뮐러가 가진 '손수건'에 대한 운명적 조우로 이루어진다.
 1944년. 러시아 침공에 항복한 루마니아는 그때까지 동맹국이었던 나치 독일을 향해 갑작스럽게 전쟁을 선포한다. 러시아는 나치에 의해 파괴된 러시아의 재건을 위해 루마니아에 거주하는 독일인들을 넘겨달라고 요구한다. 그리하여 루마니아에 살던 17세에서 45세 사이의 독일인들은 남녀를 불문하고 빠짐없이 우크라이나의 강제수용소로 이송된다.
 17세의 주인공 레오가 수용소에서 겪은 극렬한 고통은 혹독한 추위도, 강제노동도 아닌 살가죽이 달라붙는 배고픔이다. 남녀 간의 성조차 구분할 수 없게 된 '뼈와 가죽의 시간'에서 레오는 선잠을 자면서 선잠을 뜯어먹고, 생각을 하면서 생각을 뜯어먹으며 배고픈 천사와 비극적 동거를 이어간다.
 '너는 돌아올 거야.'
 배를 곯고, 추위에 떨고, 중노동에 시달려 정신이 혼미해질 때마다 레오는 이별의 순간 들려준 할머니의 말을 떠올리며 수용소 생활을 견뎌 나간다.

　마침내 레오가 아사(餓死) 직전의 걸인 신세로 석탄 한 조각을 약간의 음식과 교환하기 위해 러시아 시골 민가의 문을 두드렸을 때, 늙은 여인이 그를 집안으로 받아들여 뜨거운 감자 수프를 넘치도록 담아내 준다.

　여인은 레오에게 무언가를 말하는데, 러시아 말이라곤 고작 한두 마디밖에 알아듣지 못하는 레오지만 그 순간 여인의 말을 온몸으로 알아듣게 된다.

　"네 또래의 아들이 하나 있다. 이름은 보리스. 너처럼 집을 떠나 멀리 시베리아 수용소에 있다. 어쩌면 너도, 내 아들 보리스도 운 좋게 귀향할 수 있을지도 모른다."

　허겁지겁 먹느라 접시에 콧물을 빠뜨리던 그를 애처롭게 바라보던 여인은 지금껏 한 번도 사용한 적이 없는 흰색 고급 아마포 손수건을 내놓는다. 가져가도 좋다는 의미로 손을 감싸주는 여인에게 레오는 자신이 그녀의 아들이 아니라는 데 극심한 고통을 느낀다.

　수용소로 돌아온 레오는 손수건을 한 번도 쓰지 않고 트렁크에 보관했다가 집으로 가져간다. 눈이 멀 지경으로 배가 고파 먹을 것으로 바꿀 뻔한 적도 있었지만, 그럴 때마다 그를 멈추게 한 건 '손수건이 자신의 운명'이라는 믿음이었다. '운명을 내놓으면 지는 거다.'라는 믿음으로 허기에 지친 마음을 붙잡고 또 붙잡았다.

"나는 확신했다. 너는 돌아올 거야, 라는 할머니의 작별 인사가 손수건으로 모습을 바꿨음을. 나는 손수건이야말로 수용소에서 나를 보살펴준 단 한 사람이었다고 한 점 부끄러움 없이 말할 수 있다. 지금도 그 확신에는 변함이 없다."

레오는 수용소에서 풀려나기 직전에 임금을 받아 굶주림을 면하게 되지만, 한번 뼈에 새겨진 배고픔은 좀처럼 사라지지 않는다. 형태와 단계를 바꾸어 다양한 고통으로 나타나기 때문이다. 배를 채우면 눈의 허기가 찾아오고, 눈의 허기를 채우면 또 다른 허기가 솟아나 수용소를 나온 지 육십 년이 지나도록 아귀 지옥은 끝없이 이어진다.

파스티오르는 자신이 겪은 수용소의 상황을 '실존의 절대 영도'라고 표현했다. 비록 그는 죽고 없지만 그의 말은 지금까지 유효하다. 그가 말한 절대 영도, 즉 인간이 인간이기를 위해 몸부림쳐야 하는 한계 상황이 지금도 세계 곳곳에 존재하기 때문이다. 수용소라는 이름이 붙지 않아도 마찬가지다. 수용소에 갇힌 것이나 다름없는 삶 역시 우리 가까이에 있다.

나는 이 소설을 읽는 내내 강제수용소의 삶과 지금도 전쟁과 굶주림이 계속되고 있는 세계 곳곳의 현실 상황이 겹쳐 보여 괴로웠다. 국가는 국민에게 무엇인가. 국민이 고통을 겪고 있는 순간에 국가는 무엇을 하고 있는가. 그런 국가가 국민에게 애국을 강요할 자격이 있는가. 그런 나라에서 어떻게 해야 '실존의 나'를 지켜낼 수 있을 것인가.

극한의 상황 속에서도 인간의 자존과 품위를 일깨워준 단 한 마디.

'손수건 있니?'

그 질문은 지금도 유효하다.

; 행복은 반복을 통한 나선형 구조
영화 〈패터슨〉, 짐 자무시 감독

체코의 망명 작가 밀란 쿤데라는 그의 책《참을 수 없는 존재의 가벼움》에서 인간이 좀처럼 행복해질 수 없는 이유를 다음과 같이 설명한 바 있다. 인간의 욕망은 일직선으로 나아가고자 하는 데 비해, 행복은 '반복을 통한 나선형 구조'라는 것.

어제 보리밥을 먹었으면 오늘은 쌀밥을 먹고 싶은 것이 인간의 욕망이다. 하지만 행복은 어제 먹은 보리밥을 오늘도 먹을 수 있어 고맙고, 어제 먹은 쌀밥을 오늘도 지켜낼 수 있어 다행이라는 안도감에서 온다. 그런데도 우리는 어제와 다를 바 없는 일상을 벗어나고 싶어 몸부림을 친다. 행복하지 않다고 불평불만을 늘어놓기 일쑤라 욕망과 행복의 조우는 좀처럼 이루어지지 않는다. 번번이 어긋나고 마는 것이다.

여기 한 편의 영화가 있다. 짐 자무시 감독의 〈패터슨〉.

미국의 남부 '패터슨'이라는 작은 소도시에는 버스 운전을 하며 살아가는 '패터슨'이라는 남자가 있다. 그는 매일 같은 시간에 일어나, 같은 길을 걸어 버스 운전대를 잡고, 같은 코스를 돌아 집으로 돌아온다. 아내와 저녁을 먹은 후 개를 데리고 똑같은 시간에 마을의 바(Bar)로 걸어가 맥주 한 잔을 마시며 하루를 마감하는 것도 다르지 않다. 이처럼 월요일부터 일요일까지 일곱 개의 소제목으로 나뉜 영화는 그의 일상을 지루할 정도로 반복해 보여준다. 그에게 변화란 그저 버스에 탄 사람들의 바뀜, 그들이 나누는 소소한 이야기에 잠깐씩 귀를 기울이는 정도다.

놀라운 건 그가 시를 쓰는 사람이라는 것.

그는 집에서든 일터에서든 짬만 나면 시를 쓴다. 하루 일과 속에서 미세하게 파고드는 자그마한 변화에 귀를 기울인다. 예컨대 엄마를 기다리며 시를 쓰는 어린 소녀와 시에 관한 이야기를 나누기도 하고, 버스가 고장으로 멈춰선 탓에 수습하느라 애를 먹기도 하고, 밤에 들른 바에서 실연 위기에 처한 남자로 인해 위기 상황을 겪기도 하지만, 일상 속에서 비밀 노트에 적어가는 그의 내밀한 시 쓰기는 좀처럼 멈추지 않는다.

문제는 마지막 일요일에 벌어진다.

그의 일상을 송두리째 뒤집어엎는 일이 발생한 것이다. 그 사건은 지금까지 축적되어온 일상의 반복을 단숨에 무너뜨린다. 지루하게 영화를 보던 관객의 마음도 한순간에 허물어지고 만다.

우리는 비로소 단순하고 지루한 일상 속에서 숨은 언어들을 찾아내느라 골몰해 왔던 시 쓰기가 지금껏 그의 일상을 보석처럼 만들어 왔던 원동력이었음을 깨닫는다.

그러므로 행복은 새로운 어떤 욕망을 달성하는 데 있는 것이 아니라 소박하게 반복되는 일상 속에 숨어 있다는 것을 이 영화는 말한다. 그것을 찾아내는 몫은 바로 우리 자신이라는 것을 상기시킴으로써 자극적인 욕망을 추구하는 데 매몰된 현대인의 마음에 균열을 일으킨다. 좌절에 빠진 그를 일으켜 세우는 한마디가 관객의 가슴을 두드린다.

'때로는 텅 빈 페이지가 가장 많은 가능성을 선사한다.'

; 내 아이를 망치는 학부모 갑질

사회비평 《괴물 부모의 탄생》, 김현수

아이들이 '선생님'이라 부르면 눈이 반짝이고 가슴이 설레던 시절이 내게도 있었다. 아이들 곁에서 따뜻한 어른이 되고 싶었다. 울고 있는 아이의 등을 토닥이며, 무너질 것 같은 여린 마음을 받쳐 주겠다는 마음 하나로 교사가 되었는데, 갈수록 아이들을 지키는 것은 고사하고 내 마음을 지키는 것조차 힘들다는 생각이 든다. 언제부터 교실은 가르침의 공간이 아니라 민원을 견디는 전장(戰場)이 되어버렸을까.

최근 몇 년 사이에 교사들이 학부모의 폭언과 민원, 무리한 요구에 시달리다가 극단적인 선택을 하는 일들이 계속되고 있다. 교실이 더 이상 안전하지 않은 공간, 교사가 보호받지 못하는 공간, 수업보다 민원 대응에 더 많은 에너지를 써야 하는 공간이 되어버렸는지 모르겠다. 학교에서 수업할 자유조차 위협받고 있는 현실에서 교사들은 점점 지쳐가고 있다. 더는 이런 일이 일어나지 않기 위해서는 모두의 지혜를 모아야 한다는 위기의식도 커졌다.

 나는 교사와 학교, 아이들의 미래까지 망치고 있는 상황을 안타깝게 지켜보면서 김현수의《괴물 부모의 탄생》을 읽었다.

 제목 '괴물 부모'가 과격하게 느껴질 수도 있겠다. 괴물 부모는 자녀에게 매우 권위적이면서 타인 앞에서는 자녀를 과잉보호하는 부모를 일컫는 말이다. 이들은 자녀가 다니는 유치원이나 학교에 불평불만을 쏟아내며 비합리적인 요청을 해서 운영에 지장을 주고 사기를 떨어뜨리고 교사의 감정 소진을 불러오는 사람을 뜻하는 말이다. 교원단체 설문 조사 결과에서도 교사에게 가장 스트레스를 주는 66%가 학부모라는 결과가 있다. 이들은 왜 이토록 무례한 말과 행동을 서슴지 않는 것일까?

 부모 처지에서는 내 아이를 보호하는 건데 뭐가 문제냐 싶겠지만, 이런 부모일수록 오히려 자녀의 삶을 과도하게 통제한다. 공부 시간이나 학원 수강 등 무리한 일정을 자녀에게 요구하거나 경쟁에서 승리하도록 부추기고, 공정가치를 내세워 피해와 보상을 요구하고, 빈곤에 대한 차별과 무시로 과도한 특권의식을 주입한다. 아이들은 과도한 통제를 학대로 인식하기 때문에, 이런 부모 밑에서 자란 아이가 학교 폭력의 가해자가 되기도 한다. 학부모의 과도한 갑질이 먼저 자신의 자녀를 망친다는 것을 보여주는 증거다.

부모의 과잉보호, 과잉간섭, 과잉통제 속에서 자란 자녀들의 삶은 어떨까? 결과적으로는 부모에게 독립하지 못하고 의존적 인간으로 성장할 가능성이 짙다. 부모가 없으면 아무것도 할 줄 모르는 아이, 결정을 내리지 못한 아이가 된다. 문제는 이러한 현상이 사춘기를 겪으며 급격하게 노출된다는 것이다. 불안, 우울, 부모 증오, 자해, 자살 충동을 느끼게 되고 급기야 세상과 소통할 능력을 상실한 채 모든 관계를 차단하거나 포기하고 자기만의 방으로 빠져버리는 은둔형 외톨이가 되기도 한다.

더 극단적인 경우는 부모에 대한 부담과 미움, 증오로 인해 부모를 함부로 대하거나, 폭행을 일삼기도 하고, 심지어는 명문대 자녀의 사례처럼 부모를 살해하는 비극적 사건을 일으키기도 한다. 부모에게 반감을 갖거나 반항하는 자녀, 부모의 뜻을 거스르지 못한 채 무기력하게 살아가는 청소년, 또는 그런 부모로부터 탈출한 아이들은 말한다. 자신의 삶에서 가장 큰 상처를 준 사람이 부모라고.

학교는 공동체 의식이나, 배려, 연민을 기르는 곳이기도 하다. 학부모는 내 아이가 불이익을 당하지 않을까 불안해하는 마음을 조금만 내려놓고, 큰 틀에서 아이의 건강한 성장을 위해 지켜보고 다독이는 여유를 가져야 한다. 학부모의 과도한 불안이 오히려 내 아이를 망칠 수 있기 때문이다.

    지금도 학교 현장에는 지치고 아픈 마음을 숨긴 채, 아무 일 없는 듯 교실 문을 열고, 아이들 앞에서 웃으며 하루를 시작하는 교사들이 있다. 잘 가르치기 위해 하루하루 최선을 다하는 교사들, 그들이 보호받았으면 좋겠다. 그것이 내 아이를 지키는 길이라는 사실도 잊지 않았으면 좋겠다.

; 빈곤의 대물림, 과연 벗어날 수 있을까?

에세이 《가난한 아이들은 어떻게 어른이 되는가》, 강지나

"선생님, 서울로 가고 싶어요. 여기선 아무것도 못 해요."

아이는 또렷한 눈빛으로 내게 말했다. 생활력 없는 아버지는 술만 마시면 주먹을 휘둘렀고, 몸이 아픈 어머니는 그런 아버지를 피해 교회에서 대부분 시간을 보냈다. 이야기를 나눌 형제 하나 없던 아이는 항상 외로웠고 집은 가난했고 안전하지 않았다.

아이는 학교를 피난지 삼아 늦은 시간까지 교실에서 공부하며 지냈다. 성적은 좋았다. 집을 벗어나고 싶은 아이의 유일한 소망은 서울에 있는 대학교로 진학하는 것이었다. 집을 떠날 수만 있다면 뭔가 달라질 것이라 확신했다. 아이는 학년 초 상담이 시작되자마자 자신의 처지를 털어놓으며 장학금을 받을 수 있는지부터 물었다. 어려운 상황을 애써 숨기려는 다른 아이와는 눈빛부터 달랐다.

아이는 기어이 서울로 대학을 갔고, 살아냈다. 아니, 살아내려고

발버둥을 쳤다. 스스로 학비와 방세, 생활비 모든 것을 충당해야 했다. 여러 개의 아르바이트를 하면서도 장학금을 놓치지 않기 위해 코피를 쏟으며 시험공부를 했다. 맥줏집 아르바이트를 할 땐 열 손가락에 생맥주잔을 끼고 홀서빙을 하다 손가락이 부러지는 듯한 통증을 느끼기도 했다. 키도 작고 연약한 아이가 어떻게 그 일들을 감당할 수 있었을까. 나는 강지나의 《가난한 아이들은 어떻게 어른이 되는가》를 읽는 내내 그 아이를 떠올렸다. 세상은 아이에게 친절하지도 따뜻하지도 않았지만, 아이는 누구보다도 뜨겁게 자신을 밀어 올렸다.

우리 사회에는 빈곤 청(소)년들이 그림자처럼 존재한다. 그들이 눈에 띄지 않는 건 우리가 관심을 기울이지 않기 때문이다. 정규학력을 마치기도 어려운 아이들이 대부분이지만, 어찌어찌 대학을 힘겹게 졸업한 뒤에도 반듯한 직장은커녕 아르바이트나 비정규직을 전전하기 일쑤다. 연애, 결혼, 출산은 그들 몫이 아니다. 박봉에도 불구하고 가족의 생활비를 대고, 부모의 빚을 떠안은 채 늙어가는 부모를 뒷바라지하고 있다. 아무리 노력해도 희망을 품을 수 없는 그들에게 대한민국은 '헬조선'과 다름이 없는 것이다.

가난은 혼자 오지 않는다. 추위와 배고픔, 불결과 불화, 불안과 두려움, 난처함과 제약, 수치와 모멸 같은 일을 동반한다. 여기에 가난으로 왜곡된 부모의 부정적인 행동까지도 학습을 통해 대물림되기 때문에 자녀의 삶이 납작하게 쪼그라든다. 그러다 보면 정체성이 무너지고, 대인 관계 맺는 일도 피하고, 매사 자신감도 없고, 실패에 대한 두려움도 커진다. 이런 박탈의 경험이 장기화되면 문제 행동을 일으키기 쉽다.

혹자는 '가난하게 자란 아이들이 다 나쁜 길로 빠지는 건 아니지 않으냐'고 말할지도 모른다. 가난 속에서도 모범적이고 훌륭하게 성장해 자신감 있게 살아가는 아이들도 있으니까. 그 배경에는 자신들이 처한 상황을 긍정적으로 성찰하는 힘이 있고, 가난하지만 스스로 성실하게 생활하려는 의지와 아이가 결핍을 느끼지 않도록 최선을 다하는 부모가 있다. 이들은 동사무소, 사회복지단체, 또는 종교단체에 적극적으로 도움을 요청하고 기꺼이 지원도 받는다.

하지만 우리 사회에는 아직도 경제적인 도움을 요청하기 힘들어하는 분위기가 있다. 지원받는 것을 위신이 깎이고 자존심이 상하는 일로 여기는 경우가 많다. 사춘기 청소년이라면 더욱 그렇다. 가난을 개인이 게으르고 똑똑하지 못해서 생기는 거라는 부정적인 시선 때문이다. 또 지원을 받으려 해도 복잡한 행정 절차를 밟아야 하는 어려움도 적지 않은 데다, 가난을 스스로 증명해야 한다는 자괴감까지 감당해야 한다.

이들에게는 가난의 대물림보다 더 무서운 게 빈곤가족의 연좌제다. 부모 부채가 자녀에게 전가되거나 부모의 잘못을 자녀에게 해결하라고 압박하는 경우다. 빈곤 청(소)년들의 십중팔구가 이런 고통에 처해 있다. 가난한 부모는 사회적 지지 체계가 약하기 때문에 문제가 생기면 대체로 자녀에게 책임을 물린다. 그런 상황에서 쉽게 빠져나오지 못하는 것은 우리 사회가 가족 공동체에 매몰돼 있기 때문이다. 부모가 자녀 양육하는 책임만큼이나 부모의 노후 봉양 책임을 자녀에게 묻는 것도 가족 공동체에 따른 것이다. 국가가 해야 할 사회적 책무를 가정과 가족들에게 전가하는 것이다.

가난하지만 최선을 다해 살았던 나의 제자, 그 아이는 지금 어떻게 살아가고 있을까. 어떤 청년이 되어 있을까. 그들이 만들어가는 미래는 어떤 사회일까.

; 깨진 그릇은 칼날이 된다[6]

에세이 《나는 가해자의 엄마입니다》, 수 클리볼드

사람들은 대부분 문제 상황이 생기면 가정 교육의 실패나 폭력 게임 중독, 사랑의 결핍이나 약물 중독 같은 특정한 원인에 책임을 돌린다. 마치 남의 일처럼 여기는 것이다.

이 책의 지은이 수 클리볼드도 사건이 일어나기 전까지는 여느 엄마와 다르지 않았다. 수는 1999년 열세 명의 사망자와 스물네 명의 부상자를 낸 컬럼바인 총격 사건의 가해자 중 한 명인 딜런 클리볼드의 엄마였다. 그녀는 당시 대학에서 장애인 학생들을 가르치고, 지역 활동에도 활발히 참여하며 평범한 일상을 이어가던 중 아들을 잃었다.

수는 자식을 잃은 애끓는 모성애와 '가해자(학살자)의 엄마'라는

---

6) 오세영의 시 〈그릇〉 중

이중 고통 속에서 개인과 사회의 문제적 상황을 진단하고 원인과 해결책을 찾아보려고 몸부림쳤다. 자신이 그토록 사랑하던 착한 아들이 왜 그토록 끔찍한 범죄를 저지르게 되었는지 알고 싶었다. 아들뿐 아니라 인간 자체 내면의 불가해함을 해독해 보려고 거듭거듭 투쟁과 실패를 반복했다. 치열한 노력 끝에 수가 얻은 결론은 다음과 같다.

"자살로 죽겠다는 욕망이 이 모든 일의 시작이었다. 딜런은 그날 죽으러 학교에 갔다는 사실이다."

딜런에게는 친구들이 있었지만 소속감을 느끼지 못했다. 부모의 한없는 사랑도 딜런의 황폐한 안갯속을 뚫을 수는 없었다. 학교에서 친구들에게 받은 모욕과 굴욕이 딜런의 심리 상태에 일조했을 가능성이 크다.

좌절된 소속감(나는 혼자야) → 스스로 자신을 짐으로 여기는 것(내가 없어지면 다 해결될 거야) → 자기 보존 본능의 한계(나는 죽는 게 두렵지 않아)

딜런의 마음속에는 자기가 속할 수 없고 이해받지 못한 데 따른 분노가 자라나기 시작했다. 걷잡을 수 없이 커진 분노가 자신을 겨누었고 점차 바깥을 향하기 시작한 것이다. 이처럼 자살을 생각하는 것은 병의 증상이고, 무언가 이상이 있다는 징후이다. 대부분 자살은 한순간에 충동적인 결정으로 일어나지 않는다. 자살은 고장 난 사고와 오랫동안 고통스럽게 싸워오다가 마침내 그 싸움에서 패배했을 때 일어난다. 자살하려는 사람은 자기 고통을 더 이상 감내할 수 없는 사람이다. 죽고 싶지는 않더라도 죽으면 이 고통이 끝나리라는 걸 알기 때문에 그 길을 택한다.

수는 딜런의 자살 충동이 오랜 우울증에서 비롯되었음을 알게 된다. 우울증은 사람의 판단 과정에 혼란을 일으키는 일종의 '의사 결정 기능장애'라고 할 수 있는데 이것은 뇌의 질환과 관계가 있다. 뇌에 무엇인가 이상이 있다는 징후다. 딜런은 부모의 마음을 편하게 만들어주는 착한 행동으로 자신의 오랜 우울증을 감추었던 것이다.

"내 아들은 혼자서 병을 안고 싸웠다. 나는 내가 아는 최선의 방식으로 아들을 길렀지만, 정작 아들의 고통에는 아무런 도움이 되지 못했다."

자살하는 사람의 대부분은 살인과 무관하지만, 살인을 저지르는 사람은 대부분 자살 성향 때문에 그럴 때가 많다. 자살의 원인을 제거하면 살인도 막을 수 있다는 이야기다.

이 책은 읽는 사람을 불편하게 만들 뿐만 아니라 불안하게 만든다. 지금껏 별일 없이 잘 살아왔다고 믿었던 보통 사람들에게 자녀와의 관계(양육 방법)를 의심의 눈길로 돌아볼 것을 주문하기 때문이다. 너무나 평화롭고 일상적인 행복의 이면에 공포와 우울, 두려움과 광기가 감춰져 있는지도 모른다고 일깨운다.

그런데도 이 책은 육아의 책임을 가정에서 학교와 사회로 확장했다는 점에서 큰 의미가 있다. 아이는 혼자 키우는 게 아니라 사회가 다 같이 키운다고 생각하면 불안과 경쟁을 조장하는 사회 속에서 이기적인 육아에만 빠지지 않게 해주기 때문이다.

그렇다. 사람은 태어날 때부터 착한 사람과 나쁜 사람으로 나누어지는 게 아니라 누구나 선해질 능력이 있고 또 나쁜 선택을 할 가능성이 있을 뿐이다. 자책과 두려움 속에서 죽음만을 생각하던 수 클리볼드를 다시 태어나게 한 것은 '자살 예방 연합모임' 활동이다. 그녀는 말한다.

"이미 우리 곁을 떠난 사람에게는 너무 늦었을지라도 다른 사람을 구하기에는 너무 늦지 않았다."

아들을 잃고 더 큰 세상을 향해 모성애로 화답하는 수 클리볼드의 숭고한 사랑에 누가 돌을 던지랴.

2007년 버지니아 공대에서 일어난 총기 난사 살인 사건의 범인이 '한국인 조승희'라는 사실은 우리에게도 큰 충격을 안겨줬다. 조승희는 이민자 자녀로 살아가는 동안 언어 미숙으로 인한 소통 능력의 부족, 사회 일원으로서 주류에 편입할 기회를 잃어버린 채 사회의 편견과 혐오를 극복해야 했다. 그런 상처가 쌓인다면 누구라도 폭력을 행사할 가능성이 있다. 다문화 가정이 증가하고 있는 지금 우리나라도 마찬가지다. 이민자(약자)에 대한 혐오와 낙인, 편견이 제거되지 않는 한 언제 폭발할지 모르는 문제를 안고 있는 것이다.

결국 이러한 작품 읽기의 의미는 '우리 안의 폭력성'을 돌아보자는 데 있다. 폭력은 전염성이 강해서 한번 터지면 걷잡을 수 없이 퍼지기 때문이다. 이미 우리 사회가 제어 불가능할 만큼 폭력 사회가 되어버린 것은 아닌가 불편한 마음으로 돌아보는 이유다.

; 살아서 이루는 일상의 평화
소설《헤븐》, 가와카미 미에코

열네 살 주인공 '나'는 중학교 2학년 남자아이다. 눈이 '사시(斜視)'라는 이유로 친구들로부터 왕따와 폭력을 당한다. 친구들의 물건을 들어주고, 당연한 듯 걷어차이고, 피리로 얻어맞고, 시키는 대로 운동장을 뛴다. 아버지는 집을 나갔고 새어머니와 단둘이 살고 있다.

여기 같은 반 여자아이가 있다. 이름은 고지마. '더럽다'라는 이유로 아이들로부터 왕따와 폭력을 당한다. 마음이 따뜻한 아버지는 공장을 운영하다가 망한 탓에 일을 해도 해도 가난 속에서 허우적거리고, 어머니는 그런 아버지를 견디다 못해 결국 이혼하고 돈 많은 새아버지와 재혼한다. 고지마는 가난하지만 열심히 일하러 떠난 아버지를 그리워하며 자신의 몸에 가난의 표시를 새긴다. 그것은 더러움. 아버지가 어딘가에서 신고 있는 진흙투성이의 작업화를 나도 여기에서 신고 있다는 그리움의 표식이다.
'우리는 같은 편이야.'
어느 날 주인공은 자신의 필통 속에 든 편지를 발견한다. 발신 미상. 편지는 계속 이어진다. '만나고 싶어. 학교가 끝난 뒤 다섯 시에서 일곱 시까지 여기에서 기다리고 있을게.' 마침내 주인공은 고지마와 만난다. 이들의 만남은 계속된다. 아픔의 결이 다르고 말의 방식도 다르지만, 이들은 자신만의 방법으로 살아남아 고통받는 자들끼리의 비밀 동맹을 쌓아간다.

소설가이자 가수인 가와카미 미에코는 이 책을 통해 폭력의 근원과 약함의 본질, 그리고 인간의 존엄을 예리하게 파고든다. 결코 끝나지도 않고 벗어날 수도 없을 것 같은 학대와 따돌림 속에 놓여 있지만, 우리가 삶을 포기하지 않고 계속 살아가야 하는 이유에 대해 진지하게 생각해 보게 한다. 특히 두 아이의 우정을 통해 인생이 무엇인지, 또 선악이 무엇인지를 묻는 철학적 메시지까지 담긴 이 소설은 2022년 부커상 인터내셔널 최종 후보작으로 선정돼 큰 호평을 받았다.

"책상이나 꽃병은 상처는 나도 상처 입지는 않을 거야. 아마."
고지마가 혼잣말하듯 말했다. 내가 고개를 끄덕였다.
"그렇지만 사람은 외관상으로는 상처가 없어도 사실은 많이 상처받는다고 생각해."

"우리는 지금까지 충분히 물건 같은 존재였어."라고 말하며 고지마는 아랫입술을 가볍게 물면서 웃었다.

이들의 만남이 이어질수록 폭력을 바라보는 관점의 깊이는 더해진다.

"애들은 말이지, 네 눈이 무서운 거야."

고지마는 작지만 잘 들리는 또렷한 목소리로 나에게 말했다.

"네 눈을 기분 나쁘다느니 뭐니 하지만, 그건 다 거짓말이야. 무서운 거야. 무서워 죽겠는 거야. 보기에 무섭다든가 그런 게 아니라 자기들이 이해하지 못하는 것이 있다는 사실이 무서운 거야. 녀석들은 혼자서는 아무것도 못 하는 모조품 집단이니까 자기들하고 다른 종류의 것이 있으면 그게 무서워서 때려 부수려고 하는 거야. 쫓아내려고 하는 거라고."

"너희, 더러워. 사팔뜨기하고 음식쓰레기!"

아이들이 손가락질하고 깔깔대며 웃는다.

고통과 슬픔을 고스란히 겪어내는 고지마의 목소리는 점점 깊이를 더해간다.

"나랑 네가 각자의 장소에서 지키고 맞서고 있는 것은 아름다운 약함이야. 이 약함으로 우리의 삶을 받아들이고 살아가는 것도 이 세상에서 가장 중요한 강함이거든. 학대받고 괴롭힘을 당해도 그것을 극복하려는 노력의 소중함을 아는 사람들을 잊지 않기 위한 것이거든."

고지마의 볼에 눈물이 여러 줄 빛나고 있었다.

"나는 그만두지 않을 거야."

"고지마."

"나는 그만둘 수가 없어."

고지마의 눈에서 눈물이 뚝뚝 떨어졌다.

"이것은 더 이상 너랑 나만의 문제가 아니니까."

나는 잠자코 고지마의 얼굴을 보고 있었다.

"나랑 네가 지금 죽는다든가 해서 더 이상 괴롭힘당할 일이 없어져도 말이야. 언제나 어딘가에서 똑같은 일이 일어나고 있다고. 약한 사람은 늘 처참하게 당하면서도 어떻게 할 수가 없는 거야. 그런 사람이 없어지는 일은 없어."

고지마는 약함을 실천하기 위해 '먹지 않음'으로 나아간다.

이제 소설의 제목인 '헤븐(Heaven)'의 의미를 말할 때가 됐다. 전시를 보기 위해 미술관에 간 그날, 아주 힘든 일을 겪고 이겨낸 연인들이 평범한 방에서 케이크를 먹고 있는 그림을 가리키면서 고지마가 붙인 이름이다. 그러므로 고지마에게 헤븐은 죽어서 가는 천국이 아니라, 살아서 이루는 일상의 평화다.

학교 폭력과 왕따 문제를 이렇게도 지독하게 천착하고 있는 작가에게 경외감을 느낀다. 폭력을 휘두르는 반 아이 어느 누구도 고지마를 이겨낼 수는 없을 것이다. 고지마에게는 인간에게 불행을 주는 신에게 맞서는 순교자적인 장엄함이 있다. 아버지에 대한 그리움으로 시작한 고지마의 아름다운 약함이 세상 모든 약자에 대한 연민으로 승화되기 때문이다.

누구도 이들을 함부로 대할 순 없다!

; 어린 장발장을 위하여

에세이 《아니야, 우리가 미안하다》, 천종호

'한 아이를 키우는 데 마을 전체가 필요하다.'라는 아프리카 속담이 있다. 양육이 한 가정의 문제가 아니라, 사회적 시스템으로 뒷받침되어야 한다는 이야기다. 그렇지 않으면 제대로 된 아이를 길러낼 수 없다. 그러니 교육은 국가와 사회, 부모와 교사가 이루어내는 종합예술인 셈이다.

사람들은 묻는다.

아이를 잘 키우려면 어떻게 해야 하냐고. 해답은 단순하다. 먼저 부모가 좋은 사람이어야 한다. 더 나아가 아이가 좋아하는 부모여야 한다. 부모는 아이의 거울이기 때문이다. 아무리 가난하고 어려운 가정이라 하더라도 열심히 살아가는 부모에게 충분한 사랑과 보살핌을 받은 아이들은 정서적으로 안정되어 있다. 하지만 많은 문제 청소년들은 그 마지막 피난처에서조차 내몰린다. 물러설 곳 없는 벼랑 끝에서 비행을 저지르는 것이다. 가정과 사회의 결핍이 만들어낸 어린 장발장들인 셈이다.

이런 화두를 안고 천종호 판사의 책《아니야, 우리가 미안하다》를 읽는다. 벼랑 끝에 선 아이들을 품으려는 한 어른의 절실한 눈물과 분투의 기록이다. 소년 재판 전담 판사 천종호는 재판정에서 만난 아이들을 뜨겁게 껴안으며 눈시울을 적신다.
"사과해야 할 사람은 너희들이 아니라 우리 어른들이야. 외로운 너희들이 방황할 때 따뜻한 말 한마디 건네지 않은 우리가, 어린 너희들이 죽고 싶을 만큼 힘들어할 때 손 내밀어주지 못한 우리가."
그는 판사이지만 죄의 유무를 따지기보다 재비행을 막을 수 있는 후속적인 대책에 더 마음을 쓴다. 선물을 사주고 고기와 밥을 사먹이며, 따뜻하고 자상하게 다독인다. 뿐만 아니라 이들이 재활할 수 있도록 청소년 회복센터나 임시쉼터, 그룹홈 등 가정과 부모로부터 버려진 아이들이 가정의 따뜻함을 누릴 수 있도록 다양한 시스템을 만드는 데 동분서주한다. 여기에는 이들을 부모보다 더한 헌신과 사랑으로 키워내는 센터와 쉼터 선생님들의 눈물겨운 희생과 노력이 숨어 있다. 보호 관찰이나 격리 수용이 아닌, 애끓는 가슴으로 키우는 엄마와 아빠들인 것이다.

《장발장》에서 미리엘 신부가 그랬듯, 부조리와 모순으로 가득

찬 세상에서 고통받고 자란 아이들이 또다시 범죄를 저지르는 악순환에서 어린 장발장을 구해내는 것은, 사회의 따뜻한 관심과 사랑이라는 사실을 되새기게 한다.

그런 점에서 이 책은 부모와 교사가 꼭 읽어야 할 필독서다. 사춘기 자녀 문제로 힘들어하는 이들에게는 현실적인 위로와 조언이 될 것이다. 무엇보다 아이의 마음을 이해하는 눈을 갖게 해주는 책이다. 소년 재판 전담 판사가 쓴 책이기에 문제가 생겼을 때 어떻게 화해하고 법적으로 대처할 수 있는지 현실적인 도움을 준다.

지금 우리 아이들이 신음하고 있다. 어른인 우리들의 책임은 이 가엾은 아이들을 어떻게 품어 안을 것인지 고민하고 해법을 찾아내는 일이다. 더 이상 고통받는 아이들이 나오지 않도록 노력해야 한다.

'한 송이 국화꽃을 피우기 위해 / 천둥은 먹구름 속에서 그렇게 울'었고, '모란이 피기까지는 / 삼백예순날 하냥 섭섭해 숨어 울'던 존재가 있었던 것처럼, 우주의 꽃이자 세계의 꽃인 우리 아이들이 예쁘게 피어날 수 있도록 우리 모두 애틋한 마음으로 정성과 사랑을 기울여야 한다. 아이 한 명의 인생은 부모만의 몫이 아니라, 국가와 사회, 교사 모두가 함께 짓는 종합예술품이기 때문이다.

; 우리의 청년 노동자들을 더 이상 죽이지 마라

영화 〈다음 소희〉, 정주리 감독

내가 맨 처음 교단에 선 곳은 여자상업고등학교였다. 같은 재단의 인문계 고교로 옮기기까지 나는 그곳에서 사 년 동안 1, 2, 3학년 담임을 맡으며 지냈다. 3학년 담임일 때는 1학기가 끝나자마자 수원에 있는 삼성전자로 단체 취업을 하는 아이들을 전세버스에 가득 실어 데려다주고 오기도 했다.

회사에 막 도착했을 때는 점심시간이었는데, 운동장에서 하늘색 일복과 머릿수건을 한 청년들이 가벼운 운동을 하거나 산책하는 모습이 보였다. 햇빛을 보지 못해 얼굴이 창백한 청년들 속으로 내 아이들을 밀어 넣고 돌아서자니 마음이 무거워서 한동안 발길이 떨어지지 않았다.

첫 월급을 받았다며 내복을 사 보낸 아이도 있었고, 시를 좋아하는 내게 시 낭송 테이프 전질(아마도 할부로 샀을 것으로 짐작)을 사서 보낸 아이도 있었다. 십수 년 뒤에는 승진했다며 자랑스럽게 학교로 찾아온 아이도 있었다. 하지만 삼성반도체 노동자로 일하다 백혈병으로 세상을 떠난 황유미 씨의 반올림 산재 투쟁을 담은 영화 〈또 하나의 약속〉을 관람할 때는 울음을 주체할 수 없었다. 가난하지만 착하고 성실했고, 자신보다는 가족 부양이 먼저였기에 일찍 취업해 돈을 벌어야 했던 제자들 이야기라서 더 공감했던 것 같다.

스물두 살의 나이로 '우리는 기계가 아니다.'라며 분신한 전태일 열사의 죽음이 있은 지 오십 년도 넘은 지금까지도 열악한 상황은 개선되기는커녕 오히려 현장실습생이나 청년 노동자들의 사망사고가 더 빈번하게 일어나고 있다. 2016년에는 구의역에서 스크린도어 정비 중 열아홉 살 청년이, 2017년에는 제주 생수 공장에서 현장실습생이, 2018년에는 태안화력발전소에서 스물네 살 청년이, 2024년 6월에도 전주 제지공장에서 열아홉 살 청년이 작업 중 사망하는 사고가 있었다.

특히 전주 제지공장 사망사고 청년의 수첩에 적힌 글은 전 국민의 가슴을 울컥하게 했다. 올해 목표가 '남에 관한 얘기 함부로 하지 않기', '뭐든 하기 전에 겁먹지 말기', '기록하는 습관 들이기', '살 빼기', '운동하기', '구체적인 미래 목표 세우기', '악기나 그림 같은 예체능 계열 손대보기', '친구들에게 돈 아끼지 않기', '사진 많이 찍어두기' 같은 평범한 것들이었다. 그 나이면 누구나 가질 수 있는 소박한 꿈을 펼쳐보기도 전에 세상을 뜨고 말았으니 가슴이 미어진다.

그런데도 언론과 정치권에서는 사망사고가 있을 때만 잠깐 관심을 가지다가 금세 잊어버린다. 조금 지나면 언제 그랬냐는 듯 똑같은 사고가 반복된다. 사회의 가장 밑바닥에서 낮은 임금으로 노동하는 청년들이 인격체로 대접받기는커녕 자본의 수단과 도구로 소비되고 있는 것이다. 굳이 대학에 진학하지 않아도 삶이 보장되는 사회, 개개인이 가진 기술이 인정받는 사회를 꿈꾸며 특성화 고등학교에 진학했을 이들이 아닌가.

영화 〈다음 소희〉도 마찬가지다. 2017년 1월 전주의 한 고객센터(LG U+)로 현장실습을 나간 학생이 스스로 삶을 마감했던 실화를 바탕으로 만든 영화인데, 감독은 '다음에는 소희 같은 희생자'가 절대 나와서는 안 된다는 메시지를 제목에 담았다.

다소 욱하는 성질이 있기는 하지만 춤추는 걸 좋아하던 소희가 졸업도 전에 대기업이라는 말만 듣고 콜센터에 취직해 욕받이(핸드폰이나 인터넷 계약해지방어)를 수행해 내면서도 제대로 된 임금을 받지도 못한 채 소비되어 가는 삶을 산다. 전반부는 김소희가 그런 환경을 견디지 못하고 스스로 삶을 마감하기까지의 내용을 담았다면, 후반부는 형사인 오유진이 소희 죽음의 원인을 추적해 가는 내용을 담았다.

오유진이 회사의 관리자를 찾아가도, 학교의 담임을 찾아가도,

심지어는 교육청 담당 장학사를 찾아가도 한결같이 소희의 죽음에 대한 책임을 인정하기는커녕 시스템의 문제로 돌렸다. 아직 피기도 전인 어린 생명들이 현장실습이라는 명목으로 소비되다가 스러져가는 현실을 보여준다. 일을 그만두겠다고 학교를 찾아간 소희를 담임은 울먹이면서 설득한다.

"네가 그러면 안 돼. 넌 얼마나 괜찮은 아이인데……. 네가 그러면 학교 이미지가 나빠져 후배들을 더 이상 보낼 수 없어. 그러면 학교 취업률이 형편없이 떨어지고 인센티브도 받을 수 없어."

그러자 소희가 슬픈 얼굴로 되묻는다.

"선생님은 제가 거기서 무슨 일을 하는지 알아요?"

소희의 안타까운 상황에도 불구하고 무기력하기 짝이 없는 담임의 대처가 얼마나 현실적인지 실감하지 않을 수 없다. 교사인 내가 그 자리에 앉아 있었다 해도 크게 다르지 않았을 것만 같다. 그렇다면 나는 아이를 죽음으로 내모는 가해자가 결코 아니라고 장담할 수 있을까. 아이의 죽음에 공모자가 된 이 느낌은 어디서 오는 걸까.

; 있는 그대로 사랑받을 권리

실화 소설 《소녀가 되어가는 시간》, 에이미 엘리스 넛

여고에서 교사로 지내다 보면 자주 겪는 일이 있다. 학교 축제 기간에 연극의 남주인공, 커플 댄스의 남자 역할, 밴드부의 드러머나 기타리스트처럼 남자 역할을 맡은 여학생들이 있는데, 남장(男裝)을 한 이 여학생들의 인기는 실로 대단하다. 축제가 끝나도 한동안은 열기가 가라앉지 않는다. 사인을 받으러 쫓아다니는 일은 다반사이고, 누가 누굴 좋아한다는 이야기까지 공공연히 퍼진다.

평소 아이들이 내게 와 자신의 연애 상담을 털어놓곤 했는데, 그중에는 여학생들끼리 사귄다는 이야기도, 이별했다며 괴로워하는 아이도 있다. 그중에는 자신의 성 정체성을 고백한 아이도 있었는데, 결국 혼란과 갈등을 견디다 학교를 떠나기도 했다. 그때 나는 어떻게 그들의 상담에 응했던 것일까. 아는 게 없어 들어주는 정도에 그쳤을 테지만, 아이들에게 필요한 건 편견 없이 들어주는 사람이었을

거라고 생각한다.

하지만 그것만으로는 충분하지 않다는 무력감은 오래오래 이어졌다. 그러던 중 우연한 기회에《소녀가 되어가는 시간》이라는 책을 다룬 북토크에 참여하게 되었다. '트랜스젠더 아동은 어떻게 행복한 어른으로 자랄 수 있는가'라는 질문으로 돌고래 출판사가 주최한 자리였다.

그곳에서 나는 트랜스젠더 자녀를 둔 부모들의 고백을 들을 수 있었다. 커밍아웃의 순간, 자녀의 혼란을 마주한 부모의 당혹감과 그 모든 과정을 함께 견뎌낸 가족들의 눈물과 연대의 생생한 절규였다.

에이미 엘리스 넛의《소녀가 되어가는 시간》은 남자아이로 태어났으나 두 살 무렵부터 여성으로서의 자의식을 분명히 표현한 주인공 니콜과 그 가족의 이십여 년에 걸친 실화다. 이 여정은 트랜스젠더 개인의 이야기를 넘어, 가족과 지역 공동체가 어떻게 한 아이의 삶에 결정적인 영향을 미치는지를 감동적으로 보여준다. 니콜의 부모 웨인과 켈리, 그리고 남동생 조너스는 차별과 혐오, 오해와 편견 속에서도, 니콜이 있는 그대로 사랑받으며 자랄 수 있도록 온몸으로 길을 만들어 간다.

북토크는 아버지 웨인, 어머니 켈리, 남동생 조너스의 이야기를 중심으로, 초대 가족 두 분이 경험한 사례를 풀어놓았다. 자신의 아이가 가정에서, 학교에서 또는 친구들 사이에서 겪는 수많은 고충을 들으며 나는 우리 사회가 이들을 포용하기엔 얼마나 열악한가를 충분히 실감할 수 있었다. 첫 관문인 커밍아웃에서부터 사회생활을 하면서도 그림자처럼 살아가는 이들의 어려움이 생생하게 와닿았다.

북토크가 진행되는 동안 자신의 성 정체성을 부모에게 직접 고백한 청년들의 증언도 이어졌다. 커밍아웃이라는, 한 인간에게 가장 용기 있는 행동의 순간이 때로는 가족 내에서 거대한 벽이 된다는 사실도 실감할 수 있었다. 그들 중 누군가 '내 이야기를 있는 그대로 들어주는 사람, 그 존재 하나만으로도 버틸 수 있었다.'라고 한 말이 오래 가슴에 남았다. 부모들에게 어떤 자식인들 소중하지 않으랴. 어떤 성 정체성을 가졌다 한들 마찬가지다.

그렇다면 교사는 또 어떤 존재여야 할까? 단지 지식을 전달하는 사람, 문제를 해결해 주는 사람보다 먼저 편견 없이 들어주는 사람이 되어야 한다는 단순하고도 근본적인 사실을 절감하게 됐다.

학교의 품은 더 넓어져야 한다. 성 정체성은 단지 사적인 문제가 아니다. 학교는 여러 성향의 아이들이 모이는 곳이기에 다양한 정체성과 존재를 포용하는 공간이어야 한다. 그러기에 교사들의 인식 전환이 중요하다. 서로 배우고, 질문하고, 오해를 풀어내는 작은 소모임들이 많아져야 한다.

북토크에서 만난 그분들을 학교로 초청하고 싶었다. 직접 경험담을 듣고, 아이들을 더 깊이 이해하고, 생각의 틀을 넓힐 기회를 마련하고 싶었다. 퇴직하는 바람에 실현되지는 못했지만 이런 시도들은 인간이 인간으로 살 수 있는, 서로를 있는 그대로 사랑할 수 있는 참된 교육의 토양이 되리라 믿는다. 우리가 지켜야 할 건 아이들의 성별이 아니라 그들의 존재 그 자체이기 때문이다.

Epilogue

나를 키운 시간들

안개와 우물

아기는 자꾸만 까무러쳤다. 깊이를 알 수 없는 바닥으로 의식이 고꾸라질 때마다 아기의 목구멍에선 찰칵찰칵 필름 감기는 소리가 났다. 오메, 야가 왜 그런다냐……! 이제 갓 시집온 어린 숙모는 등허리에서 자꾸만 뒤로 휘어지는 아기를 앞으로 돌려 안으며 울음을 터뜨렸다. 머리가 불덩이여! 이 일을 어쩌믄 좋당가! 느그 엄마도 없는디……. 시상에!

숙모는 다시 아기를 급하게 추켜올린 채 동구 밖으로 달음질을 쳤다. 사위는 안개인지 저녁 이내인지 분간할 수 없는 습기가 질식할 듯 드리워져 있었다. 산모롱이를 초조하게 바라보는 숙모의 눈동자 속으로 금세 칠흑의 어둠이 흘러들었다. 간간이 코홀쩍이는 소리가 났다. 숙모는 울고 있는 것일까.

아기의 습관성 호흡 곤란은 안개 때문이었는지도 모른다. 안개는 마을 앞을 휘돌아 흐르는 개울 바로 아래쪽에서부터 시작되고 있었다. 그곳에는 세 개의 군과 열여덟 개 면 단위의 농경지에 물을 댈 수 있을 만큼 거대한 저수지가 있었다. 마을 사람들은 살갗을 부드럽게 어루만지는 안개의 손끝을 받으며 하루를 시작했고, 저녁 이내와 함께 젖어 들던 안개를 호흡하며 초저녁 단잠에 빠져들곤 했다.

Epilogue

라이터 행상을 하느라 몇 달씩 집을 비우던 아버지 형제. 날마다 이른 새벽이면 보자기에 싼 당목과 비단 몇 필을 머리에 인 채 오일장 행상에 나가던 엄마. 이들은 결혼도 하기 전, 난리통에 모두 죽어버린 부모들로 인해 자신의 목숨 부지하는 법을 일찌감치 터득하고 있었다. 집을 지킬 사람이라곤 늙은이 숨소리 하나 들리지 않는, 그야말로 빈집 같은 그곳에서 아기는 날이면 날마다 어린 숙모의 등에 업혀 하루를 났다. 금세라도 맥을 놓아버릴 것처럼 아기의 호흡은 가늘었고, 숨을 쉴 때마다 붉어진 얼굴 어딘가에서 끄윽 끄윽 소리가 났다. 아기는 줄곧 아팠다. 그 때문인지 두 돌이나 지났건만 소통하는 데 필요한 말 한마디도 제대로 하지 못했다.

마을 초입까지 나간 숙모는 발을 동동 구르며 서 있었다. 등에 업힌 아기는 벌겋게 달아오른 얼굴로 계속 울어댔다. 허둥거리며 숙모는 바로 옆에 놓인 우물가로 아기를 데려갔다. 우물에서 물을 길어 올린 숙모는 열에 달아오른 아기의 얼굴에 두레박을 갖다 댔다. 갈증 때문이었을까. 아기는 정신없이 물을 받아먹었다. 등에 업힌 채 거꾸로 본 아기의 눈동자 속으로 음력 8월의 하현달이 자꾸만 빠져들고 있었다. 우물에서는 따뜻한 김이 무럭무럭 피어올라 혼령처럼 하늘로 올라갔다. 어지러웠다. 두레박에 얼굴을 처박고 있던 아기의 고개가 혼절해 버린 영혼처럼 우물 쪽으로 기울어져 버렸다.

그때였을 것이다. 보자기를 머리에 인 채 시든 푸성귀처럼 허청허청 걸어오던 엄마를 만난 것은. 숙모의 다급한 말소리에 놀라 등에 업혀 있던 아기를 받아든 엄마는 시골의 고샅길을 정신없이 뛰어갔을 것이다. 집에 도착한 엄마가 아기를 안고 뛰어 들어간 곳은 헛간이었을 것이다. 뒤이어 따라온 숙모가 온몸을 떨며 서 있는 동안, 엄마가 한 일은 아기를 모조리 발가벗기는 일이었을 것이다. 발가벗긴 아기를 재 소쿠리에 담은 엄마는 숙모와 함께 소쿠리의 양쪽 모서리를 잡고 흔들기 시작했을 것이다. 훗날 아기는 그것이 '주장맥이'였다는 걸 알게 될까. 아픈 아기를 병원으로 데려가는 대신 재 소쿠리에 넣어 끊임없이 흔들었던 엄마의 입에선 뜨거운 울음이 한가득 쏟아졌던 것을.

눈물 아롱아롱 장터 풍경

네 살쯤 읍내로 이사를 했다. 아이는 읍내 장이 설 때마다 장터로 엄마를 찾아가곤 했다. 그때쯤은 물품이 늘어나 엄마는 아버지와 함께 오일장을 돌았다. 지붕 삼아 펼쳐진 당목 차일 밑으로 옷감을 벌여놓은 엄마와 아버지는 손바닥만큼의 빈 공간 속에 들어앉아 행인들의 시선을 붙잡았다.

　여름날이었다. 옷감 가게가 죽 늘어선 곳에는 꼭꼭 여며놓은 차일 탓에 더운 열기가 찜통 속처럼 고여 있었다. 이것저것 가리키며 가격을 묻는 행인들에게 정신을 팔고 있던 엄마는 아이를 발견하더니 화들짝 놀란 표정을 지었다. 아이는 반가우면서도 멋쩍은 시선으로 엄마를 향해 슬쩍 웃었다.
　하지만 자신을 바라보고 있던 옆 점포 주인들의 표정을 재빨리 살핀 엄마는 곧이어 아이를 쥐어박을 듯 얼굴을 일그러뜨렸다. 허름한 아이의 옷차림을 먼저 본 거였다. 엄마의 얼굴은 벌겋게 달아올랐다.
　빨리 가. 어서!
　엄마의 음성은 낮고도 단호했다. 아이는 이유도 모른 채 엄마의 싸늘한 음성에 기가 죽어 눈에 눈물을 그렁그렁 매달았다. 엄마가 손에 쥐여주던 동전을 꼭 움켜쥔 아이는 부끄러움으로 가려워진 뒤통수를 하릴없이 긁적이며 돌아섰다. 돌아 나오던 시골 장터가 눈물 속에 아롱아롱했다. 그럴 때는 엄마가 꼭 계모 같았다. 어른들의 말대로 자신은 다리 밑에서 주워온 아이가 틀림없다고 주절거렸다.

엄마의 비단

그렇게 자라 국어 교사가 된 나는 교과서에 나오는 이효석의《메밀꽃 필 무렵》을 수업할 때마다 허방에 빠진다. 해 질 무렵 장터 풍경이 실감 나게 눈앞에 펼쳐지기 때문이다.

부모님이 언제부터 장사를 시작했는지 모른다. 내가 태어났을 때도 장사를 하고 있었으니까. 어제도 뜨고 오늘도 뜨고 내일도 뜨게 될 태양처럼, 부모님의 장사는 내 몸에 밴 습관처럼 당연한 일상이었다.

언젠가 딱 한 번 물어본 적이 있었다. 사람은 어디서 와서 어디로 가는가를 궁구하느라 머릿속이 자못 심각해지던 사춘기 무렵이었다.

"딱 너 낳고부터지."

정말? 나는 신기했다. 다른 형제와는 달리 부모님의 장사가 내 나이만큼의 역사를 갖는다는 게 어딘지 내 삶과 뗄 수 없는 인연인 것 같았다. 나는 눈빛을 반짝이며 엄마의 무릎에 바짝 달라붙었다. 그래서? 그것도 하필 비단 장사를?

"너 낳고 몸조리를 하고 있을 때야. 마루를 넘어온 봄볕이 문창살 안까지 넘실넘실 파고 들어왔지. 속이 메슥거리고 답답한 게 영 미칠 것 같아서 방문을 활짝 열었어. 바람은 여전히 찬데 햇살은 어찌 그리도 눈에 부시던지. 방문에 몸을 기대고 밖을 내다봤어. 지붕 낮은 헛간은 햇볕이 들지 않아 어둡기만 한데, 헛간의 지붕 어딘가에서 샛노란 나비 한 마리가 눈앞을 알짱알짱하더니 방 안으로 쑥 들어오는 거야. 고구마 울타리 밑으로 흙가루가 폴폴 흘러내리는 캄캄한 방이었어. 그 순간 방 안이 갑자기 환해지더라니! 한동안 이리저리 날더니 겁도 없이 내 앞에 사뿐히 내려앉더구나. 문지방에 앉은 나비의 샛노란 날개가 햇살 속에서 파르르 몸을 떠는데 얼마나 황홀했는지 몰라……."

엄마는 그 순간을 떠올리듯 눈을 가느다랗게 떴다.

"그러던 나비가 무심결에 날아가 버리는 거야."

엄마는 나비 뒤를 눈으로 좇다가 문득 대문간에 서 있던 노파와 눈이 마주쳤다. 머뭇머뭇 안을 들여다보고 있던 노파는 다짜고짜 집 안으로 들어오더니 머리에 이고 있던 보자기를 마루에 풀어헤쳤다. 눈처럼 흰 인조견과 쪽빛의 민공단, 꼭두서니[7] 빛깔의 모본단이 눈앞에 좌르르 펼쳐졌다.

"색색의 비단에 그저 눈앞이 어질어질한 게…… 나는 딴 세상 어디쯤인가 했다."

머릿속에 일제히 등불이 켜지듯 세상이 환해지는 느낌이었다고

---

7) 여러해살이 덩굴풀

했다. 전쟁으로 부모를 모두 잃고 패대기치듯 동생들과 남겨진 아버지에게 시집온 엄마가 어찌어찌 끼니를 차려내던 시절의 일이었다. 비단을 보는 순간, 엄마는 자신 앞에 다른 세상의 문이 열렸다는 것을 직감했다. 엄마는 이제 막 걸음마를 시작한 오빠와 나를 갓 시집온 어린 숙모에게 맡기고 그 길로 노파를 따라나섰다. 보자기에 싼 비단을 머리에 인 채 첫새벽과 한밤중에 마을 앞 뒷산을 넘으면서도 무서운 줄을 몰랐다고 했다.

아버지의 달구지

아버지는 《메밀꽃 필 무렵》의 허생원처럼 달구지에 짐을 싣고 밤길을 걸었다. 허생원이 메밀꽃이 환하게 핀 달밤의 산길을 걸으며 물레방앗간의 추억을 떠올렸다면, 아버지는 질척이는 빗길에 미끄러져 말과 달구지가 함께 웅덩이에 처박히기도 했다. 힘겹게 웅덩이를 헤쳐 나온 아버지가 어찌어찌 짐 덩이를 끄집어낼 때면, 비단은 이미 흙탕물에 절고 염료가 번질 대로 번져 물에 젖은 신문지처럼 후줄근해져 버린 뒤였다.

그런 다음 날이면 온 집안에 색색의 무지개 꽃이 피었다. 물에 젖은 비단을 헹구고 헹궈 빨랫줄에 널고 있는 엄마의 얼굴엔 수심이 가득했다. 염색물이 번질 대로 번져버린 비단의 무늬는 눈물로 어룽어룽 번진 엄마의 벌건 눈자위와 닮아 있었다.

그래도 좋았다. 출근하는 엄마의 가방을 숨기고 내놓지 않는 아이처럼, 나는 부모님이 장에 안 가는 날이어서 좋았다. 겹겹이 친 빨랫줄에 휘늘어진 비단 사이를 헤집으며 술래잡기를 했다. 텅 빈 집 안이 꽉 찬 느낌이었다.

"그땐 어땠어?"

내가 물으면 엄마는 담담하게 말했다.

"뭐가 어떻긴. 안 죽으려면 일어나야지."

엄마와 아버지는 빨랫줄에 널어 말린 후줄근한 비단들을 들고 다시 장으로 갔다. 거저 먹이로 안겨주던 비단들은 순식간에 다 팔려나갔다. 짐 덩이는 다시 홀쭉해졌다.

"참 무서운 줄 몰랐던 때야."

엄마에겐 지독한 고통도 지나면 추억이 되는 모양이었다. 그때를 그리워하듯 아련한 눈빛이었지만, 엄마의 말투에는 '젊어 고생은 사서도 한다.'라는 말을 증명하듯 어려움을 슬기롭게 건너온 자의 당당함이 배어 있었다. 비록 평생 여름에는 땀띠를, 겨울에는 동상을 끼고 살았지만, 그마저도 훈장이 되던 시절의 이야기다.

글쓰기의 첫 씨앗

초등학교 2학년 교실, 신학기 첫날 아침이었다. 교실은 난민 수용소처럼 시끄러웠지만, 단발머리 여자아이는 곧 만나게 될 새 담임 선생님을 기다리느라 가슴을 졸이며 앉아 있었다. 이른 새벽부터 일어나 머리를 감고 옷을 갈아입는 등 거울 앞에서 온갖 수선을 떨다가, 정작 긴장으로 어깨가 굳어진 여자아이는 아침밥을 제대로 먹지 못했다.

전날 밤 여자아이는 잠자리에 들기 전에 하느님께 기도를 드렸다. 무섭고 사나운 선생님이 아닌, 친절하고 상냥한 선생님을 만나게 해달라고. 여자아이는 하느님께서 분명 자신의 기도를 들어주리라고 생각했다. 평소 나쁜 짓을 해본 기억이 없는 여자아이는 자그마한 일에도 자주 가슴이 두근거렸고, 얼굴이 쉽게 빨개졌다. 소심한 아이였다.

드디어 문이 열렸다. 젊고 잘생긴 남자 선생님이 모습을 드러냈다. 교탁 앞에 선 선생님은 아이들을 둘러보며 조용히 웃었다. 반듯한 콧날, 웃으면 살짝 올라가는 입꼬리, 하얀 셔츠를 단정하게 걸친 선생님은 마치 영화 속 주인공 같았다. 선생님은 막 사범학교를 졸업하고 초등학교에 첫 발령을 받으신 참이었다. 여자아이의 가슴은 봄날 아지랑이처럼 술렁거렸다.

어느덧 여름이 되었다. 몇 명의 아이들과 선생님 댁으로 '밤공부'

를 다니게 되었다. 누구보다도 열정적이었던 선생님은 신혼의 단칸방으로 아이들을 불러 모자란 공부를 가르쳐 주셨다. 더 가까이 선생님을 접할 수 있게 된 아이들은 어깨에 잔뜩 힘을 불어넣은 채 전과나 수련장 따위를 옆구리에 끼고 다녔다.

그렇게 여름과 가을이 지났고, 심심하고 길기만 했던 겨울방학마저 끝이 났다. 선생님과 헤어져야 할 순간이 가까워지고 있었다. 바람이 교실과 복도를 휘돌고 지나갈 때마다 여자아이의 가슴은 더욱 스산해졌다. 마침내 종업식 날이 되었다. 제각각 성적표를 받아든 아이들이 친구의 성적표를 힐끔거리느라 야단법석을 떨었지만, 여자아이의 시선은 선생님의 일거수일투족을 쫓아가고 있을 뿐이었다.

하지만 선생님은 미소를 머금은 얼굴로 아이들에게 책 한 권씩을 나눠주었다. '교지(校誌)'라고 했다. 개교 60년 역사를 가진 내력 있는 초등학교였음에도 불구하고 한 번도 교지가 있다는 말을 들어본 적 없는 아이들은 표지에 실린 학교 사진을 보며 마냥 신기해했다. 선생님께서 처음으로 창간해낸 교지의 이름은 《다정한 별아》였는데, 책 속에는 이름처럼 다정하고 정감 있는 내용으로 가득 채워져 있었다.

무심코 교지를 펼쳐보던 여자아이의 눈이 갑자기 휘둥그레졌다. 자신이 쓴 시 〈너무 예뻐서〉를 발견한 탓이었다. 여자아이의 가슴은 감동으로 벅차올랐다. 그날 어떻게 종업식을 마쳤는지 모른다. 하교

하자마자 단숨에 골목까지 달려온 여자아이가 엄마! 엄마! 외치며 집 안으로 뛰어들었던 기억뿐.

1980년 5월

그해 나는 갓 전남대학교에 입학한 신입생이었다. 아침나절이면, 입학 기념으로 마련한 굽 높은 구두를 신고 종종거렸다. 진흙이 구두 밑창에 달라붙어 좀처럼 떨어지지 않았지만, 캠퍼스의 공기는 한없이 자유로웠고, 하늘은 끝없이 푸르렀다. 강의실 앞 벤치엔 새내기들의 웃음소리가 넘쳐났다. 나는 몇 권의 교양 도서를 품에 안고 인문대 건물을 향해 종종거리곤 했다. 가슴 설레는 대학 생활이 막 시작되려는 참이었다.

바야흐로 학내에 봄기운이 한껏 펼쳐지던 때였다. 대학마다 유신 독재의 학군단 체제를 청산하고, 새롭게 부활한 직선제 총학생회장 선거로 열기가 점차 부풀어 올랐다. 학내 게시판엔 대자보가 하나둘 붙기 시작했지만, 강의실 뒤편에서는 수상한 눈빛을 한 사람들의 낯선 말들이 오가곤 했다.

유난히도 짙은 황사가 철쭉꽃 이파리 사이로 짙게 내려앉았던 그 해 봄은, 고교 시절까지 그저 모범생으로 무난하게 살아왔던 내게는 방황과 갈등과 두려움의 연속이었다. 옳고 그름에 대한 판단력을 거세당하고, 유신 시대의 교육과 이념에 잘 길든 어린 짐승에 불과했던 나는, 점차 최루탄 가스가 난무하고 함성과 구호와 돌멩이들이 날아다니는 현장에서 도망쳐 나오기 바빴다. 발을 접질린 채 눈물을 펑펑 쏟으며 한 손에 구두를 들고 두려움에 떨며 절뚝절뚝 현장을 빠져나오려고 발버둥 치는 게 고작이었다.

그러는 사이 휴교령이 내려졌고 학교 정문은 폐쇄됐다. 자취방에 숨어들어 떨고 있는 나를 찾아낸 사람은 아버지였다. 나는 아버지의 손에 이끌려 시골집으로 내려갔다. 대학생들을 찾아내 씨를 말려버린다는 풍문이 시골구석에까지 들려왔다. 두려움에 질린 엄마는 나를 친척 집으로 데려가 다락에 숨겨놓기도 했다.

오랜 시간이 흘러 캠퍼스로 다시 돌아왔을 때, 그곳에는 죽음의 침묵만이 무겁게 드리워져 있었다. 동아리 회원 중의 누구는 죽었고, 누구는 잡혀가고 없었다. 아무도 노래하지 않았고, 아무도 웃지 않았다. 수업은 제대로 이루어지지 않았고, 학점은 바닥을 쳤다. 나는 입학 때 사두었던 구두와 치마를 그 뒤 다시는 입지 못했다. 내 몸과 의식이 그때 스러져 간 친구들 곁에 없었다는 사실이 두고두고 빚으로 남았다. 잿빛이나 검은색 이외에는 눈길조차 주지 못하는 죄 많은 청춘이 그렇게 흘러갔다.

그때 내가 자취하던 집은 낡고 허름한 지붕들이 다닥다닥 붙어있던 도시 외곽의 철길 가에 있었다. 주인집 내외는 돼지머리를 도매로 떼다가 소매로 넘기는 사람들이었는데, 일주일에 두 번이면 어김없이 손수레에 가득 실은 돼지머리가 집안으로 들어왔다. 남자는 수돗가에 돼지머리를 부려놓고 손질을 시작했다. 잘 벼린 칼날을 놀릴 때마다 그의 입에서 쉿! 쉿! 바람 소리가 새어 나왔다.

아낙은 남자가 손질해놓은 돼지머리를 연탄 화덕 양은솥에 넣고 푹푹 삶아 시장에 내다 팔았다. 한여름이면 수돗가에 넘쳐나는 돼지머리와 노린내가 집안에 흉흉히 떠돌았다. 수돗가 옆 창고에는 미처 손질하지 못한 돼지머리가 쌓여 있었는데, 반쯤 뜬 눈, 감은 눈, 살육의 현장을 똑똑히 지켜보았을 부릅뜬 눈들이 바닥에 뒤엉켜 있었다. 때론 잘린 목 부위가 너덜너덜한 살점을 내보이며 허공을 향하고 있기도 했다. 더위를 참을 수 없었던 내가 창고에 숨어 찬물을 끼얹을 때마다, 돼지머리에서 흘러나온 핏물이 물줄기를 따라 수돗가로 흘러갔다.

날씨는 점점 더워졌다. 지독해진 노린내가 눈과 콧속을 후벼 팠다. 잠들 수 없는 밤이 이어졌다. 나는 대문 지붕에 손바닥만 하게 만

Epilogue

들어진 옥상으로 올라갔다. 구멍이 숭숭 뚫린 철제 계단을 밟고 올라간 그곳은 어둠 속으로 몸을 숨기기엔 더없이 좋은 곳이었다. 밤기차가 연이어 지나갔다. 나는 기차가 지나갈 때마다 차창 속 얼굴들에게 손을 흔들었다. 그들에게는 어둠 속에 잠긴 내가 보이지 않을 것이었다. 아무래도 좋았다. 간절하게 흔드는 내 손끝이 어딘가에 닿을 수만 있다면.

나는 엄마를 닮았나, 아버지를 닮았나

엄마는 타고난 장사꾼이었다. 게다가 색에 대한 미감도 탁월해서 비단을 다루는 솜씨도 예사롭지 않았다. 저고리와 치마를 다른 색으로 맞춤하는 과정이나 소매 또는 깃에 다른 색을 덧대는 반회장, 삼회장저고리를 치마와 배색할 때마다 손님들의 탄성을 자아내곤 했다.

엄마와 아버지는 평생 같은 공간에서 비단을 팔아야 했기에 투덕투덕 다투는 일이 잦았다. 그것을 엄마는 '아버지와 배포가 안 맞는다.'는 말로 표현했다. 당시만 해도 나는 어린 데다가 장터에서 장사하는 두 분을 뵐 기회가 많지 않았기 때문에 그 말뜻을 제대로 이해하지 못했다.

그러던 두 분의 다툼을 가까이에서 보게 된 것은 이십 년 넘게 다니던 오일장을 정리하고 읍내 사거리에 가게를 낸 뒤였다. 특히 추수가 끝난 늦가을부터는 돈 생긴 김에 밀린 일을 처리하듯 겨우내 혼사와 회갑, 진갑 또는 수의 등을 준비하는 손님들로 가게는 미어터지듯 했고, 부모님과 함께 집안일을 병행하는 점원은 점심을 거르면서까지 손님을 받았기에 대학생인 나는 겨울방학 때마다 시골로 내려가 부모님의 가게 일을 도와야 했다.

엄마가 비단 필을 풀어서 보색을 한 다음, 자로 재서 저고리와 치맛감만큼 가위로 잘라내고 나면 아버지는 속치마에 해당하는 안감을 맞춰 끊었고, 점원과 나는 그들이 풀어놓은 비단 필을 감아서 제자리에 꽂아두느라 정신을 차릴 수 없을 지경이었다. 그러다 식사 때가 되면 한 사람씩 슬쩍슬쩍 부엌으로 들어가 국에 밥을 말아 후루룩 들이켜고 나와 다시 일을 계속해가는 식이었다. 그 속에서 주도적으로 손님을 응대하는 사람은 엄마였던지라 엄마는 점심을 거르기 일쑤였다. 늦은 밤이면 그렇게 번 돈을 세느라 많은 시간을 보낼 만큼 성황을 누렸다.

가을과 겨울을 보내고 농사철이 시작되는 봄과 여름을 맞으면 포목점은 비수기에 들어갔다. 장사가 안돼 파리만 날리는 형국이 계속됐다. 엄마는 여름이 가기 전에 인근 도시를 다니며 색색의 비단과 이불솜 같은 침구 관련 물건들을 가게와 안집에 잔뜩 쟁여놓았다. 찬 바람이 돌면 곧 혼사나 잔치를 앞둔 집에서는 한복을 열 벌도 넘게 지으러 온다는 것을 알기 때문이었다. 혼사만 해도 양가의 인사 옷에 다 신랑 신부 한복에 침구 세트까지 합하면 수백만 원을 넘어갈 만큼 큰 구찌 손님들이었다.

색감에 탁월한 안목을 가진 엄마가 방바닥에 비단을 좌르르 펼쳐 손가락과 손바닥으로 맵시 있게 들어 올리면 사람들의 입에서 탄성이 터졌다. 그럴 때 엄마의 눈빛은 자신이 내보이는 물건에 대한 자부와 긍지로 반짝였다. 엄마는 고급스러운 물건을 알아볼 줄 아는 손님들의 식견에 대한 칭찬을 먼저 풍성하게 풀어놓았다.

엄마는 가게에 들어서는 손님들의 입성을 재빨리 파악한 후 비싼 본견을 내놓기도 하고, 허물없이 빨아도 좋은, 가격은 낮고 실용적인 비단을 펼쳐놓기도 했다. 돈 많은 사람에게 내보인 본견에는 '그 무엇에도 비할 수 없을 만큼 최고급이니 다른 물건과는 급이 다르다'는 말로 손님을 만족시켰고, 그보다 낮은 급의 비단에는 '편하게 빨아서 입는 게 최고예요, 조금만 얼룩이 묻어도 드라이클리닝 해야 하는 본견은 가격만 비싸고 실용적이지 못해요.'하는 식으로 상반된 식견을 내놓곤 했다.

한참이나 감탄의 눈빛을 보내던 손님들은 나중에야 화들짝 정신을 차리고는 물건이 고급인 만큼 가격이 비쌀 것에 대한 걱정으로 조심스러워졌다. 마침내 그들은 주저주저하며 가격을 물었다. 그러면 엄마는 곧바로 가격을 이야기하는 대신, 이건 절대 빨면 안 되니 조금만 입어도 꼭 드라이해서 보관해야 색깔도 잘 보존이 된다고, 옷은 대접해 주는 만큼 보답하는 거라고 추어올렸다. 그러면 손님들은 잘 알아들었다는 듯 고개를 끄덕이며 아따, 그러니까 도합 얼마란 말이오? 라고 다시 가격을 재촉했다. 도대체 가격이 얼마길래 쉽게 부르지 못하는 거냐는 눈빛으로 엄마의 얼굴을 살폈다.

엄마는 그제야 목소리를 낮추며 다른 사람이 들을세라 이건 얼마고, 저건 얼마고, 다 합하면 얼마인데, 우리 집의 오랜 단골이니까 기분 좋게 깎아서 얼마 주시면 되겠다고 했다. 그러면 손님들이 입을 쩍 벌리며 엄청나게 좋은 물건을 팔면서 그렇게나 많이 깎아준다니 감읍하는 표정이 되어 더 깎자는 말을 꺼내지도 않은 채 품 안에 깊이 숨겨둔 지폐 묶음을 꺼내 흔쾌히 건네고 난 뒤, 각각 팔을 벌리고 서서 제 몸의 치수를 쟀다.

손님들이 가게를 나서면서 "우리 집 식구가 딴 집으로 가자고 혔는디 내가 이렇게 잘해줄 줄 알고 억부러 이 집으로 가자고 헌 것잉게 바느질까지 옷 이쁘게 잘 해줘야쓰요!"라는 말로 당부하면, 엄마는 흔쾌한 얼굴로 "당연하제라. 걱정하지 마시고 잘 지어놓을 테니 완성된 날짜에 옷 찾아가면 되것소."라는 말로 화답하며 그들을 배웅했다.

이것이 엄마의 장사 수완이라면 아버지는 정반대였다.

아버지는 똑같은 물건을 내놔도 가격을 통 크게 부르지 못했다. 방바닥에 떨어진 머리카락 한 올도 낱낱이 주워 손바닥에 비빈 후 쓰레기통에 버렸고, 한 뼘짜리 노끈도 일일이 묶어 짐 끈으로 재활용했다. 날마다 타고난 성실함과 정갈함으로 가게 안팎을 반짝반짝하게 청소하는 사람도 아버지였다.

아버지는 가까운 사람이라고 생각되면 꼭 받을 가격만큼만 부르는 게 사람의 도리라고 생각했다. 그런데도 아는 사람이든 모르는 사람이든 손님이라면 한결같이 깎아달라는 말을 한다는 거다. 그러면 아버지는 꼭 받을 만큼만 금액을 불렀다며 그렇게는 안 된다고 도리질 쳤다. 그러면 손님은 무색한 얼굴로 "어찌 그렇게 인색하게 그러요, 오가는 말에도 대접해 주는 게 있는 법인디 쪼깐만 깎아주제 그라요?"라고 하며 서운해 한다. 그러면 아버지는 "손해까장 보면서 장사를 어떻게 한다요, 안 살라믄 마씨요."라며 자신의 진심을 몰라주는 손님이 야속해 기어이 화를 내고 마는 사람이었다.

손님들은 얼굴을 붉히며 돌아섰고, 다시는 내가 이 가게에 올 줄 아느냐는 듯 불쾌한 얼굴로 나설라치면, 버선발로 뛰어나가 그들을 붙잡는 사람은 또 엄마였다. "그렇게 가면 되것소, 손님이 부른 대로 해줄 터잉께 들어갑시다."라며 달랬다. "우리 집 양반이 너머 정직하단 말이요. 그래서 꼭 받을 가격만 부르는 사람이라 더 깎아주기는 어렵지만 말 꺼낸 인사 닦음으로 오늘은 그렇게 해드릴 테니 다음에 꼭 오씨요."라고 부드럽게 다독이며 물건을 가져다 황황히 보자기에 먼저 싸고는 버선이며 몸빼며 이것저것 손에 닿는 대로 막 챙겨 넣는 거였다. 그러면 손님은 최저 가격에다 덤으로 받은 물건에 더없이 황감해져서 "아이고, 이렇게 고마울 데가! 참말로 고맙소야!" 함박웃음을 지으며 값을 치르고 가게를 나섰다. 그들이 가고 나면 곧바로 두 사람의 투덕거림이 시작되었다.

엄마의 결론은 이렇다.

장사라고 항상 이익을 보겠느냐, 어떤 날은 손해를 보기도 하는 법인데, 그보다 더 나쁜 것은 한번 속상한 얼굴로 간 사람이 자기가 안 오는 것은 고사하고, 다른 사람까지 못 오게 나쁜 말을 퍼트리는 법이니 제발 그렇게 손님을 보내면 안 된다며 아버지를 닦아세우는 거였다.

엄마는 일단 자신의 가게에 들어오는 사람은 손해를 보더라도 절대 빈손으로 보내지 않는다는 철칙을 가지고 있다. 오늘 손해 봤으면 내일 이익 볼 수 있는 게 '장사'라는 것. 어쩌면 삶도 그렇지 않을까?